高等学校金融学专业主要课程精品系列教材

# 期货与期权

## （第四版）

罗孝玲（Luo Xiaoling）编著

高等教育出版社·北京

内容简介

　　本书是高等学校金融学专业主要课程教材之一,是在第三版基础上修订的第四版教材。

　　本书内容主要包含期权和期货两大金融工具。在期货方面,本书介绍了期货的起源与发展,回顾了我国期货市场的发展历程,阐释了期货市场的经济学功能,描述了期货市场的组织结构和期货交易流程。在此基础上,对套期保值交易、套利交易和期货投机交易的原理和操作方法进行了详细地讲解。本书还结合大量的交易图例详细介绍了期货价格分析的两种方法——基本面分析法和技术分析法,并系统地介绍了股指期货、利率期货、外汇期货三大金融期货品种。在期权方面,本书介绍了期权的种类、交易机制等基础知识,讲解了经典的期权定价理论,并结合交易案例介绍了期权交易策略。

　　本书概念清晰、内容简明,注重理论讲解和实践操作的结合,适合经济、管理、金融类专业本科生期货与期权课程使用,也可以作为期货从业人员资格考试的参考用书、期货经纪公司培训教材等。此外,对期货与期权感兴趣的投资者也可把此书作为投资参考用书。

**图书在版编目(CIP)数据**

　　期货与期权 / 罗孝玲编著. -- 4 版. -- 北京:高等教育出版社,2023.8(2025.2重印)
　　ISBN 978-7-04-060521-1

　　Ⅰ. ①期… Ⅱ. ①罗… Ⅲ. ①期货交易-高等学校-教材 Ⅳ. ①F830.9

　　中国国家版本馆 CIP 数据核字(2023)第 088967 号

Qihuo yu Qiquan

| 策划编辑 | 赵　鹏 | 责任编辑 | 付雅楠 | 封面设计 | 张　楠 | 版式设计 | 杜微言 |
| 责任绘图 | 马天驰 | 责任校对 | 张　薇 | 责任印制 | 高　峰 | | |

| | | | |
|---|---|---|---|
| 出版发行 | 高等教育出版社 | 网　　址 | http://www.hep.edu.cn |
| 社　　址 | 北京市西城区德外大街 4 号 | | http://www.hep.com.cn |
| 邮政编码 | 100120 | 网上订购 | http://www.hepmall.com.cn |
| 印　　刷 | 固安县铭成印刷有限公司 | | http://www.hepmall.com |
| 开　　本 | 787mm×1092mm　1/16 | | http://www.hepmall.cn |
| 印　　张 | 16.75 | 版　　次 | 2006 年 7 月第 1 版 |
| 字　　数 | 380 千字 | | 2023 年 8 月第 4 版 |
| 购书热线 | 010-58581118 | 印　　次 | 2025 年 2 月第 2 次印刷 |
| 咨询电话 | 400-810-0598 | 定　　价 | 45.00 元 |

# 第四版前言

本书自 2006 年第一版推出以来，现已修订至第四版了。自本书出版至今，一直得到广大师生及其他读者的好评，此书也是读者相互推荐期货与期权投资类书的首选。面对读者的厚爱，我在感到欣慰的同时，也增加了不断完善此书的紧迫感，希望新版教材继续不负读者的期待与厚爱！此书适合经济、管理、金融类专业本科生期货与期权课程使用，也可以作为期货从业人员资格考试的参考用书、期货经纪公司培训教材等。此外，对期货与期权感兴趣的投资者也可把此书作为投资参考用书。

此版新书作了如下修订：第一，数据及交易品种等的更新。此版更新了与实践内容有关的交易数据、上市品种及主要交易合约；第二，新增了程序化交易内容。系统地介绍了采用程序化交易方式收集历史数据、编写交易规则、回测绩效评估等内容；第三，加强了期货价格与成交量及持仓量关系的分析内容。价量分析一直是市场上诸多期货类书薄弱的地方，希望此书能满足读者对价量详情分析的渴求。第四，增加了案例。在本书的各章节内容中，加入了近几年金融市场发生的有影响的案例及事件。

与前几版一样，本书仍保持其鲜明的特色。第一，内容简明，注重理论讲解和实践操作的结合。由于期货与期权概念和交易的复杂性，此书在说明相关概念及交易内容时，列举了大量例子进行说明，十分方便读者理解与记忆；第二，逻辑严密，前后呼应，以一种市场主要交易品种为案例串联各章节内容。以读者日常生活中熟悉的铜为例，从交易品种概念、合约明细、行情发布、套期保值、基本面分析及技术面分析等方面把相关章节有机联系起来，非常便于读者全面深入掌握一个交易品种，从而举一反三地熟悉掌握其他投资品种；第三，贴近市场，联系实际，以市场真实发生的交易行为介绍相关内容。与其他教材不同，本书的基本面分析，特别是技术面分析，所有的内容及图表均来自期货市场发生的真实交易行为。读者在学习书本知识的同时，对期货市场有了深入的了解，实现了所学知识与市场的无缝对接，这点对读者来说太重要了。

在此书的修订过程中，特别感谢方正中期期货研究院王骏院长及马世田、陈臻等研究人员的付出，他们的参与使此书更贴近市场，实现理论教学与市场实践完美结合；同时感谢高等教育出版社编辑们认真负责的工作态度与付出的劳动。最后，我要特别地感谢我已过世的父母，我的母亲杨月英及父亲罗吉社，他们在我撰写此书第一版的一二年内，帮忙照顾小孩并且包揽了所有家务，此书的第四版献给我亲爱的父母，愿他们知道，他们当年爱的付出将继续激励我不断完善此书！

罗孝玲

2023 年 5 月于长沙

# 第三版前言

自 2006 年本书第一版出版以来,笔者于 2011 年进行了修订后再版,到现在已经累计发行了数万册,受众涵盖了高校学生、期货从业人员、期货培训人员、期货兴趣爱好者等,在此,谨向大家表示诚挚的感谢。

在过去的几年里,国内金融衍生品市场发展迅猛,行业面貌日新月异,突出表现为:① 期货期权品种日益丰富。在第二版出版时的 2011 年,国内尚无期权上市产品,期货市场上市品种尚不足 30 种,而到 2016 年,国内期货上市品种已丰富至 51 种,上证 50ETF 期权也于 2015 年 2 月在上海证券交易所成功上市,奏响了国内期权交易的新篇章。尤其是金融期货在过去短短的 5 年里从无到有、从小到大、从大到强,沪深 300 股指期货、国债期货陆续上市,品种日渐丰富,交易持续扩大,2015 年金融期货的成交额已占到了国内期货市场交易总额的 75.4%! ② 监管制度日益完善。近年来《期货交易管理条例》得到了进一步修订,《期货公司分类监管规定》等规章制度也相继出台,期货法立法条件已经具备,立法时机已经成熟,"十三五"期间期货法将正式出台。③ 市场成熟度日益提高。统计数据显示,我国内地农产品期货交易量占到了全球总交易量的 67%;我国内地工业金属期货交易量占到了全球总交易量的 57%。我国期货市场在全球金融衍生品舞台上正扮演着越来越重要的角色。

在金融衍生品行业极速发展和日渐成熟的背景下,为了跟上行业的发展步伐,本书的部分内容急需得到更新与补充。本着时代性、生动性、理论与实践结合性之基本原则,笔者对本书进行了修订与完善。与第二版相比,此次修订的主要内容为:① 调整了部分章节的顺序。在前两版中,金融期货产品的介绍是以其在国际上出现的时间顺序而展开的,依次为外汇期货、利率期货和股指期货,而随着国内股指期货、国债期货的陆续上市,为使读者更便于学习和交易国内金融期货品种,本书将介绍顺序调整为了股指期货、利率期货和外汇期货。② 为更加直观地介绍期货价格分析理论,本书对第五章中的图例统一进行了更新。③ 由于国债期货、上证 50ETF 期权等新品种在国内陆续上市交易,本书补充了这方面的具体内容,同时也补充了近几年国内和国际期货行业的最新知识与内容,并更新了相关数据和图表。此外,本版本还对上一版中存在的一些纰漏和错误进行了更正。

感谢马世昌博士为本书的修订和完善而付出的辛苦努力,本书得以完成离不开马世昌博士在金融衍生品领域扎实的理论储备和严谨的工作态度。

尽管笔者对本书进行了又一次修改、补充与完善,然而由于笔者的能力和精力有限,书中难免还有不足之处,恳请读者不吝赐教指正。中国金融衍生品行业正处在蓬勃发展的春天里,期货期权市场的繁荣需要我们共同的努力!

罗孝玲

2016 年 9 月于岳麓山下

# 第二版前言

《期货与期权》一书写于 2006 年，出版后得到了高校学生及从业人员的认同。本书出版 5 年后我国期货市场发生了很大的变化，相继推出了股指期货及数个新的商品期货品种，特别是 2010 年股指期货的推出，标志着我国金融期货市场的开端，因此迫切需要对原书作修订，现在呈现于读者面前的是《期货与期权》第二版。本书一是作为金融、贸易与管理类本科生的期货与期权教材，二是作为期货从业人员资格考试用书，三是作为期货经纪公司的培训教材，四是作为金融、贸易与管理工作者的自学用书。

本书与前一版相比作了以下修订。

第一，增加与修改了股指期货内容，第一版有关股指期货的内容都是基于理论层面的探讨，因为当时我国尚未推出股指期货。而第二版有关股指期货的所有内容都与期货市场的实际交易一致，贴近现实的期货市场一直是我写书的风格，希望读者学完该书后能无障碍地进行股指期货的交易。

第二，更改了所有技术分析的图表。第一版技术分析图表与其他期货类的书籍一样，都是按照图表的技术要求构建技术图表的。而第二版的技术分析图表都是取自我国期货市场的真实交易数据，这样做的目的是希望读者在学习技术分析的同时，学习与记忆我国期货市场不同品种历年来的价格走势及价格变化特点。期货实践知识是一点一滴积累起来的，我希望我的书尽可能地给读者多些实践知识的积累。这部分内容是我的学生李圣应我之邀在工作之余完成的，对他的劳动在此表示感谢。

第三，由于网络的发展及市场结构的变化，期货市场的组织结构及交易流程发生了很大的变化，特别是交易流程更加成熟，更加趋同于股票市场。第二版修改了第一版过时的交易流程，全面介绍了目前期货市场新的交易流程。

本书仍保持第一版的风格，具有以下几个特点。

第一，通俗易懂。期货与期权操作性强，把操作性很强的实务用直白浅显的语言表达出来是我写这本书一直坚持的一个原则。

第二，内容新颖。期货与期权的交易工具创新快，交易技术更新快，交易规则改变快，本书所涉及的相关内容采用了目前最新的资料。

第三，理论实际联系紧密。实务操作性强的教材大都有一个共同的弊端，教材的内容与实际脱节。故让学生使用《期货与期权》这本书后，很快能进入期货市场操作是我想达到的最大目标。

第四，采用案例教学。在我看来，实务性很强的课程一定要采用案例教学才能让学生把所学的知识灵活运用。所以本书在主要章节后面配备了相应的案例，另外书中难以理解的术语都用相应的例子予以说明，便于读者理解。

第五，使用价值高。对于想从事期货与期权工作的学生来说，考取期货从业人员资格证书(大学期间可以考此证书)是一个较大的愿望,所以本书在内容选择上涵盖了期货从业人员考试的所有内容。让本书对学生有较高的使用价值是我最大的心愿。

第二版的修订,我的博士生马世昌做了大量的工作,在此表示感谢。

罗孝玲

2011 年 6 月于岳麓山下

# 第一版前言

股改的成功及利率与外汇市场化的不断深入使得作为风险管理及投资工具的股指期货与期权、利率期货与期权及外汇期货与期权的推出迫在眉睫！这是我写这本书的目的之一。在期货与期权交易中,商品期货与期权只占交易量的 20%,金融期货与期权的交易量占 80%,国外商品期货与期权交易品种有几十种,我国目前只有 11 种商品期货,商品期货期权、金融期货与期权尚未推出！对我国期货与期权市场落后的担忧及对我国期货与期权市场蓬勃发展的期盼是我写这本书的目的之二。任何一个金融机构及大中型企业在不久的将来都会涉及股票的投资、资金的融通及外汇的兑换,掌握股指期货与期权、利率期货与期权及外汇期货与期权的理论与实务对于金融、贸易与管理类学生来说增加了许多就业机会,这是我写这本书的目的之三。我曾在期货交易所的会员部、交易部、研究部、结算部及交割部工作与学习过,筹建过期货经纪公司,并在经纪公司做过经纪人、投资顾问及高管人员,近十年一直从事期货与期权的研究与教学工作,对自己工作与教学经历的总结是我写这本书的目的之四。

本书一是作为金融、贸易与管理类本科生的期货与期权教材,二是作为期货从业人员资格考试用书,三是作为期货经纪公司的培训教材,四是作为金融、贸易与管理工作者的自学用书。

本书有以下几个特点。

第一,通俗易懂。期货与期权操作性很强,把操作性很强的实务用直白浅显的语言表达出来是我写这本书一直坚持的一个原则。

第二,内容新颖。期货与期权的交易工具创新快、交易技术更新快、交易规则改变快,本书所涉及的相关内容采用了目前最新的资料。

第三,理论实际联系紧密。实务操作性强的教材大都有一个共同的弊端,教材的内容与实际脱节。故让学生学了“期货与期权”这门课后,很快能进入期货市场操作是我想达到的最大目的。

第四,采用案例教学。在我看来,实务性很强的课程一定要采用案例教学才能让学生把所学的知识灵活运用。所以本书在主要章节后面配备了相应的案例,另外书中难以理解的术语都用相应的例子予以说明,便于读者理解。

第五,使用价值高。对于想从事期货与期权工作的学生来说,考取期货从业人员资格证书(大学期间可考此证书)是一个较大的愿望,所以本书在内容选择上涵盖了期货从业人员考试的所有内容。让本书对学生有较高的使用价值是我最大的心愿。

罗孝玲
2006 年 4 月

# 目　录

# 第一章
# 期货交易概述

## 本章要点与学习目标

掌握期货和期货交易的概念及特征;了解全球期货市场的产生和发展历程;了解我国期货市场的发展历程及现状;熟悉期货市场的经济功能;熟悉期货合约的主要条款。

## 第一节　期货交易的产生和发展

### 一、期货交易的概念

期货交易(Futures),是指在期货交易所内集中买卖期货合约的交易活动。期货交易的交易对象是标准化的期货合约,期货合约是指由期货交易所统一制定的、规定在将来某一特定的时间和地点交割一定数量和质量商品的标准化合约。期货市场是专门买卖标准化期货合约的市场。

根据合约标的物,期货可以分为商品期货和金融期货。商品期货合约的标的物包括农产品、工业品、能源和金属等生产、生活资料;金融期货合约的标的物包括利率、汇率、股票及股票价格指数等金融产品。对于商品期货而言,并不是每一种商品都能够成为期货交易的品种,只有那些价格波动频繁、交易者数量众多、交易规模较大、价格不易被操纵、质量等级易于划分和标准化、易于仓储的商品才适合期货交易。

与现货交易(Spot)不同,期货交易是一种标准化合约的交易,在期货交易所集中买卖合约实现交易。通过了解期货交易的产生和发展,我们可以更好地理解期货市场和期货交易。

### 二、期货交易的产生和发展

期货交易是现货交易和远期交易等贸易方式长期演进的结果,是商品生产和商品交换发展到一定阶段的产物。最早出现的期货合约以商品为标的,即商品期货,后来随着经济的发展与金融的创新,又衍生出了金融期货品种。回溯全球商品交易和金融发展的历史，可以清晰地梳理出期货交易产生与发展的脉络。

　　大约在 13 世纪，现货商品交易获得了广泛的发展，许多国家都形成了中心交易场所、大交易市场以及无数的定期集贸市场，如罗马帝国的罗马大厦、雅典的大交易市场等，它们都是按照既定的时间和场地范围进行大量的现货交易活动。

　　在 19 世纪初的美国，芝加哥因其优越的地理位置而逐渐发展成为全美重要的交通枢纽，并成为美国重要的农产品集散地和加工中心。到 1833 年，芝加哥已成为美国国内外贸易的一个中心，人们沿袭古老的交易方式在大街上面对面讨价还价进行现货商品交易。然而，商品价格常常剧烈波动。比如，在收获季节，农场主都将谷物运到芝加哥，谷物供过于求导致价格暴跌，使农场主常常连运费都收不回来，而到了第二年春天谷物匮乏，加工商和消费者难以买到谷物，谷物供不应求导致价格飞涨。因此，市场要求建立一种有效的机制以防止价格的暴涨暴跌。

　　为了解决这个问题，谷物生产地的经销商应运而生。当地经销商设立了商行，修建起仓库，收购农场主的谷物，等到谷物湿度达到规定标准后再出售运出。当地经销商通过现货远期合约（Forward Contract）交易的方式收购农场主的谷物，先储存起来，然后分批上市。然而，当地经销商在贸易实践中存在着两个问题：第一，为从农场主手中购买谷物进行储存，他需要向银行贷款；第二，在储存过程中，由于时间跨度大，他要承担巨大的价格下跌的风险，价格波动有可能使当地经销商无利可图甚至连成本都收不回来。解决这两个问题的最好的办法是"未买先卖"，即当地经销商与芝加哥的贸易商和加工商联系，把日后将从当地农场主手中买进的谷物以现货远期合约的方式卖给芝加哥的贸易商和加工商，从而转移价格风险并获得货款，这样，现货远期合约交易便发展成为一种普遍的交易方式。

　　然而，贸易商和加工商同样也面临着当地经销商所面临的两个问题，所以，他们只愿意按比他们估计的交割时的远期价格还要低的价格支付给当地经销商。由于贸易商和加工商的买价太低，到芝加哥去商谈远期以避免交割期的价格下跌的风险合约的当地经销商为了自身利益不得不去寻找更广泛的买家，为他们的谷物讨个好价。一些非谷物商认为有利可图，就先买进远期合约，临近交割期再将远期合约转卖，从中盈利。这样，购买远期合约的商家渐渐增多，远期合约的价格上涨，改善了当地经销商的收入，当地经销商支付给农场主的收入也有所增加。

　　1848 年 3 月 13 日，第一个近代期货交易所——芝加哥期货交易所（CBOT）成立，标志着期货交易正式诞生。实际上，芝加哥期货交易所成立之初，还不是一个真正现代意义上的期货交易所，还只是一个集中进行现货交易和现货中远期合约转让的场所。

　　在此后的期货交易发展过程中，出现了两次堪称革命的变革：一是期货合约的标准化；二是结算制度的建立。1865 年，芝加哥期货交易所实现了合约标准化，推出了第一批标准期货合约，对交易商品的品质、数量、交货时间、交货地点以及付款条件等内容进行了标准化设定。标准化的期货合约反映了最普遍的商业惯例，使得市场参与者能够非常方便地转让期货合约，同时，使生产经营者能够通过对冲平仓来解除自己的履约责任，也使市场制造者能够方便地参与交易，大大提高了期货交易的市场流动性。芝加哥期货交易所在合约标准化的同时，还规定了按合约总价值的 10% 缴纳交易保证金。随着期货交易的发展，结算出现了较大的困难。1891 年，明尼亚波里谷物交易所第一个成立了结算所，随后,芝加哥期货交易所也成立了结算所。直到现代结算所的成立,真正意义上的期货交易才算产生,期货市场才算完整地建立起来。

金融期货是在 20 世纪 70 年代世界金融体制发生重大变革、世界金融市场日益动荡不安的背景下诞生的。在经历了第二次世界大战后最长的一次经济繁荣后,西方资本主义国家先后陷入了经济危机。通货膨胀的加剧,使得固定利率金融工具出现负利率,利率风险大大增加。布雷顿森林体系崩溃后,国际货币制度实行浮动汇率制。汇率的频繁波动,进一步使国际融资工具受损的风险增大。国内外经济环境的变动,不可避免地导致股市大起大落,给股票持有者带来巨大的风险。在利率、汇率及股市急剧波动的情况下,为了满足投资者规避价格风险、稳定金融工具价值的需要,以保值和转移风险为目的的金融期货便应运而生。

第一个金融期货品种是 1972 年芝加哥期货交易所推出的外汇期货,当时涵盖了英镑、加拿大元、联邦德国马克、法国法郎、日元和瑞士法郎等多种外汇期货合约。1975 年,芝加哥期货交易所推出了第一张抵押证券期货合约,开始交易美国政府国库券期货合约。同年 10 月,该交易所上市第一笔利率期货合约。此后,多伦多、伦敦等地也开展了金融期货交易。第一份股票价格指数期货合约是 1982 年在堪萨斯交易所上市的。

期货交易自诞生以来发展极其迅猛。进入 21 世纪,尤其是 2007 年爆发美国次贷危机以来,全球期货及其他场内衍生品交易规模出现爆发式增长,在 2011 年增长至 249.5 亿手。2012 年全球场内衍生品市场成交量大幅下滑后,2013 年开始逐步反弹。2017 年以来受多种因素影响,全球市场波动加大。衍生品交易市场成交也逐年新高。根据美国期货业协会(FIA)对全球 80 家衍生品交易所的最新统计数据,2022 年全球场内期货和期权总交易量达到 839.1 亿手,增长 34.0%,自 2017 年以来连续六年实现增长。分区域看,其他地区、拉丁美洲和亚太地区的交易量增长最为明显,欧洲和北美地区则保持稳步增长状态。2019 年至 2022 年全球场内衍生品交易数据如表 1-1 所示。

表 1-1  2019—2022 年全球场内衍生品成交量地域数据     单位:手

| 地域 | 2019 年 | 2020 年 | 2021 年 | 2022 年 |
| --- | --- | --- | --- | --- |
| 北美地区 | 10 270 700 877 | 12 852 019 653 | 15 381 696 997 | 16 807 736 133 |
| 亚太地区 | 14 503 171 067 | 20 147 190 374 | 30 549 801 646 | 50 634 253 866 |
| 欧洲 | 5 040 157 412 | 5 608 640 531 | 5 474 946 619 | 4 860 247 565 |
| 拉丁美洲 | 4 098 905 510 | 6 467 912 726 | 8 893 935 540 | 8 624 373 629 |
| 其他地区 | 590 767 259 | 1 739 586 853 | 2 307 353 319 | 2 979 319 590 |
| 全球总量 | 34 503 702 125 | 46 815 350 137 | 62 607 734 121 | 83 905 930 783 |

注:其他地区包括迪拜、以色列、南非以及土耳其。
数据来源:FIA 官网。

从交易结构上来看,金融期货问世至今不过只有短短 50 余年的历史,但其发展速度却比商品期货快得多。在 2022 年全球衍生品交易总量中,金融期货及其衍生品的交易量超过了 70%①,而股票指数期货和利率期货近年来更是持续占据着全球期货交易市场的前两位。纵览全球期货交易的历史发展轨迹,商品期货所占的份额正在而且仍将逐渐下降,以利率期货、股指期货和外汇期货为首的金融期货则将占据更加重要的地位。有关金融期货的具体内容将在第六章详细介绍。

### 三、我国期货市场的发展历程与现状

我国期货市场是经济发展的结果,发端于 20 世纪 80 年代末,迄今为止,其发展历程大致可分为初期发展、清理整顿和规范发展三个阶段。

#### (一)初期发展阶段

20 世纪 80 年代末,随着经济体制改革的深入,市场机制发挥越来越大的作用,农产品价格波动幅度增大,这不利于农业生产和社会稳定。1988 年 2 月,国务院指示有关部门研究国外期货制度。1988 年 3 月,《政府工作报告》指出:"加快商业体制改革,积极发展各类批发市场,探索期货交易。"从此,我国开始了曲折的期货市场实践。

1988 年 5 月,国务院决定进行期货市场试点,并将小麦、杂粮和生猪作为期货试点品种。1990 年 10 月 12 日,中国郑州粮食批发市场经国务院批准,以现货为基础,逐步引入期货交易机制,作为我国第一个商品期货市场正式开业。1992 年 10 月,深圳有色金属期货交易所率先推出特级铝的标准合约,正式的期货交易真正开始。1992 年 12 月,上海证券交易所率先推出了我国标准化的国债期货合约,第一批获准参加国债期货交易的上海证券交易所会员有 20 家,并且没有对个人投资者开放。经过一段时间的试行后,1993 年 10 月,上海证券交易所在重新设计了国债期货合约品种和交易机制的基础上,正式向社会推开。之后,各期货交易所和经纪公司陆续成立,期货交易蓬勃发展起来。

试点初期,受利益驱使,加上市场监管不力,交易所数量和交易品种迅猛增加,全国最多的时候出现了 50 多家交易所,开业的交易所共有 2 300 多个会员,期货经纪公司 300 多家,共 7 大类 50 多个上市交易品种。

在初期发展阶段,我国期货市场盲目发展,风险也在酝酿和积累。期货市场中的经纪公司及会员行为很不规范,大户垄断、操纵市场、联手交易、超仓、借仓、分仓等违规行为严重,还有透支交易,部分期货经纪公司重自营轻代理,这些行为投机性强,使广大投资者蒙受了巨大损失,严重扭曲了期货市场价格,阻碍了期货市场的正常运行。

#### (二)清理整顿阶段

为规范期货市场的发展,国务院和监管部门先后在 1994 年和 1998 年对期货市场进行了两次清理和整顿。

1993 年 11 月 4 日,国务院下发《关于坚决制止期货市场盲目发展的通知》,开始了第一次清理整顿工作。当时的国务院证券委员会及中国证券监督管理委员会(简称证监会)等有关部门加强了对期货市场的监管力度,最终有 15 家交易所被确定为试点交易所(期间长春商品交易所因为出具造假仓单被关闭)。1994 年期货外盘交易暂停;同年 4 月,钢材、煤炭和食糖期货交易暂停;10 月,粳米、菜籽油期货交易暂停。1995 年 2 月发生

---

① 数据来源:FIA 官网。

国债期货"327"风波,同年5月发生国债期货"319"风波,当年5月国债期货交易暂停。

1998年8月1日,国务院下发《关于进一步整顿和规范期货市场的通知》,开始了第二次清理整顿工作。在这次清理整顿中,期货交易所撤并后保留了上海、郑州和大连3家,期货品种压缩为12个,这些品种是:上海期货交易所的铜、铝、胶合板、天然橡胶、籼米,郑州商品交易所的绿豆、小麦、红小豆、花生仁,大连商品交易所的大豆、豆粕、啤酒大麦。交易品种在各个交易所不再重复设置。

1999年5月,国务院通过了《期货交易管理暂行条例》,并于1999年9月1日起实行。证监会还组织制定了《期货交易所管理办法》《期货经纪公司管理办法》《期货从业人员资格管理办法》和《期货经纪公司高级管理人员任职资格管理办法》。这套法规对期货市场各主体的权利、义务等都做了规定,为市场参与者提供了行为规范,也为期货市场的监督管理提供了法律依据。证监会还统一了三个交易所的交易规则,提高了对会员的结算准备金和财务实力的要求,修改了交易规则中的薄弱环节,完善了风险控制制度。

清理整顿虽然为依法治市奠定了基础,但也导致期货成交量急剧下降,市场慢慢萎缩,期货交易量与成交额都呈现明显的下降趋势,到2000年期货市场总成交量为5 461.07万张,不及1995年的1/10。

**(三)规范发展阶段**[①]

在1998年的第二次清理整顿以后,期货市场经过两年的时间逐步走出了低迷,出现较大的恢复性增长,期货市场逐渐走向规范。表1-2列举了2000年至2015年期货行业发生的大事。

表1-2　2000—2015年期货行业发展大事记

| 年份 | 事件 |
|---|---|
| 2000 | 规范了全国期货从业人员的从业资格考核和管理;中国期货业协会成立 |
| 2003 | 第一个新品种——郑州商品交易所强筋小麦上市交易 |
| 2005 | 港澳申请期货经纪公司股东资格细则和规定出台 |
| 2006 | 中国期货保证金监控中心成立,中国金融期货交易所成立 |
| 2007 | 重新修订发布一个条例、四个管理办法,建立以净资本为核心的风控指标体系 |
| 2010 | 沪深300股指期货正式上市交易 |
| 2011 | 期货公司投资咨询业务试点 |
| 2012 | 期货公司资产管理业务试点 |
| 2013 | 期货公司设立风险管理子公司业务试点 |
| 2014 | 《关于进一步促进资本市场健康发展的若干意见》(简称新"国九条")发布,勾画期货市场蓝图 |
| 2015 | 国内首个期权产品——上证50ETF期权在上海证券交易所上市;中国期货业协会联合四家期货交易所和中国期货保证金监控中心召开了"期货经营机构创新发展研讨会" |

---

① 参考太平洋证券撰写的《新金融系列报告之一:透过原油期货看期货行业格局》

对 2016 年至今期货市场发生的大事,详细介绍如下。

2016 年 12 月,上海期货交易所正式发布了"上海期货交易所商品期货价格指数系列"。该指数系列由综合指数、板块指数和单商品指数三大类组成,每类包括期货价格指数和超额收益指数。2016 年 11 月 11 日晚,期货市场上演了一场被投资者称为 20 年未遇的"黑天鹅事件":国内三大期货交易所的多数期货商品,几乎同时在极短的时间之内迅速下跌,个别品种在几分钟内上演了从涨停到跌停的过山车行情。

2017 年 12 月 22 日,苹果期货上市仪式在郑州商品交易所举行。苹果期货是全球首个上市的鲜果期货品种,对丰富我国期货品种及推出其他鲜果期货品种具有重大意义。

2018 年 3 月,原油期货作为中国第一个国际化期货品种,在上海国际能源交易中心挂牌交易。建立中国乃至亚太地区原油价格基准、帮助企业规避价格风险、推动人民币国际化进程,是中国原油期货上市的"初心"。

2019 年 6 月 13 日晚 9 点起,证监会实施的中国期货市场"看穿式监管"政策正式实施。近年来,证监会一直在倡导"穿透式监管","看穿式监管"属于其中之一。"看穿式监管"是指监管部门可以"看穿"投资者的账户,清楚掌握每一个账户的交易明细、交易终端等各种信息。之所以要实行"看穿式监管",是因为客户交易终端信息采集是重要的市场基础性工作,它可以了解客户真实、准确、完整的信息,使得违法者不敢随便操纵市场,保护投资者合法权益,维护期货市场秩序。

2020 年 11 月 19 日,国际铜期货正式在上海国际能源交易中心上市,这是中国期货市场上首次以"双合约"模式实现国际化的期货品种,是面向全球投资者的国际铜期货,将与上海期货交易所现有的沪铜期货一起,以"双合约"服务"双循环",将更好地统筹国内国际两个市场两种资源。这是我国期货市场存量期货品种对外开放的新探索、新尝试,对进一步促进国内外铜产业链和供应链深度融合、增强我国铜行业的国际竞争力、更全面高效地满足企业风险管理需求具有重要意义。

2021 年 1 月 8 日,生猪期货在大连商品交易所正式挂牌交易。生猪期货上市稳定了生猪价格,得到市场各方的认同。

2021 年 4 月 19 日,广州期货交易所正式挂牌成立。

2022 年 8 月 1 日,《中华人民共和国期货和衍生品法》(简称《期货和衍生品法》)开始实施。《期货和衍生品法》的实施,有利于期货和衍生品市场更好地服务实体经济,为促进行业规范发展、保护投资者权益提供了强有力的法律保障,将极大增强我国期货和衍生品市场的国际吸引力。

截至 2022 年年底,国内五家交易所上市期货品种已经达到 72 种,其中商品期货 65 种,金融期货 7 种(见表 1-3)。

表 1-3　截至 2022 年 12 月国内期货交易所及上市品种

| 期货交易所名称 | 上市期货品种 |
| --- | --- |
| 上期所及上期能源 | 铜、国际铜、铝、锌、铅、镍、锡、黄金、白银、螺纹钢、线材、热轧卷板、不锈钢、原油、燃料油、低硫燃料油、沥青、天然橡胶、20 号胶、纸浆 |

| 期货交易所名称 | 上市期货品种 |
|---|---|
| 大连商品交易所 | 玉米、玉米淀粉、黄大豆1号、黄大豆2号、豆粕、豆油、棕榈油、鸡蛋、胶合板、粳米、纤维板、聚乙烯、聚氯乙烯、聚丙烯、焦炭、焦煤、铁矿石、乙二醇、苯乙烯、液化石油气、生猪 |
| 郑州商品交易所 | 强麦、普麦、棉花、白糖、菜籽油、早籼稻、晚籼稻、粳稻、油菜籽、菜籽油、菜籽粕、棉纱、苹果、红枣、动力煤、精对苯二甲酸（PTA）、甲醇、玻璃、硅铁、锰硅、尿素、纯碱、花生 |
| 中国金融期货交易所 | 沪深300股指期货、上证50股指期货、中证500股指期货、中证1000股指期货、2年期国债期货、5年期国债期货、10年期国债期货 |
| 广州期货交易所 | 工业硅 |

总结近几年国内期货市场的发展，得益于交易制度和监管政策的逐步完善，国内期货市场正处在飞速发展的时期（详见图1-1）。中国期货业协会2023年1月公布的数据显示，2022年全国期货市场成交量为67.68亿手（单边），累计成交额为534.93万亿元，同比分别下降9.93%和7.96%。其中，商品期货市场成交量为66.16亿手，占比97.76%，成交额为401.88万亿元，占比75.13%；金融期货市场成交量为1.51亿手，占2.24%，成交额为133.04万亿元，占比24.87%。

在2022年全球期货及期权市场交易所成交量排名中，郑商所、大商所、上期所和中金所分列第8、9、12和25位[1]。若仅统计2020年商品期货和期权的成交量，我国的三家商品期货交易所大商所、上期所和郑商所分列世界第1、2和3位。

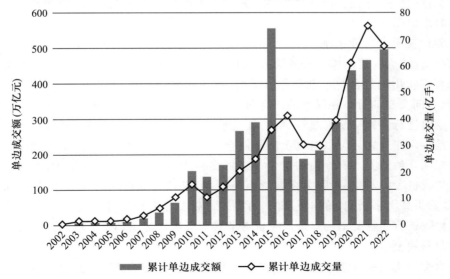

图1-1　2002年至2022年中国期货市场的交易情况
数据来源：基于中国期货业协会数据绘制。

[1] 数据来源：FIA官网。

## 第二节　期货交易特征

### 一、期货交易及其特点

#### (一)期货交易的概念

期货交易是在交纳一定数量的保证金后在期货交易所内买卖各种实物商品或金融商品的标准化合约的交易方式。期货交易者一般通过期货经纪公司代理进行期货合约的买卖,买卖合约后所必须承担的义务,可在合约到期前通过反向的交易行为(对冲或平仓)来解除。

#### (二)期货交易的基本特点

期货交易的基本特点可以归纳为以下几个方面。

1. 合约标准化

期货交易是通过买卖期货合约进行的,而期货合约是标准化的。期货合约标准化指的是除价格外,期货合约的所有条款都是预先由期货交易所规定好的,具有标准化的特点。期货合约标准化给期货交易带来极大便利,交易双方不需对交易的具体条款进行协商,节约交易时间,减少交易纠纷。

2. 交易集中化

期货交易必须在期货交易所内进行。期货交易所实行会员制,只有会员方能进场交易。那些处在场外的广大客户若想参与期货交易,只能委托期货经纪公司代理交易。所以,期货市场是一个高度组织化的市场,并且实行严格的管理制度,期货交易最终在期货交易所内集中完成。

3. 双向交易和对冲机制

双向交易,也就是期货交易者既可以买入期货合约作为期货交易的开端(称为买入建仓),也可以卖出期货合约作为交易的开端(称为卖出建仓),也就是通常所说的"买多卖空"。与双向交易的特点相联系的还有对冲机制。在期货交易中大多数交易并不是通过合约到期时进行实物交割来履行合约,而是通过与建仓反向的交易来解除履约责任。具体说就是买入建仓之后可以通过卖出相同合约的方式解除履约责任,卖出建仓后可以通过买入相同合约的方式解除履约责任。期货交易的双向交易和对冲机制的特点,吸引了大量期货投机者参与交易,因为在期货市场上,投机者有双重的获利机会,期货价格上升时,可以低买高卖来获利,价格下降时,可以通过高卖低买来获利,并且投机者可以通过对冲机制免除进行实物交割的麻烦。投机者的参与大大增加了期货市场的流动性。

4. 杠杆机制

期货交易实行保证金制度,也就是说交易者在进行期货交易时只需缴纳少量的保证金,一般为成交合约价值的 5%～10%,就能完成数倍乃至数十倍的合约交易。期货交易的这种特点吸引了大量投机者参与期货交易。期货交易具有的以少量资金就可以进行较大价值额的投资的特点,被形象地称为"杠杆机制"。期货交易的杠杆机制使期货交易具有高收益、高风险的特点。

5. 每日无负债结算

期货交易实行每日无负债结算制度,也就是在每个交易日结束后,对交易者当天的盈亏状况进行结算,在不同交易者之间根据盈亏进行资金划转。如果交易者亏损严重,保证金账户资金不足时,则要求交易者必须在下一日开市前追加保证金,以做到"每日无负债"。期货市场是一个高风险的市场,为了有效地防范风险,将因期货价格不利变动给交易者带来的风险控制在有限的幅度内,从而保证期货市场正常运转。

## 二、期货交易与现货交易

现货交易是指买卖双方根据商定的支付方式与交货方式,采取即时或在较短时间内进行实物商品交收的一种交易方式。现货交易覆盖面广,不受交易对象、交易时间、交易空间等制约,随机性大。由于没有特殊限制,交易灵活方便。

期货交易是指在期货交易所内集中买卖期货合约的交易活动。它的交易对象是标准化的期货合约。期货市场是专门买卖标准化期货合约的市场。它是以现货交易为基础,在现货交易发展到一定程度和社会经济发展到一定阶段才形成与发展起来的。期货交易与现货交易互相补充,共同发展。

期货交易与现货交易的区别主要体现在以下几个方面:

(1)交割时间不同。现货交易一般是即时成交或在很短时间内完成商品交收的活动,买卖双方一旦达成交易,实现商品所有权的让渡,商品的实体即商品本身便随之从出售者手中转移到购买者手中。

商品的买卖实际上包含着两种运动:一种是商品作为使用价值的载体而发生的空间运动,称为物流;另一种是所有权从让渡者向受让者的转移,称为商流。在现货市场上,商流与物流在时空上基本是统一的。

期货交易从成交到货物收付之间存在着时间差,发生了商流与物流的分离。例如,买卖双方于3月10日交易一笔9月20日交割的铜期货合约,实物交割将在9月20日完成,而在3月10日表现为双方买卖了标准化的铜期货合约。期货交易成了买卖标准化期货合约的交易,期货市场成了买卖期货合约的市场。

期货交易者在让渡所有权时,并没有把现货实物交给对方,所以交换了所有权的同时并没有立即交换实物载体。因此,期货交易的商流和物流在时空上是不统一的。

(2)交易对象不同。现货交易的对象主要是实物商品;期货交易的对象是标准化合约,在绝大多数期货交易中并不涉及具体的实物商品(实物交割只是极少一部分)。从这个意义上来说,期货不是货,而是关于某种商品的合同。

(3)交易目的不同。现货交易的目的是获得或让渡商品的所有权,是满足买卖双方需求的直接手段。期货交易一般不是为了获得实物商品,套期保值者的目的是通过期货交易转移现货市场的价格风险,投资者的目的是从期货市场的价格波动中获得风险利润。

(4)交易的场所与方式不同。现货交易一般不受交易时间、地点、对象的限制,交易灵活方便,随机性强,可以在任何场所与对手交易。期货交易必须在高度组织化的期货交易所内以公开竞价的方式进行。

(5)结算方式不同。现货交易主要采用到期一次性结清的结算方式,同时也有货到付款方式和信用交易中的分期付款方式等。期货交易中,交易双方必须缴纳一定数额的保证金,并且在交易过程中始终要维持一定的保证金水平。

### 三、期货交易与远期交易

远期交易是指买卖双方签订远期合同,规定在未来某一时间进行实物商品交收的一种交易方式。远期交易的基本功能是组织远期商品流通,进行的是未来生产出的、尚未出现在市场上的商品的流通。从这个意义来说,远期交易在本质上属于现货交易,是现货交易在时间上的延伸。

期货交易与远期交易有许多相似之处,其中最突出的一点是两者均为买卖双方约定于未来某一特定时间以约定价格买入或卖出一定数量的商品。远期交易是期货交易的雏形,期货交易是在远期交易的基础上发展起来的。

期货交易与远期交易的区别主要体现在以下几个方面:

(1)交易对象不同。期货交易的对象是交易所统一制定的标准化期货合约;远期交易的合约是交易双方私下协商达成的,是一种非标准化合约,所涉及的商品没有任何限制。期货合约的标准化是与远期合约最大的区别。

(2)功能作用不同。期货交易的主要功能是规避风险和发现价格。期货交易是众多的买主和卖主根据期货市场的规则,通过公开、公平、公正、集中竞价的方式进行的期货合约的买卖,易于形成一种真实而权威的期货价格,指导企业的生产经营活动,同时又为套期保值者提供了规避、转移价格波动风险的机会。远期交易尽管在一定程度上也能起到调节供求关系、减少价格波动的作用,但由于远期合同缺乏流动性,所以其价格的权威性、分散风险的作用大打折扣。

(3)履约方式不同。期货交易有实物交割与对冲平仓两种履约方式,其中绝大多数期货合约都是通过对冲平仓的方式了结。远期交易履约方式主要采用实物交收方式,虽然也可采用背书转让方式,但最终的履约方式是实物交收。

(4)信用风险不同。在期货交易中,以保证金制度为基础,每日进行结算,信用风险较小。远期交易从交易达成到最终完成实物交割有相当长的一段时间,此间市场会发生各种变化,各种不利于履约的行为都有可能出现。如买方资金不足,不能如期付款;卖方生产不足,不能保证供应;市场价格趋涨,卖方不愿按原定价格交货;市场价格趋跌,买方不愿按原定价格付款;等等。这些都会使远期交易不能最终完成,加之远期合同不易转让,所以远期交易具有较高的信用风险。

(5)保证金制度不同。期货交易有特定的保证金制度,按照成交合约价值的一定比例向买卖双方收取保证金,通常是合约价值的 5%~10%。而远期交易是否收取或收取多少保证金是由交易双方协商确定的。

### 四、期货交易与证券交易

期货市场是买卖期货合约的市场,而期货合约在本质上是未来商品的代表符号,因而期货市场与商品市场有着内在的联系。但就物质商品的买卖转化成合约的买卖这一点而言,期货合约在外部形态上表现为相关商品的有价证券,这一点与证券市场确有相似之处。证券市场上流通的股票、债券分别是股份公司所有权的标准化合同和债券发行者的债权债务标准化合同。人们买卖的股票、债券和期货合约,都是一种凭证。

期货交易与证券交易的区别总结如表 1-4 所示。

表 1-4　期货交易与证券交易的比较

| 比较内容 | 期货交易 | 证券交易 |
|---|---|---|
| 经济职能 | 规避风险,价格发现 | 资源配置,风险定价 |
| 交易对象 | 期货合约 | 股票、债券等 |
| 价格决定因素 | 期货标的物本身供求关系 | 经济周期、上市公司业绩等 |
| 保证金制度 | 交纳合约价值的 5% ~ 10% 为保证金 | 须交纳全额资金 |
| 交易特点 | 可以做空 | 不可以做空(中国) |
| 交易制度 | T+0 | 一般证券交易为 T+1,<br>融资融券交易为 T+0 |
| 市场结构 | 不分级 | 分为一级市场(发行市场)和二级市场(流通市场) |

## 五、期货投资与其他类型投资的比较

期货投资与其他类型投资在资金限制、变现情况等方面都有所不同,详细比较如表 1-5 所示。

表 1-5　期货投资与其他类型投资的比较

| 比较内容 | 定期存款 | 保险 | 房地产 | 股票 | 期货 |
|---|---|---|---|---|---|
| 所需资金 | 不限 | 根据具体投保情况而定 | 所需投资额较大 | 需交纳全部交易金额 | 只需交纳合约价值 5% ~ 10% 的保证金 |
| 获利期限 | 1 ~ 3 年或更长 | 视投保的年限而定,期限一般较长 | 期限长 | 期限可长可短 | 期限可长可短 |
| 变现情况 | 变现不易,待到期后领用,否则利息折扣 | 变现不易;提前解约损失重大 | 变现不易,能否变现取决于是否寻求到相应的买主 | 变现容易,取决于市场价格 | 变现容易 |
| 优势 | 固定利息收入;资金风险低 | 买保险以应对未来之需 | 确定财产价值;地价涨多跌少 | 短期利益大;变现快 | 利益大;属国际性投资;资金回报率高 |
| 劣势 | 失去灵活用机会;货币贬值损失 | 报酬少或几乎没有 | 变现难;资金占用大 | 易受人为因素影响,在做市场行情时,可参照物少,易盲目投资 | 风险高,需不断研究、熟悉各种操作技巧,以避免或减少风险 |

# 第三节　期货市场的地位及经济功能

## 一、期货市场在现代市场经济体系中的地位

现代市场经济体系是相互关联、有机结合的市场群体,包括消费资料和生产资料等组成的商品市场,资金、劳务、技术、信息等组成的生产要素市场,以及随着市场发育而建立起来的证券、期货等组成的资本市场。期货市场是市场经济发展到一定历史阶段的产物,它与现货市场是现代市场经济体系的两大有机组成部分,现代市场经济体系的发展和创新主要表现为期货市场的发展与创新。从 20 世纪 70 年代的金融期货创新到 80 年代的期权交易的广泛开展,都表现了期货市场发展与创新的强劲势头。

在市场经济的运行中,由于激烈的竞争和政治、经济、自然等多方面因素的影响与作用,现货市场的价格与供求关系等往往会产生巨大的波动,从而给生产者和消费者带来很大的风险和损失,宏观经济的不稳定性大大增加。期货市场可以变现货市场价格的滞后调节为事先调节,从而大大减少经济运行的周期波动,增加宏观经济的稳定性。所以,只有建立由现货市场和期货市场共同构成的现代市场经济体系,才能真正发挥市场机制的全面的基础性调节作用,使资源得到优化配置。期货市场作为金融性的商品市场,它的形成和运行大大增加了金融市场与商品市场的关联度,提高了市场的运行效率,降低了市场的交易成本,优化了市场的资源配置。期货市场已成为现代市场经济体系中不可或缺的重要组成部分。

## 二、期货市场在现代市场经济体系中的功能

期货市场之所以能够不断地发展壮大,与期货市场本身特有的经济功能是分不开的。规避风险和价格发现是期货市场最主要的两大功能,除此之外,期货市场还可以起到优化资源配置、降低交易成本的作用。

### (一) 规避风险

**1. 期货能规避现货价格风险**

市场经济的变幻莫测,供求因素的变化、市场竞争的加剧,使生产经营性企业不可避免地面临各种风险,价格风险尤为主要。而在风险面前,生产经营企业和投机者则表现出截然不同的态度:投机者根据对价格的走势分析以低买高卖的方式来获利,因此他们被称为"风险偏好者";生产经营企业的主要目的是通过投入要素产出产品以获得稳定利润,原材料或产品价格的波动都会影响其收入和利润状况,因此他们属于"风险厌恶者"。

期货市场的基本功能之一就是规避价格风险,这一功能为生产经营者规避、转移或者分散价格风险提供了良好途径,规避现货价格风险的功能通过套期保值来实现。

期货市场通过套期保值实现规避风险的原理在于:对于同种商品,在现货与期货市场同时存在,并受同种经济因素的影响时,随着期货合约到期日的临近,现货价格与期货价格趋于一致。套期保值是在期货市场上买进或卖出与现货数量相等但交易方向相反的期货合约,在未来某一时间通过卖出或买进期货合约进行对冲平仓,从而在期货和现货市场

之间建立一种盈亏对冲机制。这种机制可能用现货市场的盈利来弥补期货市场的亏损，也可能是用期货市场的盈利来弥补现货市场的亏损，但盈亏数值不一定完全相等，最终效果要取决于期货价格与现货价格的价差的变化，即基差的变化。显然，基差的变化要比现货或期货单一价格的变化小得多，这就是期货利用套期保值规避价格风险的魅力所在。

需要注意的是，投机者的参与是套期保值功能实现的必要条件。因为套期保值规避价格风险，并不是消灭风险，而是转移风险。转移风险的承担者即期货投机者。投机者的参与保证了期货市场的流动性，使得套期保值者的交易得以达成，进而实现了规避现货价格风险的功能。

### 2. 期货能使现货商品价格波动收敛

期货能规避价格波动风险的另一功能体现在期货能使现货商品价格波动收敛，这使用蛛网价格模型可以说明。对于图 1-2 的循环型蛛网价格波动，当某种产品的价格上涨到 $P_2$ 时，生产者愿意提供的产量是 $Q_1$，因此，在下一个生产周期，供给将达到 $Q_1$，但是相对于 $Q_1$，消费者愿意支付的价格是 $P_1$。于是，价格由 $P_2$ 骤然下降到 $P_1$；从这一点上，过程将会重新开始，因为在价格等于 $P_1$ 时，生产者愿意提供的供给只是 $Q_2$，当供给下降到由 $P_1$ 所决定的 $Q_2$ 时，其需求价格再次上升到 $P_2$ 的水平；由此刺激新一轮的供给扩张，这种扩张的结果是价格下跌，供给收缩……如此往复不已，形成循环型蛛网价格波动，这种波动作为一种特殊的价格波动，其运行中缺乏良好的收敛机制。因此，即使在多次循环往复之后，波动仍然是发散性的，波动的幅度保持在较高的水平，价格不能收敛到 $P_0$ 的水平上，供给量也不能收敛到 $Q_0$ 的水平上。

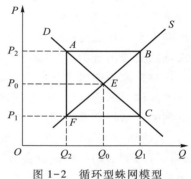

图 1-2 循环型蛛网模型

例如，玉米等农产品的价格波动是典型的循环蛛网价格波动。玉米价格上升，农民种植玉米的积极性提高，第二年供给量加大，结果由于玉米供给量加大导致玉米价格下跌；农民种植玉米的积极性受到影响，减少种植面积，结果下一年玉米价格又上涨……价格大幅度波动，给农民收入带来很大的不确定性。

期货交易可以使这种循环型蛛网趋于收敛，《中国期货市场》[①]一书对这一经济功能进行了研究，其研究思路如下：

在微观经济学教科书中，传统的循环型模型实际上是现货市场价格运行机制模型。这个模型的约束条件是：① 只有现货价格，没有期货价格。② 价格本身变化完全取决于现货市场的供求关系。③ 生产者下期行为受本期价格影响。④ 消费者的价格行为完全取决于需求函数，即产量多时，给出低价；产量少时，给出高价。⑤ 不考虑库存。在以上条件约束下，价格、产量的变化必然是发散的，而不是收敛的。这是因为当价格由任何一点升至 $P_2$ 点时，这种价格实际上已经变成过高价格，如果这种价格成为刺激生产者增加供给的唯一信息，那么这种刺激必然是过度的。过度的价格刺激产生过度的供给。一旦

① 田源. 中国期货市场. 广州：广东高等教育出版社，1992。

过度的供给出现,那么必然出现过度的价格下跌。与价格不适当地上升至 $P_2$ 点一样,价格过分地下降到 $P_1$ 点同样是一种"虚假"的信号,与 $P_2$ 一样,$P_1$ 将给出过度减少供给的信息,使供给出现过度下降。

在这个模型中,对于每一个买者或卖者来说,无论是 $Q_2$ 或 $Q_1$,都是实际的交易价格,并不是一种虚拟的价格,但是,作为标示整个供求关系的信号,它们无疑是虚假的,大量虚假的价格信号调节整个系统运行,整个系统的运行将会是低效率的,资源配置将是不合理的。当价格为 $P_2$ 时,社会产品短缺损失为 $\triangle AEF$;当价格为 $P_1$ 时,社会产品过剩损失为 $\triangle BEC$。使这个系统运行趋于优化的方向是收敛价格波动,而期货交易可以提供正确的价格信息,使价格波动收敛。所以,修改原纯现货模型的约束条件,将模型修正为现货-期货模型。

现货-期货模型的约束条件是:① 存在 12 个月以上期货价格与期货交易。② 存在现货价格。③ 供给取决于期货价格。④ 消费者的价格行为取决于现货需求函数。⑤ 考虑库存因素。在现货-期货价格模型中,运行机制将是这样的:当价格上升至 $P_2$ 之后,现货市场的买者出价为 $P_2$,期货市场的买者行为将会有所不同。由于任何期货的买卖都是建立在对未来到期供求关系与价格水平的预测基础上的,期货市场的买者将会收集各种相关产品供求的价格信息,$P_2$ 的虚假性将会显露,他可以容易地做出比较正确的判断,下一周期的价格将会低于 $P_2$,因此,他的期货报价将会低于 $P_2$,处于 $P_2$ 与 $P_0$ 之间。与之相对,任何期货的供给者同样研究、判断未来的期货供求与价格,$P_2$ 的虚假性也将同样显露,因此,他的期货卖价也会低于 $P_2$,处于 $P_2$ 和 $P_0$ 之间。如图 1-3 所示,如果期货市场上的期货卖价由 $P_2$ 下降到 $P_4$,由于供给者的生产刺激不是来自现货市场,而是来自已交易的期货价格,那么,在下一个生产周期,产品的供给将会由缺少期货交易条件下的 $Q_1$ 减少至 $Q_3$ 的供给水平上,现货市场价格将由 $P_2$ 下降到 $P_3$,这时的供给过剩为 $Q_3-Q_4$,而不是 $Q_1-Q_2$,$(Q_3-Q_4)<(Q_1-Q_2)$ 显示了价格产量波动的收敛。在这种情况下,由于 $P_3$ 是一个过低价格,同时的期货价格将会高于这个价格水平,所以库存将会吸收一部分过剩供给,使现货市场价格不停留在 $P_3$ 的低水平上,可能增加到 $P_3$ 与 $P_0$ 之间,从而相对提高供给者的供给意愿,进一步收敛价格波动。在这个新的基础上,尽管现货市场上仍然有大的不均衡,但是下个周期的期货交易会进一步减少这种不均衡的程度,直到将价格、产量波动收敛到合理的范围内。

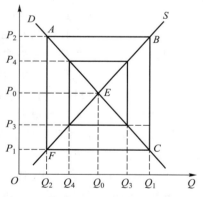

图 1-3　期货交易收敛价格机制模型

**（二）价格发现**

1. 价格发现的形成机制

在市场经济中,价格信号是企业生产经营决策的依据,价格的变化反映了产品供求的状况。因此,价格机制是市场经济调节资源配置的重要手段。生产经营企业利用价格信号,调整产品结构、企业规模及营销策略等。如果价格信息失真,则会导致决策失误,利润下降,最终丧失市场竞争力。

然而,现货市场的价格信号是零散的、短暂的,并且准确性差。因为现货市场的交易都是私下达成的,现货价格只是某个时点价格的反映,并不能反映价格变化的长期走势及供求信息。

随着期货市场的产生并发展壮大,其价格发现的功能越来越突出。这是因为,期货市场是一个集聚了众多买卖双方,通过公开、公正、高效的竞价方式,在交易场所内自由交易的竞争市场。这样,交易所就能把所有影响商品供求关系的信号因素都反映到期货市场内,这样形成的期货价格就比较能够准确地反映真实的供求状况和价格变动趋势。

既然期货价格可以作为调节现货供求关系的基础,我国的期货市场应尽快推出更多的大宗农产品、工业原材料、能源等商品期货,使其符合国家宏观经济调控的需要,优化国家总体资源配置。

期货市场价格发现功能的最高实现形式表现为获得国际定价权——全球市场以某一期货交易所某一品种的价格作为国际的参考价格,比如,伦敦金属交易所(LME)影响金属价格,纽约商业交易所(NYMEX)影响燃料油的价格等。不言而喻,能够获得定价权,就能够在国际贸易的价格谈判中占有绝对优势,低价锁定生产成本,高价卖出国产商品,从而在贸易中获得更多的利润。

2. 价格发现的条件

只有在一个较为成熟的期货市场中,期货交易才可以较为准确地发挥价格发现的功能。期货市场的成熟性主要体现为:

(1)参与者众多。众多商品生产者、销售者、加工者、进出口商以及投资者参与竞价交易。众多的买家和卖家聚集在一起进行竞争,可以代表供求双方的力量,有助于真实价格的形成。

(2)透明度高,竞争公开化、公平化。期货市场是集中化的交易场所,避免了现货交易中一对一的交易方式容易产生的欺诈和垄断行为。因此,期货交易有助于价格发现。

随着期货交易和期货市场不断发展完善,尤其是随着期货市场国际联网的出现,期货市场的发现价格功能越来越完善,期货价格能够在更大范围内综合反映更多的供求影响因素,使人们更准确地预测未来价格变化的趋势。

**(三)期货市场的其他功能**

1. 优化资源配置

期货市场优化资源配置功能,是通过期货市场价格信号,提高资源配置效率和总体效用达到的。这点可用经济学理论进行分析。

假设某一农产品在两年生产中,第一年获得好收成,比如,平均每人获得 3 个单位;而在第二年可能由于气候等诸多不利原因,收获量减少了,平均每人只得到 1 个单位。在没有相应的期货价格作为指导的前提下,供给量不会发生总体转移,形成的供求曲线见图 1-4:第一年的供给曲线 $S_1S_1$ 与需求曲线 $D_1D_1$ 相交于 $E_1$ 点;而在第二年供给曲线 $S_2S_2$ 与需求曲线 $D_2D_2$ 相交于 $E_2$ 点。由阴影区相加表示的两年效用之和只能是(4+3+2)+4,即 13 个单位。

由于期货是正确地反映该农产品价格的超前指标,如果有相应的该农产品期货,第二年的期货价格高于第一年的期货价格,根据这一价格信息,将会有一部分农产品转移到第二年,即会将一部分边际效用较低的第一年的该农产品转移到边际效应较高的第二年,假如转移一个单位的该农产品到第二年,其阴影区域所表示的两年效用之和会增加至(4+3)+(4+3),即 14 个单位(见图 1-5),由此可得出结论:期货可以通过形成有效的远期价格信号,提高农产品分配效率,优化资源配置,从而增加总体效用。

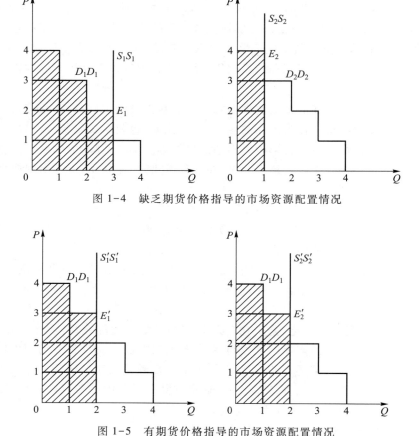

图 1-4　缺乏期货价格指导的市场资源配置情况

图 1-5　有期货价格指导的市场资源配置情况

## 2. 降低交易成本

市场参与者参与市场活动必须付出交易成本。所谓交易成本,即市场参与者进入市场、完成交易行为所必须付出的代价。

在单纯现货市场上,任何商品的供求关系总是在变动,对于商品的买卖双方来说,价格的变动就意味着风险。价格上升时,卖方将受益,买方将要付出代价;反之亦然。在正常的交易过程中,由于价格变动给双方带来的影响是不对等的。从受益的一方来说,从价格变动中增加的收益通常对再生产过程不会产生大的影响,受益方的再生产过程的扩大,基本上取决于正常经营条件下所产生的利润的积累。但是,对于受损的一方来说,价格变动带来的损失则是比较严重的。例如,生产者由于价格下降而发生入不敷出,则下一个生产周期无法购买足够的生产要素,不仅要承受价格下降的损失,还要承受生产要素闲置的损失。这就是现货市场参与者所必须付出的交易成本。在整个市场上,这种交易成本普遍存在。对于经营不同商品的市场参与者来说,这种交易成本与价格波动成正比。价格波动大的产品和行业,其参与者为此付出的交易成本大于价格波动小的产品和行业。这些参与者在高风险与高交易成本的状态下完成各自的市场行为。对他们来说,发展期货交易,降低风险和交易水平,是一种内在的要求。

在引入期货交易的条件下,经营商品的市场参与者和投资者将同时进入期货市场。对于经营商品的市场参与者来说,期货市场提供了一种无可替代的保值工具——期货合约。所有的经营商品的市场参与者,无论是持有现货的、将来要买进现货的,还是将来要卖出现货的,都可以利用期货交易进行套期保值。通过买进或卖出期货的套期保值交易行为,那些参与期货市场的商品经营者将其面临的价格风险转移到期货市场。对他们来说,期货买卖消除了他们的价格风险,显著地降低了他们的交易成本。与此同时,他们让渡到期货市场的价格风险中所包含的投资收益,吸引了大量的投资者。通过频繁、大量的期货合约买卖活动,这种投资资本起到两种积极的经济作用:① 吸纳了套期保值者所转移的价格风险;② 制造了期货市场有效运行所必需的流动性。

## 第四节 期货合约

### 一、期货合约的基本概念

期货合约是指由期货交易所统一制定的、规定在将来某一特定的时间和地点交割一定数量和质量商品的标准化合约。它是期货交易的对象。期货合约是在现货合同和现货远期合约的基础上发展起来的;它们最本质的区别在于期货合约条款的标准化。

在期货市场交易的期货合约,商品的数量、最小变动价位、涨跌停板幅度、质量等级及替代品升贴水标准、交割地点、交割月份等条款都是标准化的。在期货合约中,期货价格是唯一变量,在交易所以公开竞价方式产生。

期货合约的标准化,加之其转让无须背书,便利了期货合约的连续买卖,具有很强的市场流动性,极大地简化了交易过程,降低了交易成本,提高了交易效率。

与股票不同的是,同一期货品种同时有多个期货合约在上市交易,其区别在于交割时间不同,因此期货合约的生存周期是有限的,到合约最后交易日后就要交割。有的期货品种有每个月都连续的期货合约,如 2023 年 1 月上市交易的玻璃期货有 FG2301、FG2302……FG2312 共 12 个品种;有的期货品种则不是每个月都有交割的,如棉花期货只有单数月交割的期货合约、国债期货只有 3 月、6 月、9 月交割的期货合约等。

持仓量最大的合约被称为主力合约。一般情况下,持仓量最大的合约,其成交量也是最大的。因为它是市场上最活跃的合约,也是最容易成交的合约,所以投机者基本上都在参与这个合约。商品期货主力合约通常是当前时间三个月后交割月份的合约,如 2023 年 1 月玻璃期货的主力合约是 FG2304;金融期货则一般是当月合约为主力合约。

## 二、期货合约的基本条款

期货合约的各项条款设计对该品种期货交易能否活跃至关重要。下面以表 1-6 所示的上海期货交易所的阴极铜期货合约为例,介绍期货合约的基本条款。

表 1-6　上海期货交易所阴极铜标准合约(2020 年 8 月 31 日发布)

| 交易品种 | 阴极铜 |
|---|---|
| 交易单位 | 5 吨/手 |
| 报价单位 | 元(人民币)/吨 |
| 最小变动价位 | 10 元/吨 |
| 涨跌停板幅度 | 上一交易日结算价±3% |
| 合约交割月份 | 1~12 月 |
| 交易时间 | 上午 9:00-11:30,下午 1:30-3:00 和交易所规定的其他交易时间 |
| 最后交易日 | 合约交割月份的 15 日(遇法定节假日顺延) |
| 交割日期 | 最后交易日后连续 3 个工作日 |
| 交割品级 | 标准品:标准阴极铜,符合国标 GB/T467—2010 中 1 号　标准铜(Cu-CATH-2)规定,其中主成分铜加银含量不小于 99.95%<br>替代品:阴极铜,符合国标 GB/T467—2010 中 A 级铜(Cu-CATH-1)规定;或符合 BS EN 1978:1998 中 A 级铜(Cu-CATH-1)规定 |
| 交割地点 | 交易所指定交割仓库 |
| 最低交易保证金 | 合约价值的 5% |
| 交割方式 | 实物交割 |
| 交易代码 | CU |
| 交割单位 | 25 吨 |

### (一)交易代码

为便于交易,每一种期货合约都有交易代码。交易代码由英文字母和数字组成,分别代表交易的品种和该合约交割的年月,如 Cu2301 代表 2023 年 1 月份到期交割的阴极铜期货合约。

### (二)交易单位

交易单位是指在期货交易所交易的每张期货合约代表的商品的数量。例如,上海期货交易所规定,每手铜期货合约的交易单位为 5 吨。在交易时,只能以交易单位的整数倍买卖。

确定期货合约交易单位的大小,主要应当考虑合约商品的市场规模、交易者的资金规模、期货交易所会员结构以及该商品现货交易习惯等因素。一般来说,某种商品的市场规模较大,交易者的资金规模较大,则该合约的交易单位就可以设计得大一些,反之则小一些。例如,我国 1994—1995 年交易的铜、铝金属合约交易单位是每手 25 吨(与伦敦金属交易所一致），后来为了活跃市场，改为现在的每手 5 吨。在实际交易中，常以"张""手""口"来表示买卖的合约数量，我国期货市场常用"手"表示。

### （三）报价单位

报价单位是指在公开竞价过程中对期货合约报价所使用的单位，即每计量单位的货币价格。例如，我国期货市场铜期货的报价单位以元（人民币）/吨表示。

### （四）最小变动价位

最小变动价位是指在期货交易所的公开竞价过程中，合约商品每计量单位价格报价的最小变动数值。最小变动价位乘以交易单位，就是该合约的最小变动值。例如，上海期货交易所铜合约的最小变动价位是 10 元/吨，即每张合约的最小变动值是 50 元（10 元/吨×5 吨）。

在期货交易中，每次报价必须是其合约规定的最小变动价位的整数倍。期货合约最小变动价位的确定，通常取决于该合约商品的种类、性质、市场价格波动情况和商业规范等。

最小变动价位对市场交易的影响比较密切。一般而言，较小的最小变动价位有利于增强市场流动性。最小变动价位如果过大，将会使交易量减少，影响市场的活跃，不利于套利和套期保值的正常运作；如果过小，将会使交易复杂化，增加交易成本，并影响数据的传输速度。不同的期货交易品种，其最小变动价位是不同的。

### （五）每日价格波动幅度限制

每日价格波动幅度限制在实际交易中，称为涨跌停板幅度，是指当天相对前一天结算价上下波动最大幅度限制，国内以百分比表示，国外常用具体数额表示。例如，上海期货交易所铜的涨跌停板幅度为上一交易日结算价±3%。涨跌停板幅度设计是为了限制当天价格波动，控制期货交易风险。如果连续出现涨跌停板，交易所会扩大涨跌停板幅度。例如，当铜期货合约出现连续三个交易日的累计涨跌幅达到 7.5% 等情况时，交易所可以采取如下一种或多种措施：调整保证金比例、调整涨跌停板幅度、限制出金、暂停开新仓、限期平仓、强行平仓等。

我国已经上市的所有期货品种均有涨跌停板（但涨跌停板的触板条件不完全相同），而国际上有的交易所有涨跌停板限制，有的则没有涨跌停板限制，如芝加哥期货交易所（CBOT）设有涨跌停板限制，并且采用的是固定数额涨跌停板，而伦敦金属交易所（LME）、日本东京工业品交易所（TOCOM）就没有涨跌停板的限制。

### （六）交割月份

合约交割月份是指某种期货合约到期要交割的月份。期货合约的交割月份由期货交易所规定，期货交易者可自由选择交易不同交割月份的期货合约。

某种商品期货合约交割月份的确定，一般由其生产、使用、消费等特点决定。例如，许多农产品期货的生产与消费具有很强的季节性，因而其交割月份的规定也具有季节性特点。此外，合约交割月份的确定还受该合约商品的储藏、保管、流通、运输方式和特点的影响，因此，有些品种的合约交割月份间隔较短，而有些较长。我国上海期货交易所的铜交割月份为一年的任一个月，一般来说，交割月份有每个月、单月、双月、季月、滚动月份等种类。

滚动交割月份相对而言复杂些,如中国金融期货交易所的股指期货采取当月、下月及随后两个季月滚动交割月的方法(若现在是 1 月,合约交割月份便为 1 月、2 月、3 月及 6 月)。伦敦金属交易所则采取逐日交割的方式。

### (七)交易时间

期货合约的交易时间是固定的,每个交易所对交易时间都有严格规定,各交易品种的交易时间安排由交易所公告。

我国交易时间一般为周一至周五,周六、周日及国家法定节假日休息。一般每个交易日分为两盘,即上午盘和下午盘,上午盘时间一般为 9:00~11:30,下午盘时间一般为 13:30~15:00。然而,由于期货价格的国际联动性比较强,为了更好地与国际市场价格同步,自 2013 年起部分期货品种实现了夜盘交易,夜盘交易时间一般为 21:00 至次日凌晨 2:30。截至 2022 年,可以进行夜盘交易的期货品种已达 46 个,覆盖了大多数成熟、活跃以及受外盘影响较大的品种,包括郑商所的白糖、棉花、棉纱、PTA、甲醇、菜粕、动力煤、玻璃、菜籽油、短纤、纯碱(共 11 种);上期及上期能源的黄金、白银、铜、国际铜、铝、铅、锌、镍、锡、螺纹钢、热轧卷板、不锈钢、天然橡胶、20 号胶、原油、沥青、燃油、纸浆、低硫燃料油(共 19 种);大商所的焦炭、棕榈油、豆粕、豆油、黄大豆一号、黄大豆二号、焦煤、铁矿石、线型低密度聚乙烯、聚氯乙烯、聚丙烯、乙二醇、苯乙烯、LPG、玉米、玉米淀粉(共 16 种)。

值得注意的是,国外不同交易所的交易时间不同,电子交易则是 24 小时交易,且周末也可以交易。

### (八)最后交易日

最后交易日是指某种期货合约在合约交割月份中进行交易的最后一个交易日,过了这个期限的未平仓期货合约,即持仓(买进的合约还未卖出,或卖出的合约还没有买进)必须进行实物交割。根据不同期货合约商品的生产、消费和交易特点,期货交易所确定其不同的最后交易日。如铜的最后交易日为合约交割月份的 15 日(遇法定节假日顺延)。

### (九)交割日期

交割日期是指合约商品所有权进行转移,以实物交割方式了结未平仓合约的时间。如铜的交割日期为最后交易日后连续 3 个工作日(遇法定节假日顺延)。

### (十)交割品级

交割品级是指由期货交易所统一规定的、准许在交易所上市交易的合约商品的质量等级。在进行期货交易时,交易双方无须对商品的质量等级进行协商,发生实物交割时按交易所期货合约规定的标准质量等级进行交割。期货交易所在制定合约商品的等级时,常常采用国内或国际贸易中最通用和交易量较大的标准品的质量等级为标准交割等级。

一般来说,为了保证期货交易顺利进行,许多期货交易所都允许在实物交割时,实际交割的商品的质量等级与期货合约规定的标准交割等级有所差别,即允许用与标准品有一定等级差别的商品作替代交割品。替代品的质量等级和品种一般也由期货交易所统一规定。交货人用期货交易所认可的替代品代替标准品进行实物交割时,收货人不能拒收。用替代品进行实物交割时,价格需要升贴水(比标准品价格高或低)。替代品的实际价格,一般可按替代品等级是高于还是低于标准交割等级而进行升水或者贴水。替代品与标准品之间的等级差价,即升贴水标准,也由交易所统一规定,并可根据该合约商品的市场行情适时调整。

### （十一）交割地点

交割地点是指由期货交易所统一规定的,进行实物交割的指定交割仓库。

由于在商品期货交易中大多涉及大宗实物商品的交割,所以统一指定交割仓库可以保证卖方交付的商品符合期货合约规定的数量与质量等级,保证买方收到符合期货合约规定的商品,防止商品在储存与运输过程中出现损坏现象。一般来说,期货交易所在指定交割仓库时主要考虑的因素是:指定交割仓库所在地区的生产或消费集中程度、储存条件、运输条件以及质检条件等。负责金融期货交割的指定银行,必须具有良好的金融资信、较强的进行大额资金结算的业务能力,以及先进、高效的结算手段和设备。截至 2022 年 6 月,上海期货交易所铜的指定交割仓库有上海国储天威仓储有限公司等 19 个交割仓库。

### （十二）交易保证金

交易保证金是指交易所规定的按合约价值一定比例的履约金,如阴极铜期货合约的最低保证金比例为合约价值的 5%。如果客户的权益低于交易所规定的保证金要求,期货公司会通知客户追加保证金;如果客户未在规定的时间内及时追加,那么交易所将会将该合约强行平仓,损失由客户承担。

### （十三）交易手续费

交易手续费是指期货交易所按成交合约金额的一定比例或按成交合约数收取的费用。交易手续费的收取标准,不同的期货交易所均有不同的规定。交易手续费的高低对市场流动性有一定影响。交易手续费过高,会增加期货市场的交易成本,扩大无套利区间,降低市场的交易量,不利于市场的活跃,但也可起到抑制过度投机的作用。例如,2023 年 2 月时上海期货交易所铜的交易手续费率为成交金额的万分之 0.5。

### （十四）交割方式

期货交易的交割方式分为实物交割和现金交割两种。在最后交易日结束后,手中还有未平仓合约的买方必须买进相应合约的商品,卖方必须卖出相应的商品,这是实物交割方式;如果在最后交易日还持有未平仓合约的,不必买入或卖出相应合约的商品,如交割国债期货,就不必买卖对应的国债现货,而是按其现货价格折算成现金进行盈亏结算,这就是现金交割方式。商品期货通常采取实物交割或实物交割与现金交割相结合的方式,金融期货大多采用现金交割方式。铜期货采用的是实物交割方式。

### 本章小结

1. 期货交易是指在期货交易所内集中买卖期货合约的交易活动。期货交易是商品生产和商品交换发展到一定阶段的产物,是在现货交易和远期交易的基础上发展而来的,是贸易方式长期演进的结果。1848 年芝加哥期货交易所的成立标志着期货交易的诞生。

2. 中国期货市场的发展经历了初期发展阶段、清理整顿阶段和规范发展阶段三个阶段,当前发展非常迅猛,市场上有商品期货和金融期货两大门类、70 余种交易品种。

3. 期货交易的基本特征是:合约标准化、交易集中化、双向交易和对冲机制、杠杆机制以及每日无负债结算。期货交易与现货交易、远期交易既有区别又有联系。

4. 期货市场是现代市场经济体系中不可或缺的重要组成部分。其主要功能为规避风险和价格发现,另外还具有优化资源配置、降低交易成本等功能。

5. 期货合约是期货交易的对象,主要包括交易品种、交易单位、最小变动价位、每日价格波动幅度限制、合约交割月份、交割方式等条款。

## 本章思考题

1. 简述期货市场是怎样产生和发展的。
2. 中国期货市场的发展经历了哪些阶段? 现状如何?
3. 期货交易有哪些特点?
4. 期货市场在现代市场经济体系中的地位如何? 期货市场有哪些功能?
5. 期货合约包括哪些内容?

## 即测即评

扫一扫,测一测。

# 第二章
# 期货市场的组织结构

**本章要点与学习目标**

　　掌握期货市场的组织结构;了解期货交易所的组织形式及发展趋势;了解期货经纪公司的组织结构及功能;熟悉不同的结算体系;掌握期货交易者的不同性质;了解期货行业监管机构和自律机构。

## 第一节　期货交易所

### 一、期货交易所概述

　　期货交易所是专门进行标准化期货合约买卖的场所。期货交易所按照其章程的规定实行自律管理,以其全部财产承担民事责任。在现代市场经济条件下,期货交易所是一种具有高度系统性和严密性、高度组织化和规范化的交易服务组织。期货交易所自身不得直接或间接参与期货交易活动,不参与期货价格的形成,也不拥有合约标的商品,只为期货交易提供设施和服务,创造良好的交易环境,使期货交易能够公平、连续、活跃地进行。

　　期货交易所在期货市场中居于核心地位。作为期货交易的组织者和交易的场所,期货交易所是期货交易的载体,在期货市场中发挥着汇集市场信息、组织市场交易的市场中枢的作用。期货交易所的有效运行,是期货市场健康有序发展的先决条件之一。

　　期货交易所起源于市场对商品期货的交易需求,故商品期货交易所又称为商品交易所。之后,陆续发展出以利率、债券、外汇等为标的物的金融期货交易,并由此发展产生了金融期货交易所。

　　期货交易所的设立需要具备一定的条件。这主要包括:

　　(1)期货交易所的选址应以基础设施的先进性和完备性为前提。交易所所在地一般以经济、金融中心城市为宜,因为这些城市具有完善的基础设施,包括优质的物业、高效的计算机系统和先进的通信设备等,能够满足现代期货交易对信息传送、商品运输以及各项服务的要求,可以提供好的工作生活条件,从而能最大限度地吸引交易者的参与。

(2)期货交易所的选址应以雄厚的资本实力为后盾。期货交易所是一种大规模的集中性交易场所,无论是组织交易还是提供交易条件,都需要大量的资本投入。当今日益发达的期货交易对交易所的设立提出了更高的资本要求。

(3)期货交易所要以一批高素质的期货专业人才为核心。期货市场是一个专业性极强的特殊市场,它之所以能够发挥重要的功能和作用,与期货市场严格规范的操作和管理是分不开的。而这种高效的管理则依赖于一支高素质的专业管理人员和技术人员组成的队伍,他们是期货交易所的软件,是推动期货交易所运转的核心力量。

(4)期货交易所需要以完善的章程和规则为指导。期货交易的参与者数量众多、构成复杂,而期货交易本身又是一种专业性极强、操作技术复杂的特殊交易,因此,每一家期货交易所都必须制定符合规范化要求的规章制度,并付诸实践。

目前,我国现行期货交易所共有五家,即上海期货交易所、大连商品交易所、郑州商品交易所、中国金融期货交易所和广州期货交易所,它们均是在以上条件下依据我国有关法规、由中国证监会审批成立的。全球范围内比较著名的期货交易所有芝加哥商业交易所集团、泛欧证券交易所、伦敦国际金融期货交易所、欧洲期货交易所、伦敦金属期货交易所等。

## 二、期货交易所的职能

### (一)提供交易场所、设施及相关服务

交易双方在特定的场所进行合约的买卖是期货交易的一大特点。期货交易所必须为期货交易提供固定场所、必要的措施、先进的通信联络设备、现代化的信息传递和显示设备等一整套硬件设施,再辅之以完备、周到的配套服务,以保证期货交易正常进行。

### (二)制定并实施业务规则

为保证交易双方交易行为的规范化,确保期货交易有序进行,交易所需要建立一套健全、统一的期货交易规则以及相应的业务管理细则等。

### (三)设计合约、安排上市

合约的标准化是期货交易得以进行的前提条件。一方面,由交易所制定的合约的标准化条款有效免除了交易者因合约条款发生的纠纷而使交易无法进行的可能性,大大提高了市场的流动性和效率。另一方面,交易所紧密把握市场动向、满足交易者的需求,精心设计并选择适合的时间安排新的合约上市,能保持期货市场的活力,更有效地发挥期货市场的功能与作用。

### (四)组织和监督期货交易

期货交易有一套复杂、严格的交易流程,期货交易所的组织监督使整个流程可以有序、稳定地进行,这样可以降低市场交易成本、提高市场运行效率,同时为交易者能随时利用期货市场达到自己的目的提供一个安全、方便的交易环境。

### (五)监控市场风险

期货市场是一个高风险的市场,管理制度是否有效,不仅影响期货市场功能的发挥,而且直接决定着期货市场的存亡。期货交易所利用保证金制度、每日结算制度、涨跌停板

制度、持仓限额和大户持仓报告制度、风险准备金制度等风险管理制度，从各个环节对风险进行控制，保证期货市场平稳运行。

### （六）保证合约履行

期货交易所制定有一整套严格的规章制度和交易程序，并为参加期货交易活动的会员在财务、资信等方面提供一定程度的担保。如通常只要符合期货交易所的有关规定，凡是在期货交易所内买卖的期货合约都可以得到履约保证，而违约者则会受到相应处罚。正是由于这一点，期货交易吸引了大量的客户参与，保证了期货市场竞争的充分性和期货价格形成的权威性。

### （七）发布市场信息

期货交易所及时把本交易所内形成的期货价格和有关信息向会员及公众公布，以便交易者利用这些信息调整自己的交易行为，达到套期保值或投机图利的目的。

### （八）监管会员的交易行为

期货交易所有会员制和公司制两种组织形式。在会员制形式下，与一般交易者相比，期货交易所会员了解更多的内幕信息，在期货市场上处于信息优势地位。如果他们利用这一优势为自己牟利，必然会损害一般交易者的合法利益。因此期货交易所必须对会员的期货业务进行监督，严厉查处会员的违法、违规行为，以保证期货交易在公开、公平、公正的环境中进行。

### （九）监管指定交割仓库

交割环节作为联系期货市场与现货市场的纽带，是期货交易最重要的环节之一，它的规范运作是期货市场功能发挥的重要保障。因此，对交割仓库的监管是非常必要的，期货交易所能对交割仓库进行有效监管。

## 三、期货交易所的组织形式

期货交易所的组织形式主要有会员制和公司制两种。

### （一）会员制期货交易所

会员制期货交易所由全体会员共同出资组建，缴纳会员资格费是取得会员资格的基本条件之一，也是交易所的注册资本来源。交易所是会员制法人，以全额注册资本对其债务承担有限责任。会员制期货交易所的权力机构是由全体会员组成的会员大会，会员大会的常设机构是由其选举产生的理事会。因此，会员制期货交易所是实行自律性管理的非营利性的会员制法人。

我国的上海期货交易所、大连商品交易所、郑州商品交易所都是会员制交易所。

1. 会员构成

世界各地交易所的会员构成分类不尽相同。有自然人会员与法人会员之分、全权会员与专业会员之分、结算会员与非结算会员之分等。欧美国家的交易所会员以自然人为主。我国则不允许自然人成为会员，只有境内登记注册的法人才能成为期货交易所的会员。

2. 会员资格

会员在进场交易或代理客户交易之前必须取得会员资格。从国际期货市场的交易所会员制运作状况来看,期货交易所会员资格的获得方式有多种,包括:以交易所创办发起人的身份加入;接受发起人的转让加入;依据期货交易所的规则加入;在市场上按市价购买期货交易所的会员资格加入等。我国的期货交易所对会员资格都有明确的要求,详见各交易所的会员管理办法。

3. 会员的权利和义务

期货交易所会员的基本权利包括:参加会员大会,行使表决权、申诉权;在期货交易所内进行期货交易,使用期货交易所提供的交易设施,获得有关期货交易的信息和服务;按规定转让会员资格,联名提议召开临时会员大会;等等。

期货交易所会员应当履行的主要义务包括:遵守国家有关法律、法规、规章和政策;遵守期货交易所的章程、业务规则及有关决定;按规定交纳各种费用;执行会员大会、理事会的决议;接受期货交易所业务监管;等等。

4. 会员制期货交易所的机构设置

会员制期货交易所的具体组织结构各不相同,但一般来说均设有会员大会、理事会、专业委员会和业务管理部门。

(1)会员大会。按照国际惯例,会员大会由期货交易所的全体会员组成,作为期货交易所的最高权力机构,就期货交易所的重大事项做出决定,如制定、修改或废止章程及业务规则、选举和更换高级管理人员、审议批准财务预算和决算方案、决定期货交易所的合并和终止等。

(2)理事会。理事会是会员大会的常设机构,对会员大会负责。按照国际惯例,理事会由交易所全体会员通过会员大会选举产生,设理事长一人、副理事长若干,由理事会选举和任免。理事中除了本交易所的会员外,还有若干名政府管理部门委任的非会员理事,他们大多是精通期货交易的专家。理事会一般行使以下职权:召集会员大会,并向会员大会报告工作;监督会员大会决议和理事会决议的实施;监督总经理履行职务行为;拟订期货交易所章程、交易规则修改方案,提交会员大会通过;审议总经理提出的财务预算方案、决算报告,提交会员大会通过;审议期货交易所合并、分立、解散和清算的方案,提交会员大会通过;决定专门委员会的设置;决定会员的接纳;决定对严重违规会员的处罚;决定期货交易所的变更事项;违规情况下采取临时处置措施的权力;异常情况下采取紧急措施的权力;审定根据交易规则制定的细则和办法;审定风险准备金的使用和管理办法;审定总经理提出的期货交易所发展规划和年度工作计划;等等。

(3)专业委员会。理事会下设若干专业委员会,一般由理事长提议,经理事会同意设立。各专业委员会由理事会委派的理事主持,若干名会员参加,负责某一方面的工作。一般说来,交易所设立以下专业委员会:

① 会员资格审查委员会。负责审查入会申请,并调查其真实性及申请人的财务状况、个人品质和商业信誉。经核实后,该委员会以投票形式决定是否通过申请人的资格审查报告,并提交理事会。若会员违反交易所有关规章制度,该委员会将对其进行审查和相应处罚,直至报请理事会投票表决,取消该会员的会员资格。

② 交易规则委员会。负责起草交易规则,并按理事会提出的修改意见进行修改。

③ 交易行为管理委员会。负责监督会员的市场交易行为,使会员的交易行为不仅要

符合国家的有关法规,而且要符合交易所内部有关交易规则和纪律要求,以保证期货交易正常进行。它有权要求会员提供一切有关的账目和交易记录,如遭拒绝,可建议董事会或理事会开除或停止其会员资格。

④ 合约规范委员会。负责审查现有合约并向理事会提出有关合约修改的意见。

⑤ 新品种委员会。负责对本交易所发展有前途的新品种期货合约及其可行性进行研究。负责准备和起草拟发展的新品种期货合约的论证报告及其他必要文件,以便报上级主管单位批准。

⑥ 业务委员会。负责监督所有与交易活动有关的问题。调查、审查和解决交易期间以及以后发现的错误或价格不符等问题。

⑦ 仲裁委员会。负责通过仲裁程序解决会员之间、非会员与会员之间以及交易所内部纠纷及申诉。

(4) 业务管理部门。根据交易所工作职能需要设置相关业务部门。一般来说,交易所都设有总经理、副总经理,及其相关的交易、交割、研究发展、市场开发、财务等部门。

**(二)公司制期货交易所**

公司制期货交易所通常由若干股东共同出资组建,以盈利为目的,股份可以按照有关规定转让,盈利来自从交易所进行的期货交易中收取的各种费用。它不参与合约标的物的买卖,但按规定对参与交易者收取交易费用,股东从中分享收益。

中国金融期货交易所和广州期货交易所是公司制期货交易所。英国以及英联邦国家的期货交易所一般都是公司制交易所,2007 年由芝加哥商业交易所(CME)和芝加哥期货交易所(CBOT)合并而成的芝加哥商业交易所集团也是公司制交易所。

1. 主要特点

(1) 对场内交易承担担保责任。即对交易中任何一方的违约行为所产生的损失负责赔偿。这使其容易树立保护投资人的形象,获得较高的社会信任。

(2) 交易所及其人员不参加交易,处于交易的中立地位。尽管交易所采取股份制,但交易所在交易中完全中立,其人员也不得参与交易,这便于管理及保证交易的公正性。

(3) 过多注重交易量。由于公司制交易所重视盈利,故注重扩大市场规模,为了提高自己的营业收入,使自己的股东获得更多的利益,往往会过多注重交易量,易忽视公益性,从而影响市场的稳定。

(4) 成本观念强。这有利于提高市场效率,加大市场投资建设力度。

(5) 收取费用相对较高。为了实现交易正常进行,并获得一定的收益,公司制期货交易所收取的费用一般较高,交易商的负担较大。

2. 机构设置

公司制交易所一般采用公司管理制,下设股东大会、董事会、监事会及经理机构,各负其责,相互制约。入场交易的交易商的股东、高级职员或雇员不能成为交易所的高级职员。

(1) 股东大会。股东大会由全体股东共同组成,是公司最高权力机构。股东大会就公司的重大事项如修改公司章程、决定公司的经营方针和投资计划、审议批准公司的年度财务预算方案与决算方案、增加或者减少注册资本等做出决议。

（2）董事会。董事会是公司制交易所的常设机构，对股东大会负责。董事会一般行使以下职权：负责召集股东大会，并向股东大会报告工作；执行股东大会的决议；决定公司的经营计划和投资方案；聘任或者解聘公司经理；根据经理的提名，聘任或者解聘公司副经理、财务负责人等。

（3）经理。经理对董事会负责，由董事会聘任或者解聘。经理列席董事会会议。经理行使下列职权：主持公司的生产经营管理工作，组织实施董事会决议；组织实施公司年度经营计划和投资方案；拟订公司内部管理机构设置方案；拟订公司的基本管理制度；制定公司的具体规章；提请聘任或者解聘公司副经理、财务负责人；聘任或者解聘应由董事会聘任或者解聘以外的管理人员等。

（4）监事会。股份公司设置的监事会由股东代表和适当比例的公司职工代表组成。监事列席董事会会议。监事会行使以下职权：检查公司的财务；对董事、高级经理人员执行公司职务的行为进行监督，对违反法律、行政法规、公司章程或股东会决议的董事、高级管理人员提出罢免的建议；当董事、高级经理人员的行为损害公司利益时，要求董事、高级经理人员予以纠正；提议召开临时股东会会议，在董事会不履行公司法规定的召集和主持股东会会议职责时召集和主持股东会会议；向股东会会议提出提案；依照公司法有关规定，对董事、高级管理人员等提起诉讼。

此外，同会员制期货交易所一样，公司制期货交易所也设有一些专业委员会，其构成和作用与会员制期货交易所的是基本相同的，不再赘述。

**（三）会员制期货交易所和公司制期货交易所的比较**

会员制与公司制期货交易所不但在设立时不同，在实际运行过程中也有明显的差别，主要表现为：

（1）设立的目的不同。会员制法人以公共利益为目的；公司制法人以盈利为目的，并将所获利润在股东之间进行分配。

（2）承担的法律责任不同。在会员制期货交易所内，各会员除依章规定分担经费和出资缴纳的款项外，会员不承担交易中的任何责任；而公司制的股东除缴纳股金外，还要对期货交易所承担有限责任。

（3）适用法律不尽相同。会员制法人一般适用于民法的有关规定；公司制法人，首先适用公司法的规定，只有在公司法未做规定的情况下，才适用民法的一般规定。也就是说，公司制的期货交易所在很大程度上由公司法加以规范。

（4）资金来源不同。会员制交易所的资金来源于会员缴纳的资格金等，其每年的开支均从当年的盈利和会员每年上缴的年会费中取得，盈余部分不作为红利分给会员；公司制交易所的资金来源于股东本人，只要交易所有盈利，就可将其作为红利在出资人中进行分配。

会员制是一种传统的期货交易所组织形式，这种互助式的组织形式对期货市场的最初建立及运转发挥了重要作用。但是，随着交易技术的革新，电子交易技术在期货交易上的运用使相对封闭的组织模式遭到了冲击，在国际期货市场竞争日益激烈的情况下，会员制所固有的局限性也日益突出，主要表现在：会员制交易所的收益不能在会员间分配，使会员管理交易所的动力不足；交易所的会员是只能参与期货交易的会员，从而限制通过向其他投资者融资扩大交易所资本规模和实力的渠道;交易所的非营利性质降低了交易所的管理效率,不能适应日益激烈的竞争环境。

尽管会员制和公司制期货交易所存在上述差异,但它们都以法人组织形式设立,处于平等的法律地位,同时要接受证券期货监管机构的监督和管理。

### 四、期货交易所的发展趋势

从全球期货市场发展来看,期货交易所的发展趋势总结为以下三个方面:期货交易所日趋合并;期货交易面临电子化和全球化趋势;越来越多的期货交易所从会员制向公司制转变。

#### (一)交易所的合并

世界上的期货交易所大多数都是近 20 多年来成立的,国际期货交易中心主要集中在芝加哥、纽约、伦敦、东京等地。20 世纪 90 年代,德国、法国、巴西、新加坡、韩国、中国香港等国家和地区的期货市场发展较快,交易品种逐渐增加,交易日趋活跃,成交量逐渐增大,影响力增强,逐渐成了期货市场新的增长中心。近年来,随着经济全球化的发展,期货交易所之间的竞争日益激烈,再加上场外交易发展迅猛,期货交易较为发达的西方国家纷纷走上交易所合并的道路。现代期货市场越来越向金融中心集中,交易所日益朝着大型化、综合性的方向发展。

在美洲,为赶超芝加哥在全球的期货交易中心地位,1994 年 8 月 3 日,纽约商业交易所和纽约商品交易所合并成为新的纽约商品交易所,是当时世界最大的商品期货交易所。目前,交易仍通过两个分部进行:纽约商业交易所分部仍交易原油、燃料油、汽油、天然气、电;纽约商品交易所分部仍交易金、银、铜、铝以及其他指数期货。1998 年,纽约棉花交易所与咖啡、糖、可可交易所开始携手合作,并于 2004 年 6 月正式合并为纽约期货交易所。2002 年芝加哥商业交易所进行的 IPO 再次触发了美国各交易所上市和并购热潮。2007 年,芝加哥商业交易所和已竞争百年的同城对手芝加哥期货交易所合并,合并涉及金额 80 亿美元,合并成立的新交易所市值高达 250 亿美元,由此诞生了迄今为止全球最大的衍生品交易所——芝加哥商业交易所集团(CME 集团)。2008 年,CME 集团收购纽约商品交易所,成为全球最大的衍生品交易所。同年,巴西圣保罗证券交易所和圣保罗期货交易所完成合并,市值合计 180 亿美元。

伴随着金融行业的竞争,欧洲期货行业也处在了重组合并的激流中。1998 年德国期货交易所(DTB)和瑞士期货期权交易所(SOFFEX)合并成立欧洲期货交易所(EUREX);2002 年巴黎、阿姆斯特丹、布鲁塞尔、里斯本证券交易所和伦敦国际金融期货所共同组建了泛欧交易所(Euronext);2007 年 Euronext 和纽约证券交易所(NYSE)合并为纽约泛欧证券交易所,是全球最大的跨国证券期货交易所。2012 年,俄罗斯外汇交易所 48 亿美元收购俄罗斯证券交易所,合并之后的一部分——俄罗斯期货与期权交易所步入全球前十大衍生品交易所行列。

亚洲的金融衍生品行业也在近几年得到飞速发展。1999 年 12 月新加坡股票交易所(SES)与新加坡国际金融交易所(SIMEX)合并为新加坡交易所(SGX)。在中国香港,2000 年 3 月 6 日,香港期货交易所(FEHK)与香港联合交易所(SEHK)合并为香港交易及结算有限公司(HKEX,又称香港交易所);2012年,香港交易所收购英国伦敦金属交易所(LME)。在日本,近十年来日本的期货交易所已从原来的10余家合并为现在的7家,东京工业品交易所为日本最大的交易所,它是1984年11月由东京纺织商品交易所、东京橡胶交易所、大板纤维交易所和东京黄金交易所合并而成的;2007年1月,作为日本第三大、第四大期货交易所的中央日用品交易所(C-Com)和大阪商业交易所(OME)完成合并。与之相似的是,韩国证券期货交易所(KRX)是2003年由韩国期货交易所(KOFEX)、韩国证券交易所(KSE)和创业板市场(Kosdaq)合并而成的。此外,2015年5月,泰国期货交易所(TFEX)与泰国农业期货交易所(AFET)完成合并。

**（二）期货交易的电子化与全球化**

进入20世纪90年代以来,随着信息技术的迅猛发展,资金、技术、信息的流动呈现出爆炸性增长的趋势,世界经济全球化加速,期货交易所面临的技术环境、经营环境和市场环境正发生显著、深刻的变化。传统的期货交易是以场内公开喊价的方式为主,这种方式尽管交易活跃,但毕竟受到交易场地窄小等因素的限制,随着现代电子和通信技术的飞速发展,期货市场打破了时空限制,开始采用电子化的交易方式。只要期货经纪商的计算机终端与交易所主机联网,就可以向主机输入买卖合约的信息,由主机自动撮合成交,大大改善了期货市场交易指令及价格信息的传送状况,使分布在各个地方的交易者都可以从终端上得到同样的价格信息,迅速进行交易。先进的交易机制可以允许交易者之间直接进行交易,而不需要再像过去那样非得由有关专业人士或市场工作人员从中撮合。

面对日新月异的新技术,美国期货市场采取了积极利用新技术、推动市场发展的策略。以CBOT为例,1966年第一次在交易池中使用电传打字机,以更加及时、准确地进行交易指令处理;1967年,在交易池中采用新型电子报价显示屏,使价格传输时间缩减至数秒;1970年,第一个使用计算机进行远程交易登录;1989年,启用并完善电子化交易指令传输系统;1994年,推出电子交易系统ProjectA,在芝加哥、纽约、伦敦、东京、悉尼和新加坡等城市使用;1995年,启动Markplex系统,成为世界上第一家通过因特网提供服务的交易所;1998年,将公开喊价方式和电子交易系统对接,进行24小时交易;2000年,与欧洲期货交易所(EUREX)成功启动A/C/E电子交易平台。2004年第一季度,CBOT进行玉米、大豆、小麦小型期货合约公开喊价与电子交易并行运作的交易方式。2006年8月1日CBOT全部农产品交易电子交易和人工交易并行,标志着美国最传统的农产品交易领域都被电子化的浪潮席卷。交易电子化增强了CBOT的核心竞争力,保证了CBOT的可持续发展。2007年,作为芝加哥商品交易所(CME)和芝加哥期货交易所(CBOT)刚刚合并后的CME集团重组的一部分,7种货币的外汇交易和利率期货合约开始实施全电子化交易。当前,美国期货市场所有期货品种均已实现了电子化交易。

电子交易具有以下优势:一是提高了交易速度;二是降低了市场参与者的交易成本;三是突破了时空的限制,增加了交易品种,扩大了市场覆盖面,延长了交易时间且更具连续性;四是交易更为公平,无论市场参与者是否居住在同一城市,只要通过许可,都可参与同一市场的交易;五是具有更高的市场透明度和较低的交易差错率;六是电子交易的发展可以部分取代交易大厅和经纪人。

但电子化交易对信息安全、通信质量、操作能力等提出了更高的要求,在网络安全意识不足、网络安全设备匮乏、管理松散、通信故障处理不到位等多种情形下,都可能引发较大的风险事故,如 2010 年美国市场的"5·6 闪电崩盘事件"、2014 年中国光大证券"8·16 乌龙指事件"等。

在期货交易电子化的同时,期货交易还呈现出全球化的趋势。如 1998 年德国期货交易所与瑞士期货期权交易所合并成立欧洲期货交易所;2004 年欧洲期货交易所在美国芝加哥开张分所;2014 年 CME 集团到欧洲开设欧洲交易所。从国际上看,一方面,各国交易所积极吸引外国公司、个人参与本国期货交易;另一方面,各国期货交易所积极上市以外国金融工具为对象的期货合约。具体措施有:各交易所和经纪公司在国外设立分支机构,开发国外市场;交易所积极吸纳外国会员;为延长交易时间开设晚场交易,以便利外国客户交易;上市相同合约的各国交易所积极联网,建立相互对冲体系等。

电子化和全球化交易的推广,使得全球各大交易所成交量快速增长,交易金融迅猛增加,全球期货期权市场进入了快速发展的黄金期。

### (三)交易所向公司制转变

世界上最早的期货交易所——CBOT 是以会员制形式创建,实行会员自律管理。但是,随着科学技术发展和期货市场间竞争加剧,客观上要求期货交易所通过不断采用新技术,提高运作效率,扩大市场规模和辐射范围;在体制上要求期货交易所采用更为积极的组织制度和管理体制。正是在这一背景下,从 20 世纪 90 年代起,会员制这一存续了约 150 年的交易所组织形式开始变革,交易所公司化改造成为世界主要期货交易所体制创新的主流。

从跨入 21 世纪开始,EUREX、CME、NYMEX、LME 和 HKEX 等交易所先后完成了公司化改造。在公司化改造后,这些交易所不仅在运作效率、创新能力、融资能力、抗风险能力以及市场服务等方面,充分发挥了公司制的优势,并且在自律与监管方面也实现了平稳过渡。特别是 CME 公司化改造和成功上市后,股票价格表现良好,为芝加哥其他交易所提供了很好的借鉴,促进了各交易所向公司化努力。随着美国期货市场竞争日趋激烈,整体交易费用降低已不可避免,所以会员降低交易费用的作用会越来越不明显,这样的变化也进一步促进了交易所进行公司化改造。

## 五、我国的期货交易所

### (一)上海期货交易所

上海期货交易所(简称上期所),成立于 1999 年 5 月,是一家商品期货交易所。

上期所的期货交易品种以金属、能源类为主,截至 2023 年 3 月,共有铜、黄金、燃料油、天然橡胶等 20 种期货品种在上期所交易。2022 年,上期所成交量达到 18.23 亿手,成交额达到为 141.26 万亿元,分别占全国市场的 26.94% 和 26.41%。上期所是全球成交量最大的商品交易所、全球第二位的铜金属交易所。

上期所采用的是会员制的组织形式,其结算方式为非分级结算制度。

### (二)大连商品交易所

大连商品交易所(简称大商所)成立于 1993 年 2 月 28 日,是一家商品期货交易所。

大商所的期货交易品种以农作物及其加工品、化工原料为主,截至 2023 年 3 月,大商所上市交易的期货品种有玉米、大豆、聚乙烯等 21 种。2022 年,大商所成交量达到 22.75 亿手,成交额达到 123.73 万亿元,分别占全国市场的 33.62% 和 23.13%。大商所是中国最大的农产品期货交易所,是全球最大的化工、焦煤、焦炭、铁矿石期货交易所和第二大农产品期货交易所。

大商所采用的也是会员制的组织形式,其结算方式也为非分级结算制度。

**(三) 郑州商品交易所**

郑州商品交易所(简称郑商所)成立于 1990 年 10 月,是国务院批准的首家期货市场试点单位,在现货远期交易成功运行两年以后,于 1993 年 5 月 28 日正式推出期货交易。

郑商所曾先后推出小麦、绿豆、芝麻、花生仁等期货交易品种,但后来部分品种逐渐退出了历史舞台。截至 2023 年 3 月,郑商所上市交易的期货品种有普通小麦、早籼稻、甲醇、动力煤、玻璃等 23 种。2022 年,郑商所成交量达到 23.98 亿手,成交额达到 96.85 万亿元,分别占全国市场的 35.42% 和 18.10%。郑商所上市交易的玻璃期货为全球首个。同时,"郑州价格"已成为全球小麦和棉花价格的重要指标。

郑商所采用的也是会员制的组织形式,其结算方式也为非分级结算制度。

**(四) 中国金融期货交易所**

中国金融期货交易所(简称中金所)成立于 2006 年 9 月 8 日,是经国务院同意,证监会批准,由上海期货交易所、郑州商品交易所、大连商品交易所、上海证券交易所和深圳证券交易所共同发起设立的。中金所是中国内地成立的首家金融期货交易所。中金所的设立,对于深化资本市场改革,完善资本市场体系,丰富资本市场产品,发挥资本市场功能,为投资者开辟更多的投资渠道,以满足广大投资者需求等方面具有重要的战略意义。

截至 2023 年 3 月,共有沪深 300 股指期货、上证 50 股指期货、中证 500 股指期货、中证 1000 股指期货、2 年期国债期货、5 年期国债期货、10 年期国债期货等 7 个期货品种在中金所上市交易。2022 年,中金所成交量达到 1.52 亿手,成交额达到 133.04 万亿元,分别占全国市场的 2.24% 和 24.87%。

中金所为股份有限公司,实行公司制。值得注意的是,中金所虽然是公司制的,但是设立的宗旨是深化金融市场改革,完善金融市场体系,发挥金融市场功能,保障金融期货等金融衍生品交易正常进行,保护交易当事人的合法权益和社会公共利益,维护金融市场正常秩序,所以不以营利为目的。中金所的结算方式为分级结算。

**(五) 广州期货交易所**

广州期货交易所(简称广期所)成立于 2021 年 4 月 19 日,是经国务院同意,由证监会批准设立的第五家期货交易所。广期所由上海期货交易所、郑州商品交易所、大连商品交易所、中国金融期货交易所、中国平安保险、广州金融控股集团、广东珠江投资控股集团、香港交易及结算所共同发起设立,是国内首家混合所有制交易所。设立广期所,是健全多层次资本市场体系,服务绿色发展,服务粤港澳大湾区建设,服务"一带一路"倡议的重要举措。

2021 年 5 月,广期所两年期品种计划获证监会批准,明确将 16 个期货品种交由广期所研发上市。2022 年 12 月,广期所上市工业硅期货品种。2022 年,广期所成交量为 19.36 万手,成交额为 158.40 亿元。

# 第二节 期货经纪公司

## 一、期货经纪公司概述

期货经纪公司又叫期货公司,是指依法设立的、接受客户委托、按照客户的指令、以自己的名义为客户进行期货交易并收取交易手续费的中介组织,其交易结果由客户承担。

期货经纪公司是交易者与交易所之间的桥梁和纽带,期货交易者的交易指令一般都是通过期货经纪公司在期货交易所内予以执行的。期货经纪公司接受客户委托,代理期货交易,拓展市场参与者的范围,扩大市场规模,节约交易成本,提高交易效率,增强期货市场竞争的充分性,并为客户提供专业的咨询服务,充当客户的交易顾问,帮助客户提高交易的决策效率和准确性,此外,还对客户账户进行管理,控制客户交易的风险。

在我国,期货经纪公司是依法成立的,经证监会批准,并在国家市场监督管理部门登记注册的独立法人。按照证监会的规定,期货经纪公司不能从事自营业务,只能为客户代理买卖期货合约、办理结算和交割手续;对客户账户进行管理,控制客户交易风险;为客户提供期货市场信息,进行期货交易咨询,充当客户的交易顾问等。期货经纪公司根据业务需要,经中国证监会批准后,可以设立营业部。

## 二、期货经纪公司的作用

期货经纪公司为期货投资者服务。它连接了期货投资者和期货交易所及其结算组织机构,在期货市场中发挥着重要作用。期货经纪公司的功能作用主要体现在以下五个方面:

(1)期货经纪公司克服了期货交易中实行的会员交易制度的局限性,吸引了更多交易者参与期货交易,使期货市场的规模得以发展。

(2)经过期货经纪公司的中介作用,期货交易所可以集中精力管理有限的交易所会员,而把管理广大投资者的职能转交给期货经纪公司,使得期货交易所和期货经纪公司双方能以财权为基础划分事权,双方各负其责。

(3)代理客户入市交易。期货经纪公司代理客户办理买卖期货的各项手续,向客户介绍和揭示期货合约的内容、交易规则和可能出现的风险等,及时向客户报告指令执行情况或交易结果及盈亏情况。

(4)对客户进行期货交易知识的培训,向客户提供市场信息、市场分析,提供相关咨询服务,并在可能的情况下提出有利的交易机会。

(5)普及期货交易知识,传播期货交易信息,提供多种多样的期货交易服务。

## 三、期货经纪公司的设立条件

期货经纪公司的设立必须依据有关法律法规,按照规定程序办理手续。公司成立之前,必须经过政府主管部门批准,并到政府有关部门办理登记注册。

2017年修订后的《期货交易管理条例》第16条规定:申请设立期货公司,应当符合

《中华人民共和国公司法》(简称《公司法》)的规定,并具备下列条件:

(1)注册资本最低限额为人民币3 000万元;

(2)董事、监事、高级管理人员具备任职条件,从业人员具有期货从业资格;

(3)有符合法律、行政法规规定的公司章程;

(4)主要股东以及实际控制人具有持续盈利能力,信誉良好,最近3年无重大违法违规记录;

(5)有合格的经营场所和业务设施;

(6)有健全的风险管理和内部控制制度;

(7)国务院期货监督管理机构规定的其他条件。

国务院期货监督管理机构根据审慎监管原则和各项业务的风险程度,可以提高注册资本最低限额。注册资本应当是实缴资本。股东应当以货币或者期货公司经营必需的非货币财产出资,货币出资比例不得低于85%。

国务院期货监督管理机构应当在受理期货公司设立申请之日起6个月内,根据审慎监管原则进行审查,做出批准或者不批准的决定。

未经国务院期货监督管理机构批准,任何单位和个人不得委托或者接受他人委托持有或者管理期货公司的股权。

## 四、期货经纪公司的部门设置

各个期货经纪公司的内部机构设置不尽相同,这些机构的名称也不完全一样,但是根据其业务开展的需要,一般都设有如下部门:

(1)保证金部门。这一部门负责监督客户的保证金账户,并密切注视每一客户的财务状况,防止个别客户超越其财务承受能力超量交易而给期货经纪公司带来风险。

(2)结算部门。每一交易日结束后,期货经纪公司都要根据期货结算所公布的结算价格对每个客户的交易进行结算,核对每个客户的所有交易与结算所的记录是否一致,并负责与客户和结算所的应收应付款项的清算工作。

(3)交易部门。交易部门,负责将客户的交易指令传给交易所场内经纪人和把场内的成交情况回报给客户。

(4)客户服务部门。客户服务部门负责向该期货经纪公司的客户提供各种必需的服务,如向客户解释期货交易的有关规则和手续,为客户办理开户手续,向客户报告市场行情等。

(5)实物交割部门。该部门负责办理实物交割事务。

(6)发展研究部门。该部门负责研究分析期货市场与相关现货市场的信息,进行市场分析和预测,同时还要研究制定期货经纪公司长期发展战略等。

(7)行政管理部门。该部门主要负责本期货经纪公司内部的行政管理工作。

# 第三节  期货结算机构

## 一、期货结算机构概述

期货结算是指交易所结算机构或结算公司对会员和客户的交易盈亏进行计算,计算的结果作为收取交易保证金或追加保证金的依据。因此,结算是指对期货交易市场的各个环节进行的清算,既包括了交易所对会员的结算,也包含会员经纪公司对其代理客户进行的交易盈亏的计算,其计算结果将被记入客户的保证金账户中。

期货交易所的结算机构是期货市场的一个重要组成部分。结算机构作为结算保证金的收取、管理机构,承担风险控制责任,履行计算期货交易盈亏、担保交易履行、控制市场风险的职能,保证期货市场的正常运营和市场的健全性。

期货结算机构是期货市场发展的产物。在 19 世纪中期,买卖双方汇集于交易所,面议价格,并安排交收实物商品。但是,随着交易量的增加、交易品种的扩大,买卖双方的直接交易已变得不切实际了,因为一张合约可能在交割前已被多次买进和转售出去。为处理这一复杂的连锁交易,经纪人(broker)应运而生,并成为介于买卖双方的中间人。经纪人为双方促成交易,安排组织运输。1883 年,美国成立了结算协会,向芝加哥期货交易所的会员提供对冲工具。但结算协会当时还算不上规范严密的组织,直到 1925 年芝加哥期货交易所结算公司(BOTCC)成立以后,芝加哥期货交易所的所有交易都要进入结算公司结算,才算产生了现代意义的结算机构。

## 二、期货交易结算机构的职能

### (一)结算期货交易盈亏

期货交易的盈亏结算包括平仓盈亏结算和持仓盈亏结算。平仓盈亏结算是当日平仓的总值与原持仓合约总值的差额的结算。当日平仓合约的价格乘以数量与原持仓合约价格乘以数量相减,结果为正则为盈利,结果为负则为亏损,作为实际盈亏计入会员账户。

### (二)担保交易履行

期货交易一旦成交,结算机构就承担起保证每笔交易按期履约的全部责任。交易双方并不发生直接关系,只和结算机构发生关系,结算机构成为所有合约卖方的买方,所有合约买方的卖方。对于交易者来说,由于对手违约的风险已经完全由结算机构承担,只要结算机构能够保证合约的履行,就可以完全不用了解对方的资信状况,也不需要知道对手是谁,这就是结算机构的替代作用。正是由于结算机构替代了原始对手,结算会员及其客户才可以随时冲销合约而不必征得原始对手的同意,使得期货交易独有的以对冲平仓方式免除合约履行义务的机制得以运行。这一作用对于期货交易来说至关重要,它大大降低了市场的信用成本,使得期货市场吸引了大量的交易者。

### (三)控制市场风险

保证金制度是期货市场风险控制最根本、最重要的制度。结算机构作为结算保证金收取、管理的机构,承担起了控制市场风险的职责。所谓结算保证金,就是结算机构向结算会员收取的保证金。随着市场状况不断变动,结算保证金金额会由于会员交易的盈亏出现增减,每日结算价格计算出来后,结算机构会向保证金不足最低限额要求的会员发出追加保证金的通知。结算会员收到通知后必须在次日交易所开市前将保证金交齐,否则不能参与次日的交易。在合约价格剧烈波动时,结算机构也可以随时向会员发出追加保证金的通知,要求会员在收到通知后一小时内补足保证金。通过对会员保证金的管理、控制,结算中心就把市场风险较为有效地控制在了可接受的范围内。

### 三、期货结算机构的组织方式

根据期货结算机构与期货交易所的关系,可将期货结算机构分为三种形式:

第一,作为交易所内部机构的结算机构。如我国现有的五家期货交易所的结算机构都是此种形式,每家交易所内部都设有结算部。交易所结算部是期货交易所的附属机构,是交易所结算制度的执行机构。它负责结算所有会员单位的交易账户,清算每日交易,收取交易保证金和追加保证金,管理监督交割和报告交易数据。它的优点在于结算部作为业务部门直接受控于交易所,便于交易所全面掌握市场参与者的资金情况,在风险控制中可以根据交易者的资金和头寸情况及时处理。这种方式设置的结算机构,它的风险承担能力有限。

第二,附属于交易所的相对独立的结算机构。如美国国际结算公司为纽约期货交易所提供结算服务。两者都是独立法人,交易所的结算业务全部由该结算公司负责。这种形式可保持交易和结算的相对独立性,有针对性地防止一些运作不规范的交易所在利益驱动下的违规行为。由于两家机构各为独立法人,利益冲突在所难免,所以这种形式有时在协调双方关系时会出现问题。

第三,由多家交易所和实力较强的金融机构出资组成一家独立的结算公司,多家交易所共用这一个结算公司。如英国的伦敦结算所(LCH)不仅为英国本土的数家期货交易所提供结算服务,还为大多数英联邦国家和地区以及欧洲许多国家的期货交易所提供结算服务。

### 四、期货市场的结算体系

结算是保障期货交易正常运行的重要环节,期货市场的结算体系采用分级、分层的管理体系。结算机构通常采用会员制,只有结算机构的会员才能直接得到结算机构提供的服务。因此,期货交易的结算大体上可以分为两个层次:第一个层次是由结算机构对会员进行结算;第二个层次是由会员根据结算结果对其所代理的客户(即非结算会员)进行结算。

结算所或者作为交易所的一个部门,或者作为一个独立的公司而存在,无论以哪一种形式存在,它的会员资格持有者或股东通常是一些国际性的委员会、商业机构、独立的交易公司及金融机构等。近年来,一些交易所也持有少量的结算所股份。结算所的会员资格或股份与交易所的会员资格不同。交易所的会员资格在国外通常为个体所持有,有些结算所也会应个体的申请而赋予其结算的权利,但该权利仅限于该个体对其自身的结算,而不能对客户及第三方进行结算。

对结算所会员资格持有人或股东的资本要求因其业务种类及规模的不同而不同,对交易所的资本要求也不同,但对其一致的要求是协助保证结算所的稳健运行。根据我国《期货交易管理条例》规定,结算会员的结算业务资格由国务院期货监督管理机构批准。

目前,在我国的期货交易所中,中国金融期货交易所采取的是分级结算制度,即期货交易所会员由结算会员和非结算会员组成,交易所对结算会员进行结算,结算会员对投资者或非结算会员进行结算。结算会员按照业务范围分为交易结算会员、全面结算会员和特别结算会员。交易结算会员只能为其受托客户办理结算、交割业务。全面结算会员既可以为其受托客户,也可以为与其签订结算协议的交易会员办理结算、交割业务。特别结算会员只能为与其签订结算协议的交易会员办理结算、交割业务。结算会员具备直接与中国金融期货交易所进行结算的资格,非结算会员不具备直接与中国金融期货交易所进行结算的资格。非结算会员通过结算会员进行结算,普通投资者可以通过非结算会员或结算会员进行结算(见图2-1)。

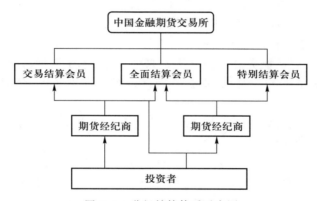

图 2-1 分级结算体系示意图

资料来源:由中国金融期货交易所资料整理而成。

而郑商所、大商所、上期所和广期所采取的是非分级结算制度,即交易所会员不做结算会员和非结算会员的区分;交易所的会员既是交易会员,也是结算会员。

## 第四节 期货交易者

### 一、套期保值者

#### (一)套期保值的基本内容

任何在现货市场上进行商品交易的企业都面临着价格波动的风险,这主要包括三类:一是在拥有、生产、制造、加工或预计在未来拥有、生产、制造、加工的产品的价格会发生潜在的波动;二是在负债或预计负债中的负债价值会发生潜在的波动;三是在提供、购买或预计提供、购买的劳动的价值会发生潜在的波动。

这些因潜在的价格波动产生的经营和管理风险在现货市场上是客观存在的,一般是不可避免的。期货市场的形成和套期保值交易的开展,给这些企业或个人提供了规避价格风险的机会和途径。

套期保值业务,是指把期货市场当作转移价格风险的场所,利用期货合约作为将来在现货市场上买卖商品的临时替代物,对其现在买进准备以后售出商品或对将来需要买进商品的价格进行保险的交易活动。参与套期保值业务的交易者称为套期保值者,就是指那些把期货市场当作转移价格风险的场所,利用期货合约作为将来在现货市场上买卖某种标的物(实物商品或者金融商品)的临时替代物,对其现在买进(或已拥有、将拥有)准备以后出售的某种标的物或对将来要买进的某种标的物价格进行保险的个人或企业。

商品期货的套期保值者大多是生产商、加工商、经营商,而金融期货的套期保值者大多是金融市场的投资者(或债权人)、融资者(或债务人)、进出口商等。其原始动机都是期望通过期货市场寻求价格保障,尽可能消除不愿意承担的现货交易的价格风险,从而能够集中精力于本行业的生产经营业务上,并以此取得正常的生产经营利润。

由于套期保值者的本性决定其具有以下特点:利用期货与现货盈亏相抵保值,目的是规避价格风险;经营规模大;头寸方向比较稳定,保留时间长。

**(二)套期保值者的作用**

套期保值者为了规避现货价格波动所带来的风险,才在期货市场上进行套期保值。可以说,没有套期保值者的参与,就不会有期货市场。具体来讲,套期保值者的作用体现为:

第一,对于企业来讲,套期保值者是为了锁住生产成本和产品利润,有利于企业在市场价格的波动中安定地生产经营。

第二,期货市场的建立是出于保值的需要。期货市场在一定程度上是以现货市场为基础的,套期保值者一方面是现货市场的经营者,另一方面又是期货市场上的交易者,这种双重身份决定了,如果没有足够的套期保值者参与期货市场交易,期货市场就没有存在的价值。同时,只有规模相当的套期保值者参与期货市场交易,才能集中大量供求,促进公平竞争,并有助于形成具有相应物质基础的权威价格,发挥期货市场的价格发现功能。

由此可见,套期保值者是期货市场的交易主体,对期货市场的正常运行发挥着重要作用。

套期保值者要有效地发挥其作用,必须具备一定的条件,包括:要具有一定的生产经营规模;产品的价格风险大;套期保值者的风险意识强,能及时判断风险;能够独立经营与决策。只有具备这些条件,套期保值者才既有规避风险的需要,又能真正实现套期保值,从而促进期货市场的正常运行。

**(三)套期保值者的行为发展**

近几十年来,随着期货制度逐步完善,新的期货品种不断出现,交易范围不断扩大,套期保值已涉及各个领域的生产和经营,期货市场在某种程度上已成为企业或个人资产管理的一个重要手段。在此基础上,套期保值者除了减少交易风险,达到保值的原始传统动机之外,还有一些其他目的,如由于交易风险减少而获得更多的贷款、便于交易决策,以及取得现货市场和期货市场这两个市场相配合的最大利润。由于这些动机的驱使,使得套期保值者的交易行为以及对套期保值的利用范围发生了一些变化:

第一,保值者不再单纯地进行简单自动保值,被动地接受市场价格变化,只求降低风险,达到保值目的,而是主动地参与保值活动,大量收集整个宏观经济和微观经济信息,采用科学的分析方法,以决定交易策略的选取,以期获得较大利润。

第二,保值者不一定要等到现货交割才完成保值行为,而可在此之前根据现货价格和期货价格变动,进行多次停止或恢复保值的活动,以有效地降低风险,并能保证获取一定的利润(特别是避免了因两个市场价格均不利而受双重损失的可能)。

第三,将期货保值视为风险管理工具。一方面,利用期货交易控制价格,通过由预售而进行的买期保值来锁住商品售价;另一方面,利用期货交易控制成本,通过卖期保值以锁住买期商品原料的价格,保持低原料成本及库存成本。通过这两方面的协调,在一定程度上,保值者可以获取较高的利润。

第四,保值者将保值活动视为融资管理工具。当需要融资时,保值者非常重视抵押。资产或商品的担保价值通过套期保值,可使商品具有相当的稳定价值,如一般没有进行套期保值的商品其担保价值是50%,而经过套期保值后,商品的担保价值可上升到90%～95%。对提供资金者来说,套期保值者具有较高的资信水平,因而可以放心地提供资金。

第五,套期保值者将保值活动视为重要的营销工具。首先,套期保值对商品经营者来说是一种安全营销的保障,可以有效地保证商品供应,稳定采购,同时,可一定程度地消除因产品出售而发生债务互欠的可能性。其次,由于期货交易与现货交易结合,近远期交易相结合,从而可形成多种价格策略,供套期保值者选择参与市场竞争,将保值活动视为一种有效的安全营销工具,有助于提高企业的市场竞争力,扩大市场占有份额,获得长远发展。

这些套期保值交易运用的变化,消除了简单自动保值以放弃价格有利变动而可能获利机会为代价的不足,使套期保值者在保值基础上能够更有效地获得更大的利益。但是,这也使得对套期保值者的行为和性质判断更为复杂了。

关于套期保值业务的原理、功能、操作方法等具体内容将在本书第四章第一节详细介绍,此处不再赘言。

## 二、期货套利者

套利交易是期货投机交易中的一种特殊方式,它利用期货市场中不同月份、不同市场、不同商品之间的相对价格差,同时买入和卖出不同种类的期货合约,来获取利润。正如一种商品的现货价格与期货价格经常存在差异,同种商品不同交割月份的合约价格变动也存在差异;同种商品在不同的期货交易所的价格变动也存在差异。由于这些价格差异的存在,使期货市场的套利交易成为可能。

期货套利者是指参与期货套利业务的交易者,具体来讲,就是指利用期货市场和现货市场(期现套利)、不同的期货市场(跨市套利)、不同品种的期货合约(跨商品套利)或者同种商品不同交割月份的期货合约(跨期套利)之间出现的价格不合理关系,通过同时买进卖出以赚取价差收益的机构或个人。

关于套利交易在期货市场中的重要性,美国著名期货专家、金融期货的创始人利奥·梅拉梅德在1977年发表的《市场流动性和套期图利技术》中指出:"从事期货交易的基本技术不外乎几种,交易所场内和场外的交易者交替使用这些技术。这些技术从广义上可区分为小投机商(做市商)、部位交易者和套期图利者……期货市场套期图利的技术与做市商或部位交易者大不一样,套期图利者利用同一商品在两个或更多合约月份之间的差价,而不是任何一个合约的价格进行交易。因此,他们的潜在利润不是基于商品价格的上涨或下跌,而是基于合约月份之间差价的扩大或缩小,以此构成其套利的部位。"

期货套利者在参与套利业务时,表现出如下特征:

(1)套利者必须构筑相反的头寸。套利者一方面要大量购入头寸,另一方面还要大量卖出头寸。如果套利者只有购入头寸或只有卖出头寸,都不可能实现套利。

(2)套利行为必须是同时进行的。套利者在进行套利时,买卖行为是同时进行的。如果单纯只有买的行为或卖的行为,都无法实现套利。

(3)套利者是通过价格联系来谋利的。通过在高价市场与低价市场同时买卖一定的资产所产生的差额来谋利。

关于套利业务的原理、作用、操作策略等具体内容将在本书第四章第二节详细介绍。

## 三、期货投机者

### (一)期货投机者的性质

期货投机者是指那些通过预测商品价格的未来走势,不断买进卖出期货合约,以期从价格波动中获取收益的个人或企业。对于投机者来说,实际的合约标的物本身并不重要,重要的是标的物的价格走势与自己的预测是否一致。预测标的物价格将要上涨,就择机买进期货合约,反之则卖出。

按交易部位区分,期货投机者可分为多头投机者和空头投机者。当交易者预测期货价格将上涨时,就买入期货合约再择机卖出平仓,这样的交易者叫做"多头投机者";当交易者预测期货价格将下跌时,就先卖出期货合约再在适当时间买入平仓,这样的交易者叫做"空头投机者"。

按价格预测方法来区分,期货投机者可分为基本分析派和技术分析派。按投机者每笔交易的持仓时间分,可分为一般交易者、当日交易者和"抢帽子"交易者。一般交易者是在中长期持有期货合约,并在价格水平变动上进行投机的交易者。当日交易者是指在同一个交易日中将全部期货头寸平仓的交易者。"抢帽子"交易者是指一群在极短时间内拥有未了结头寸而追逐小额利润(极小价格波动)的交易者。

### (二)期货投机者的作用

在期货市场,投机交易必不可少,它起到了增加市场流动性和承担套期保值者转嫁风险的作用,还有利于期货交易顺利进行和期货市场正常运转。它是期货市场套期保值功能和价格发现功能得以发挥的重要条件之一。

(1)期货投机者能够使套期保值者转移价格风险,有主动承担和分散价格风险的作用。

(2)投机交易促进市场流动性,保障了期货市场价格发现功能的实现。一般说来,价格发现功能是在市场流动性较强的条件下实现的,而期货市场流动性的强弱取决于投机和套利成分的多少。众多的投机者通过对价格的预测,有人看涨,有人看跌,积极进行买空卖空活动。这就增加了市场信息量,扩大了市场的规模和深度。

(3) 适度的期货投机能够减缓价格波动,从整体上反映供求,而不是反映暂时、局部交易的供求。

(4) 期货投机交易的开展使期货市场价格与现货价格保持合理联系,并在交割时趋于一致。

值得注意的是,投机交易作用的实现是有前提的:一是投机者需要理性化操作,违背市场规律进行操作的投机者最终会被淘汰出期货市场;二是投机要适度,操纵市场等过度投机行为不仅不能减缓价格的波动,而且会人为地拉大供求缺口,破坏供求关系,加剧价格波动,加大市场风险,使市场丧失其正常功能。因此,应提倡理性交易,遏制过度投机,打击操纵市场行为。

### 四、套期保值者与投机者、套利者之间的关系

套期保值者与投机者、套利者之间是一种相互依存的关系。套期保值者是期货市场存在的前提和基础,他们规避了其生产经营过程中的风险,也就相应转移了附着在这些风险中的收益。如果没有套期保值者买入或卖出的合约,投机者、套利者便没有投机或套利的对象,无法进行买空卖空活动。同样,如果没有投机者、套利者或投机者、套利者很少,那么套期保值者所转移的价格风险就会无人承担。

期货市场的套期保值交易能够为生产经营者规避风险,但它只是转移了风险,并不能把风险消灭。转移出去的风险需要有相应的承担者,期货投机者、套利者在期货市场上起着承担风险的作用。期货交易运作的实践证明,一个市场中只有套期保值交易根本无法达到转移风险的目的。如果只有套期保值者参与期货交易,那么,必须在买入套期保值者和卖出套期保值者交易数量完全相等时,交易才能成立。实际上,多头保值者和空头保值者的不平衡是经常的,因此,仅有套期保值者的市场,套期保值是很难实现的。投机者、套利者的参与正好能弥补这种不平衡,促使期货交易的实现。

## 第五节　期货市场其他相关机构

### 一、期货监管机构

证监会期货监管部是对期货市场进行监督管理的职能部门。其主要职责包括:拟订监管期货市场的规则、实施细则;依法审核期货交易所、期货结算机构的设立,并审核其章程和业务规则;审核上市期货、期权产品及合约规则;监管市场相关参与者的交易、结算、交割等业务活动;监管期货市场的交易行为;负责商品及金融场外衍生品市场的规则制订、登记报告和监测监管;负责期货市场功能发挥评估及对外开放等工作;牵头负责期货市场出现重大问题及风险处置的相关工作等。

### 二、期货行业自律机构

期货行业协会是依法成立的期货行业自律性组织,其会员由期货行业的从业机构和

个人组成,是保障期货投资者利益、协调行业机构利益的重要工具,是联系期货经营机构和政府的重要桥梁和纽带,是政府对期货市场进行宏观调控管理的得力助手,是"政府—协会—交易所"三级管理体系的重要组成部分。期货行业协会从保护行业内部公平竞争、促进行业整体健康发展以及维护行业长远利益的目标出发,对全体会员及其市场交易行为实施管理。

期货行业协会的职责主要包括:强化职业道德意识,规范会员的交易行为,保护客户的合法权益;审查专业机构和人员的从业资格;对从业机构的财务状况实施监督;监督从业机构执行规则的情况;为涉及期货交易的纠纷提供仲裁方便;培训并考核专业期货人员,同时向公众普及期货知识,等等。

期货行业协会的管理是交易所管理与国家管理之间的一种重要补充,它比国家管理有更多的灵活性和针对性,比交易所管理又有更大的强制性和社会性。特别是政府有关机构授予它一定的权限(如资格认证权),使它的管理更具权威性,部分地代替了国家管理的职能,在期货管理中发挥着重要的作用。

中国期货业协会(以下简称协会)成立于2000年12月29日,是根据《社会团体登记管理条例》设立的全国期货行业自律性组织,为非营利性的社会团体法人。协会接受证监会和国家社会团体登记管理机关的业务指导和管理。

中国期货业协会的宗旨是:在国家对期货业实行集中统一监督管理的前提下,进行期货业自律管理;发挥政府与期货业间的桥梁和纽带作用,为会员服务,维护会员的合法权益;坚持期货市场的公开、公平、公正,维护期货业的正当竞争秩序,保护投资者的合法权益,推动期货市场的规范发展。

中国期货业协会经费来源由会员入会费、年会费、特别会员费、社会捐赠、在核准的业务范围内开展活动或服务的收入等其他合法收入构成。协会负责组织期货从业人员资格考试,这是全国性的执业资格考试,在校学生在学完这门课后,可以申请参加期货从业人员资格考试,考试通过者即有从事期货行业的资格。

中国期货业协会成立以来,在行业自律、从业人员管理、服务会员、宣传教育、内部建设行业文化建设、助力乡村振兴等方面做了大量的工作,为建立有效的自律管理体系,推动期货市场稳步发展做出了积极的努力。

## 本章小结

1. 期货市场主要由期货交易所、期货经纪公司、期货结算机构和期货交易者四部分组成。期货交易所是期货市场的核心,期货经纪公司是交易者与交易所之间的桥梁和纽带,期货结算机构是期货市场的一个重要组成部分,期货交易者是期货市场的主体。

2. 期货交易所是专门进行标准化期货合约买卖的场所。期货交易所的组织形式分为公司制和会员制。期货交易所正朝着期货交易所的合并化、期货交易的电子化与全球化以及期货交易所的公司化发展。我国目前有上海期货交易所、大连商品交易所、郑州商品交易所、中国金融期货交易所和广州期货交易所五家期货交易所。

3.期货经纪公司是依法设立的,接受客户委托,按照客户的指令,为客户进行期货交易并收取手续费的中介组织。其交易的结果由客户承担。期货经纪公司的主要任务是:代理客户进行期货交易;管理客户保证金;执行客户下达的交易指令,记录交易结果;运用先进的设施和技术,为客户提供商品行情、走势分析及相关的咨询服务。

4.期货结算机构采取会员制。期货结算机构的功能包括结算交易盈亏、担保交易履约和控制市场风险。期货结算机构有三种组织方式:交易所内部的结算机构、附属于交易所的相对独立的结算机构和独立的结算公司。我国结算机构是交易所的内部结算机构,交易所的交易会员也是结算会员。期货市场的结算体系采取分级、分层的管理体系。

5.根据参加期货交易目的不同,期货交易者分为套期保值者、期货套利者和期货投机者三大类。三者相互依存,是期货市场存在和发展的基础。

6.中国期货行业的监管机构是证监会期货监管部,自律机构是中国期货业协会。

### 本章思考题

1.期货市场的组织结构主要包括哪几部分?

2.期货交易所有哪些职能? 有哪几种组织形式?

3.期货经纪公司有哪些职能? 其设立需要哪些条件? 其部门设置情况是怎样的?

4.什么是期货结算? 期货结算机构的职能有哪些?

5.简述我国期货市场的结算体系。

6.期货市场上的交易者有哪几类? 它们之间有怎样的联系?

7.中国期货市场的监管机构和自律机构分别是哪些部门?

### 即测即评

扫一扫,测一测。

# 第三章
# 期货市场的基本制度与交易流程

## 本章要点与学习目标

掌握保证期货市场正常运行的保证金制度、每日无负债结算制度、涨跌停板制度、持仓限额制度、大户报告制度、强行平仓制度、风险准备金制度以及信息披露制度;熟悉期货交易的完整流程,即选择期货公司、开户、下单、竞价、成交回报与确认、结算和交割。

## 第一节　期货市场的基本制度

为了保障期货市场正常运作、稳定期货市场秩序以及发挥期货市场的功能,期货市场制定了各种相关制度,主要包括保证金制度、每日无负债结算制度、涨跌停板制度、持仓限额制度、大户报告制度、强行平仓制度、风险准备金制度以及信息披露制度等。

### 一、保证金制度

在期货交易中,任何交易者必须按照其所买卖期货合约价值的一定比例(通常为5%~10%)缴纳资金,作为其履行期货合约的财力担保,然后才能参与期货合约的买卖,并视价格变动情况确定是否追加资金。这种制度就是保证金制度,所交的资金就是保证金(margin)。

保证金制度既是交易所有效控制期货交易风险的一种重要手段,同时也体现了期货交易特有的杠杆效应,即"以小博大",要买卖价值100万元的期货合约,交易者只需要支付5万~10万元的保证金。

客户保证金的收取比例由期货经纪公司按照交易所规定收取,该保证金属于客户所有,期货经纪公司除按照证监会的规定为客户向期货交易所缴存保证金、进行交易结算外,严禁挪作他用。当结算后保证金低于规定时,经纪公司应通知客户追加保证金;客户不能按时追加的,期货经纪公司可强行平仓,直至保证金余额能够维持其剩余头寸。

保证金的收取是分级进行的,分为期货交易所向会员收取的保证金和期货经纪公司向客户收取的保证金,即分为会员保证金和客户保证金。

（一）会员保证金

会员保证金分为交易保证金和结算准备金。其中,交易保证金是指会员在交易所专用结算账户中确保合约履行的资金,是已被合约占用的保证金。结算准备金是指会员为了交易结算在交易所专用结算账户中预先准备的资金,是未被占用的保证金。结算准备金的最低余额由交易所决定,目前我国四个商品期货交易所对期货公司会员结算准备金的最低余额要求为人民币200万元,对非期货公司会员结算准备金的最低余额要求为人民币50万元;中金所则要求结算会员的结算准备金最低余额标准为人民币200万元,交易会员的结算准备金最低余额标准为50万元,须以结算会员自有资金缴纳。

在实际交易中,交易保证金、最低保证金、初始保证金及保证金四者含义是一样的。当买卖双方成交后,交易所按持仓合约价值的一定比例向双方收取交易保证金。当期货市场出现大幅波动时,交易所就会调整交易保证金。例如,2020上半年,能源化工类品种在经历了前几个月的大幅波动后,价格波动率全面回落。交易所坚持市场化、法治化原则为导向,严格依据规则进行精细化风险管理,在全面风险可控、保证市场平稳运行的基础上,及时根据市场情况,科学动态地调整保证金水平和涨跌停板幅度,降低市场交易成本,保持市场合理的流动性,为实体企业提供切实有效和可靠的风险管理工具和场所。自2020年7月16日（周四）收盘结算时起,原油、燃料油和低硫燃料油期货的交易保证金比例由15%下调至12%,石油沥青的交易保证金比例由15%下调至10%,天然橡胶和20号胶的交易保证金比例由11%下调至8%,纸浆的交易保证金比例由8%下调至7%。

（二）客户保证金

客户保证金的收取比例可由期货经纪公司规定,但不得低于交易所对经纪公司收取的保证金。经纪公司对客户保证金进行内部管理时也分为结算保证金和交易保证金,但对客户而言结算保证金和交易保证金二者归为一体,只有保证金一项。经纪公司对客户的保证金应在交易所的交易保证金基础上加2%~3%。但一般情况下,特别是交易不太活跃时,经纪公司对客户收取的保证金与交易所规定的保证金水平一致。

我国保证金制度与国际上通行的保证金制度有所不同,主要表现在以下三个方面:

（1）国际上期货交易所保证金包括初始保证金和维持保证金两种,而国内期货市场不收取维持保证金。初始保证金是初次合约成交时应交纳的保证金,相当于我国期货交易的保证金;维持保证金是在期货价格朝购买合约不利方向变化时,初始保证金一部分用于弥补亏损,剩下的保证金所达到的某一最低水平的保证金。交易所通知经纪公司或经纪公司通知客户追加保证金,追加后的保证金水平应达到初始保证金标准。我国的期货交易中不存在维持保证金制度。

（2）我国的保证金一般是按合约面值的比例来收取,而国际上通常是每张合约收取固定的金额。例如,2020年7月31日起,大连商品交易所的玉米期货最新保证金水平调整为6%。而芝加哥期货交易所的小麦期货的初始保证金为每手合约540美元,维持保证金为每手合约400美元。

（3）国际上只对净头寸收取保证金,而我国对双边头寸同时收取保证金。例如,某人买进9月份铜的期货合约100手,同时在另一价位卖出9月份铜期货合约50手,国际上按 50(100-50) 手收取保证金,而我国按 150(100+50) 手收取保证金。对于套期保值头寸、投机头寸和套利头寸,美国市场收取的保证金比例是不同,对于套利者收取的保证金一般是投机头寸保证金的 25%～50%,但是在我国,目前交易所对套利保证金的收取与投机保证金是相同的,期货经纪公司对套利保证金的收取比投机保证金稍低,各期货经纪公司对套利保证金的收取没有统一标准。

## 二、每日无负债结算制度

期货交易所实行每日无负债结算制度,又称为逐日盯市制度、每日结算制度,是指每日交易结束后,交易所按当日结算价结算所有合约的盈亏、交易保证金及手续费、税金等费用,对应收的款项同时划转,相应增加或减少会员的结算准备金。

期货交易所的结算实行分级结算,即交易所对其会员进行结算,期货经纪公司对其客户进行结算。期货交易所应当在当日交易结算后,及时将结算结果通知会员。期货经纪公司根据期货交易所的结算结果对客户进行结算,并应当将结算结果及时通知客户。若在结算时,该会员(或客户)的保证金不足,交易所(或期货经纪公司)应立即向会员(或客户)发出追缴保证金通知,会员(或客户)应在规定时间内向交易所(或期货经纪公司)追加保证金。

该制度实际上是对持仓合约实施的一种保证金管理方式。按正常的交易程序,交易所在每个交易日结束后,由结算部门先计算出当日各种商品期货合约的结算价格。当日结算价一般是指交易所某一期货合约当日成交价格按成交量计算的加权平均价;当日无成交的,以上一交易日结算价作为当日结算价。结算价确定后,以此为依据计算各会员的当日盈亏(包括平仓盈亏和持仓盈亏)、当日结算时的交易保证金及当日应交的手续费、税金等相关费用。最后,对各会员应收应付的款项实行净额一次划转,相应调整增加或减少会员的结算准备金。结算完毕,如果某会员"结算准备金"明细科目余额低于规定的最低数额,交易所则要求该会员在下一交易日开市前 30 分钟补交,从而做到无负债交易。

## 三、涨跌停板制度与熔断机制

涨跌停板制度是指期货合约在一个交易日中的成交价格不能高于或低于以该合约上一交易日结算价为基准的某一涨跌幅度,超过该范围的报价将视为无效,不能成交。

在涨跌停板制度下,前一交易日结算价加上允许的最大涨幅构成当日价格上涨的上限,称为涨停板;前一交易日结算价减去允许的最大跌幅构成价格下跌的下限,称为跌停板。因此,涨跌停板又叫"每日价格最大波动幅度限制"。

在我国的期货市场上,涨跌停幅度一般设置为前一交易日结算价的某一固定比例,如上海期货交易所的白银期货合约规定价格波动不得超过上一个交易日结算价的 10% 等。值得注意的是,曾在郑州商品交易所上市的绿豆期货(现已退市)合约规定涨跌停板为每吨价格不高于或低于上一交易日结算价格 120 元。这种将涨跌停幅度设置为固定值的制度在欧美期货市场是较为常见的。两种涨跌停制度各有优劣,至于何种制度更为有效,在学术界仍存在较大争议。

涨跌停板制度对于保障期货市场的正常运转而发挥的作用表现为:

（1）涨跌停板制度为交易所、会员单位及客户的日常风险控制创造了必要的条件。涨跌停板锁定了客户及会员单位每一交易日可能新增的最大浮动盈亏和平仓盈亏，这就为交易所及会员单位设置初始保证金水平和维持保证金水平提供了客观、准确的依据，从而使期货交易的保证金制度得以有效地实施。一般情况下，期货交易所向会员收取的保证金要大于在涨跌幅度内可能发生的亏损金额，从而保证当日在期货价格达到涨跌停板时也不会出现透支情况。

（2）涨跌停板制度的实施，可以有效地减缓和抑制突发事件和过度投机行为对期货价格的冲击，给市场一定的时间来充分化解这些因素对市场所造成的影响，防止价格狂涨暴跌，维护正常的市场秩序。

（3）涨跌停板制度使期货价格在更为理性的轨道上运行，从而使期货市场更好地发挥价格发现的功能。市场供求关系与价格间的相互作用应该是一个渐进的过程，但期货价格对市场信号和消息的反应有时却过于灵敏。通过实施涨跌停板制度，可以延缓期货价格波幅的实现时间，从而更好地发挥期货市场价格发现的功能。在实际交易过程中，当某一交易日以涨跌停板收盘后，下一交易日价格的波幅往往会缩小，甚至出现反转，这种现象恰恰充分说明了涨跌停板制度的上述作用。

（4）在出现过度投机和操纵市场等异常现象时，调整涨跌停板幅度往往成为交易所控制风险的一个重要手段。涨跌停板的实施，能够比较有效地抑制过度投机和操纵市场对期货价格的冲击而造成的狂涨暴跌，减缓每一交易日的价格波动。

除了涨跌停板制度外，为了抑制期货价格在某一交易日发生剧烈波动，在部分期货市场上还存在另外一种制度——熔断机制。熔断机制是指对某一合约在达到涨跌停板之前，设置一个熔断价格，使合约买卖报价在一段时间内只能在这一价格范围内交易的机制。设置熔断机制的目的是让投资者在价格发生突然变化的时候有一个冷静期，防止做出过度反应。

## 四、持仓限额制度

持仓限额制度是指期货交易所为了防范操纵市场价格的行为和防止期货市场风险过度集中于少数投资者，对会员及客户的持仓数量进行限制的制度。超过限额，交易所可按规定强行平仓或提高保证金比例。

持仓限额制度有以下规定：

（1）交易所根据不同的期货合约、不同的交易阶段制定持仓限额制度，从而减少市场风险产生的可能性。比如在一般月份，一个会员对某种合约的单边持仓量不得超过交易所该合约持仓总量的 15%。

（2）交易所根据会员的不同性质（经纪会员和非经纪会员）制定持仓限额制度，从而控制市场持仓规模。

（3）套期保值交易头寸实行审批制，其持仓不受限制。

（4）超出限仓数量的头寸或未在规定时间内完成减仓的持仓头寸，交易所按有关规定执行相关措施。

在实际交易中，中小投资者一般很少达到或超过持仓限额。

## 五、大户持仓报告制度

大户持仓报告制度是指当会员或客户某品种持仓合约的投机和套利头寸达到交易所对其规定的头寸持仓限量某一比例时,会员或客户应向交易所报告其资金情况、头寸情况等,客户须通过经纪会员报告。

大户持仓报告制度是与持仓限额制度紧密相关的又一个防范大户操纵市场价格、控制市场风险的制度。通过实施大户持仓报告制度,可以使交易所对持仓量较大的会员或客户进行重点监控,了解其持仓动向、意图,对于有效防范市场风险有积极作用。

大户持仓报告制度有以下规定:

(1)达到交易所规定的持仓报告界限的会员和投资者应主动在规定的时间内向交易所提供相关资料,主要包括持仓情况、持仓保证金、可动用资金、持仓意向、资金来源、预报和申请的交割数量等。达到交易所大户持仓报告标准的投资者所提供的资料必须由其经纪会员进行初审,转交期货交易所。经纪会员应保证投资者所提供资料的真实性。

(2)进行套期保值交易的会员或投资者也应遵守大户持仓报告制度。

(3)交易所可以根据市场风险状况改变要求报告的持仓水平。

## 六、强行平仓制度

强行平仓制度是指当会员或客户的保证金不足并未在规定时间内补足,或者当会员或客户的持仓量超出规定的限额时,或者当会员或客户违规时,交易所为了防止风险进一步扩大,有权对有关会员或客户实行强行平仓的制度。也就是说,是交易所对违规者的有关持仓实行平仓的一种强制措施。

《期货交易管理条例》规定,当期货交易所会员交易保证金不足并未能在规定时限内补足时,交易所应当对其持仓实行强行平仓。

成熟的交易经验表明,在进行期货交易时尽量不要满仓操作,原则上投入交易的资金不要过半,最好控制在 1/3 以内,以便于在行情反转时为追加保证金留有余地,否则行情反转极易造成不能及时追加保证金进而被强行平仓。

## 七、风险准备金制度

风险准备金制度是指期货交易所从自己收取的会员交易手续费中提取一定比例的资金,作为确保交易所担保履约的备付金的制度。交易所风险预备金的设立,目的是维护期货市场正常运转而提供财务担保和弥补因不可预见的风险带来的亏损。

会员在期货交易中违约的,期货交易所先以该会员的保证金承担违约责任;保证金不足的,期货交易所应当以风险准备金和自有资金代为承担违约责任,并由此取得对该会员的相应追偿权。客户在期货交易中违约的,期货公司先以该客户的保证金承担违约责任;保证金不足的,期货公司应当以风险准备金和自有资金代为承担违约责任,并由此取得对该客户的相应追偿权。

以上期所为例,其结算细则中关于风险准备金制度有以下规定:

(1)风险准备金的来源包括:① 交易所按向会员收取交易手续费收入(含向会员优

惠减收部分)20%的比例,从管理费用中提取;② 符合国家财政政策规定的其他收入。

(2)当风险准备金余额达到交易所注册资本 10 倍时,经证监会批准后可不再提取。

(3)风险准备金必须单独核算,专户存储,除用于弥补风险损失外,不得挪作他用。

(4)风险准备金的动用必须经交易所理事会批准,报证监会备案后按规定的用途和程序进行。

## 八、信息披露制度

信息披露制度是指期货交易所按有关规定定期公布期货交易有关信息的制度。

期货交易遵循公平、公开、公正的原则,信息的公开与透明是"三公"原则的体现。它要求期货交易所应当及时公布上市品种期货合约的有关信息及其他应当公布的信息,并保证信息真实、准确。只有这样,期货交易的所有交易者才能在公平、公开的基础上接收真实、准确的信息,从而有助于交易者根据所获信息做出正确决策,防止不法交易者利用内幕信息获取不正当利益,损害其他交易者。

《期货交易管理条例》规定,期货交易所应当及时公布上市品种合约的成交量、成交价、持仓量、最高价与最低价、开盘价与收盘价和其他应当公布的即时行情,并保证即时行情真实、准确。期货交易所不得发布价格预测信息。未经期货交易所许可,任何单位和个人不得发布期货交易即时行情。

《期货交易所管理办法》规定,期货交易所应当以适当方式发布下列信息:① 即时行情;② 持仓量、成交量排名情况;③ 期货交易所交易规则及其实施细则规定的其他信息。期货交易涉及商品实物交割的,期货交易所还应当发布标准仓单数量和可用库容情况。期货交易所应当编制交易情况周报表、月报表和年报表,并及时公布。期货交易所对期货交易、结算、交割资料的保存期限应当不少于 20 年。

图 3-1 的交易行情包含了期货交易所规定的要披露的所有信息:

(1)商品的名称及代码。商品的名称在即时交易行情中包括了交割月份,例如沪铜2111 代表上期所 2021 年 11 月份交割的铜期货合约,其代码为 cu2111。

(2)现价及涨跌幅。现价指期货合约的即时成交价格,涨跌幅指现价与前一交易日结算价相比的涨跌幅度。例如,图 3-1 中此刻沪铜合约的最新价为 75 810 元/吨,涨跌幅为上涨 0.24%。

(3)买价。买价又叫最高买价,是某一期货合约买方申请买入合约的即时最高价格,因为在同一时刻申请买入合约的会有几个价格,在成交时最高买价应优先。例如,图 3-1中此刻沪铜 2111 合约最高买价为 75 800 元/吨。实际交易中有的系统标出最高二字,有的没有标出。

(4)卖价。卖价又叫最低卖价,是某一期货合约卖方申请卖出合约的即时最低价格。同样,因为在同一时刻申请卖出合约的会有几个价格,在成交时最低卖价应优先。例如,图 3-1 中此刻沪铜合约最低卖价为 75 810 元/吨。实际交易中有的系统标出最低二字,有的没有标出。

(5)买量。买量是指即时某一期货合约交易系统中未成交的最高价位申请买入的数量。例如,图 3-1 中此刻沪铜 2111 合约的买量为 8 手。

| 序号 | 合约名称 | 最新 | 现手 | 买价 | 卖价 | 买量 | 卖量 | 成交量 | 涨跌 | 涨幅% | 持仓量 | 日增仓 | 开盘 | 最高 | 最低 | 结算 | 速涨 | 现量 |
|---|---|---|---|---|---|---|---|---|---|---|---|---|---|---|---|---|---|---|
| 1 | 沪铜2111 D M | 75810 | 5 | 75800 | 75810 | 8 | 18 | 147924 | 180 | 0.24% | 149675 | -8520 | 75510 | 76170 | 74510 | 75290 | -0.07% | 10 |
| 2 | 沪镍2111 D M | 151040 | 2 | 151030 | 151070 | 5 | 2 | 566340 | 1400 | 0.94% | 88553 | -2013 | 151300 | 151600 | 149280 | 150320 | 0.06% | -110 |
| 3 | 沪金2112 D M | 368.76 | 3 | 368.72 | 368.76 | 4 | 1 | 94492 | 0.10 | 0.03% | 137915 | 353 | 367.00 | 368.78 | 366.88 | 367.90 | 0.03% | 0.04 |
| 4 | 沪铝2112 D M | 24340 | 9 | 24330 | 24340 | 10 | 1 | 353163 | 30 | 0.12% | 155646 | -16730 | 24680 | 24680 | 24105 | 24330 | -0.02% | 10 |
| 5 | 沪银2112 D M | 4988 | 10 | 4987 | 4988 | 3 | 305 | 504564 | 44 | 0.89% | 450148 | 8931 | 4925 | 4991 | 4878 | 4934 | 0.02% | 5 |
| 6 | 沪锌2111 D M | 27275 | 1 | 27275 | 27285 | 13 | 3 | 341013 | -110 | -0.40% | 77301 | -14006 | 27295 | 27585 | 26900 | 27170 | 0.09% | 5 |
| 7 | 沪铅2111 D M | 15840 | 1 | 15835 | 15840 | 2 | 25 | 100976 | 275 | 1.77% | 49427 | -1252 | 15910 | 15990 | 15670 | 15815 | 0.06% | 5 |
| 8 | 沪锡2111 D M | 293220 | 2 | 293020 | 293420 | 1 | 5 | 79695 | 7200 | 2.52% | 25121 | -3870 | 292380 | 296150 | 285000 | 289410 | 0.01% | -350 |
| 9 | SS2111 D M | 20400 | 4 | 20390 | 20400 | 13 | 1 | 66638 | -440 | -2.11% | 34218 | -3455 | 20700 | 20975 | 20200 | 20555 | -0.07% | -5 |
| 10 | IF2111 M | 4905.8 | 1 | 4905.4 | 4906.0 | 2 | 2 | 55594 | 54.6 | 1.13% | 63516 | -8356 | 4866.2 | 4922.8 | 4862.2 | 4910.8 | 0.00% | -0.2 |
| 11 | IH2111 M | 3253.6 | 1 | 3253.4 | 3254.4 | 2 | 1 | 34572 | 25.4 | 0.79% | 39907 | -5709 | 3233.0 | 3266.6 | 3233.0 | 3255.5 | 0.00% | 0.2 |
| 12 | IC2111 M | 7070.0 | 1 | 7067.6 | 7070.0 | 1 | 23 | 41351 | 53.4 | 0.76% | 72486 | -4328 | 7012.6 | 7091.6 | 6998.8 | 7077.4 | 0.00% | 1.0 |
| 13 | 二债2112 M | 100.545 | 1 | 100.540 | 100.550 | 104 | 91 | 13513 | 0.040 | 0.04% | 25721 | 353 | 100.480 | 100.550 | 100.480 | 100.515 | 0.00% | -0.005 |
| 14 | 五债2112 M | 100.495 | 1 | 100.490 | 100.495 | 54 | 31 | 30225 | 0.120 | 0.12% | 72388 | 1253 | 100.330 | 100.505 | 100.325 | 100.482 | 0.00% | 0.005 |
| 15 | 十债2112 M | 98.920 | 1 | 98.920 | 98.925 | 10 | 22 | 70354 | 0.240 | 0.24% | 157395 | 1972 | 98.665 | 98.945 | 98.625 | 98.891 | 0.00% | 0.005 |
| 16 | 国际铜2112 D M | 67730 | 2 | 67710 | 67770 | 1 | 1 | 26760 | -10 | -0.01% | 9160 | 286 | 67790 | 68090 | 66550 | 67260 | -0.18% | -30 |
| 17 | 螺纹2201 D M | 5546 | 14 | 5545 | 5546 | 1 | 12 | 2123050 | 122 | 2.25% | 1143027 | -24659 | 5411 | 5570 | 5381 | 5461 | -0.02% | -2 |
| 18 | 铁矿2201 D M | 707.0 | 1 | 707.0 | 707.5 | 2 | 79 | 603646 | 0.5 | 0.07% | 477124 | 14819 | 706.5 | 718.0 | 693.5 | 706.5 | 0.05% | 1 |
| 19 | 热卷2201 D M | 5736 | 2 | 5735 | 5736 | 7 | 54 | 693503 | 66 | 1.16% | 401277 | 32719 | 5660 | 5775 | 5611 | 5692 | 0.10% | 5 |
| 20 | 线材2202 D M | 5816 | 1 | 5822 | 5898 | 1 | 1 | 43 | 86 | 1.50% | 25 | 0 | 5685 | 5895 | 5648 | 5798 | 0.00% | -35 |

| 序号 | 现增仓 | 动态 | 昨结算 | 昨收 | 沉淀资金 | 资金流向 | 投机度 | 报价单位 | 交易单位 | 摘牌日 | 交易所 | 代码 | 文华码 |
|---|---|---|---|---|---|---|---|---|---|---|---|---|---|
| 1 | 0 | 多换 | 75630 | 76270 | 113.47亿 | -7.19亿 | 0.99 | 元(人民币)/吨 | 5吨/手 | 20211115 | SHFE | cu2111 | 2111 |
| 2 | 0 | 空换 | 149640 | 150990 | 26.75亿 | -5990万 | 6.40 | 元(人民币)/吨 | 1吨/手 | 20211115 | SHFE | ni2111 | 7511 |
| 3 | 0 | 多换 | 368.66 | 367.58 | 81.37亿 | 4680万 | 0.69 | 元(人民币)/克 | 1000克/手 | 20211215 | SHFE | au2112 | 2282 |
| 4 | 0 | 多换 | 24310 | 24695 | 37.88亿 | -4.68亿 | 2.27 | 元(人民币)/吨 | 5吨/手 | 20211115 | SHFE | al2111 | 2211 |
| 5 | 0 | 多换 | 4944 | 4933 | 80.83亿 | 2.48亿 | 1.12 | 元(人民币)/千克 | 15千克/手 | 20211115 | SHFE | ag2112 | 2182 |
| 6 | 0 | 空换 | 27385 | 27720 | 21.08亿 | -4.23亿 | 4.41 | 元(人民币)/吨 | 5吨/手 | 20211115 | SHFE | zn2111 | 2241 |
| 7 | 0 | 多换 | 15565 | 15790 | 7.83亿 | -1730万 | 2.04 | 元(人民币)/吨 | 5吨/手 | 20211115 | SHFE | pb2111 | 2891 |
| 8 | 0 | 空换 | 286020 | 294300 | 14.73亿 | -2.33亿 | 3.17 | 元(人民币)/吨 | 1吨/手 | 20211115 | SHFE | sn2111 | 6211 |
| 9 | 0 | 空换 | 20840 | 20680 | 6.98亿 | -8103万 | 1.95 | 元(人民币)/吨 | 5吨/手 | 20211115 | SHFE | ss2111 | 6251 |
| 10 | 0 | 空换 | 4851.2 | 4860.0 | 186.96亿 | -22.62亿 | 0.88 | 指数点 | 300元/点 | 20211119 | CFFEX | IF2111 | 8611 |
| 11 | 1 | 双开 | 3228.2 | 3233.2 | 77.90亿 | -10.59亿 | 0.87 | 指数点 | 300元/点 | 20211119 | CFFEX | IH2111 | 8631 |
| 12 | 0 | 多换 | 7016.6 | 7021.0 | 245.99亿 | -12.88亿 | 0.57 | 指数点 | 200元/点 | 20211119 | CFFEX | IC2111 | 8691 |
| 13 | -1 | 双平 | 100.505 | 100.515 | 5.17亿 | 719万 | 0.51 | 百元净价 | 10000倍 | 20211210 | CFFEX | TS2111 | 8811 |
| 14 | -1 | 双平 | 100.375 | 100.370 | 17.46亿 | 3236万 | 0.42 | 百元净价 | 10000倍 | 20211210 | CFFEX | TF2112 | 8704 |
| 15 | 0 | 空换 | 98.680 | 98.670 | 62.28亿 | 9357万 | 0.45 | 百元净价 | 10000倍 | 20211210 | CFFEX | T2112 | 8804 |
| 16 | 0 | 空换 | 67740 | 68200 | 6.20亿 | 1520万 | 2.92 | 元(人民币)/吨 | 5吨/手 | 20211215 | INE | bc2112 | 2752 |
| 17 | 0 | 多换 | 5424 | 5422 | 126.78亿 | 1607万 | 1.86 | 元(人民币)/吨 | 10吨/手 | 20220101 | SHFE | rb2201 | 2111 |
| 18 | 0 | 空换 | 706.5 | 711.0 | 80.96亿 | 2.07亿 | 1.27 | 元(人民币)/吨 | 100吨/手 | 20220114 | DCE | i2201 | 1921 |
| 19 | 0 | 多换 | 5670 | 5678 | 46.03亿 | 4.18亿 | 1.73 | 元(人民币)/吨 | 10吨/手 | 20220117 | SHFE | hc2201 | 2441 |
| 20 | 0 | 空换 | 5730 | 5739 | 29万 | 0 | 1.72 | 元(人民币)/吨 | 10吨/手 | 20220215 | SHFE | wr2202 | 6902 |

图 3-1 期货交易行情报价

资料来源:文华财经。

（6）卖量。卖量是指即时某一期货合约交易系统中未成交的最低价位申请卖出的数量。例如,图 3-1 中此刻沪铜 2111 合约的卖量为 18 手。

（7）成交量。在我国期货市场,成交量是指某一期货合约当天从开盘到即时的成交合约的双边交易量。而在国际上,成交量指的是单边交易量,即买进合约数量或卖出合约数量。例如,图 3-1 中此刻沪铜 2111 合约的成交量为 147 924 手。

（8）持仓量。在我国期货市场,持仓量是指某一期货合约从推出合约起,未平仓合约的双边交易数量,国际上持仓量也是取单边数量。例如,图 3-1 中此刻沪铜 2111 合约的持仓量为 149 675 手。

（9）仓差。仓差指某一期货合约当天持仓量的变化。如仓差为"+",表示持仓量增加;如仓差为"-",表示持仓量减少。例如,图 3-1 中此刻沪铜合约的仓差为-8 520,表示当天减少持仓 8 520 手。

（10）结算价。结算价是指计算某一期货合约盈亏的价格。这里的结算价指的是前一天的结算价。结算价不是期货合约具体的交易价格，各交易所对结算价的形成有不同的规定，有的规定结算价是以成交量为权重的成交价的加权平均价，有的规定以当天收盘价为结算价。伦敦金属交易所以收盘价为结算价，我国结算价则是成交量的加权平均价。例如，图 3-1 中此刻沪铜 2111 合约的结算价为 75 290 元/吨。

（11）开盘价。开盘价是指某一期货合约开市前 5 分钟经集合竞价产生的成交价。例如，图 3-1 中沪铜 2111 合约的开盘价为 75 510 元/吨。

（12）最高价。最高价是指当天某一期货合约从开盘到即时成交中的最高成交价格。例如，图 3-1 中沪铜 2111 合约在该交易日截至当前的最高价为 76 170 元/吨。

（13）最低价。最低价是指当天某一期货合约从开盘到即时成交中的最低成交价格。例如，图 3-1 中沪铜 2111 合约在该交易日截至当前的最低价为 74 510 元/吨。

（14）昨结算价。昨结算价是指上一交易日交易结束后的结算价，该价格是本交易日价格涨跌幅的基准数值。例如，图 3-1 中沪铜 2111 合约的昨结算价为 75 630 元/吨。

（15）开仓量。开仓量是指无论买单或卖单，只要是当日新单进场成交的量。

（16）平仓量。平仓量是指无论买单或卖单，只要是当日平仓成交的量。某些交易软件会有列示。

值得注意的是，不同的期货行情软件报价页面的内容次序有所不同，交易者可以根据自己的交易习惯自行调整，如可以把涨跌幅调整到最前面的买价位置，以便随时观察期货价格变化等。

## 第二节　期货交易流程

### 一、选择期货经纪公司

在期货市场上，只有期货交易所的会员（包括经纪公司会员和非经纪公司会员）才有资格直接进行期货交易，而普通投资者要想进入期货市场从事期货交易，只能依靠期货经纪公司的经纪和中介服务。所以选择一个好的期货经纪公司是从事期货交易的第一步。

期货交易者在选择期货经纪公司时，应遵循以下几个原则：

（1）应选择一个能保证资金安全的期货经纪公司。也就是要找一个实力雄厚、商业信誉良好的期货经纪公司。

（2）应选择一个能提供准确的市场信息和正确投资方案的期货经纪公司。期货经纪公司提供相关商品的研究资料和交易建议对客户作出准确的投资决策非常重要。例如，有些经纪公司与相关行业和部门建立了良好的协作关系，具有掌握跟踪政策面和基本面变化的有效渠道。

（3）应选择一个运作规范和交易高效的期货经纪公司。所选择的期货经纪公司应严格按照有关的法律、法规的要求规范经营，不损害客户的利益，保证金和手续费的收取标准合理。

（4）应选择一个通信设备和市场分析软件完备的期货经纪公司。期货交易是一种即时性很强的交易,因此对通信设备的完备性要求较高。另外,先进的市场分析软件是提供准确、优质服务的前提。

## 二、开户

投资者一旦选定了某个合适的期货经纪公司,接下来就应该在该期货经纪公司开立一个期货交易账户。所谓期货交易账户是指期货交易者开设的、用于交易履约保证的一个资金账户。开户的基本程序如下。

### (一)申请开户

投资者向该期货经纪公司提出委托申请,开立账户,成为该公司的客户,确立投资者(委托人)与期货经纪公司(代理人)之间的法律关系。期货经纪公司应当对客户开户资料进行审核,确保开户资料合规、真实、准确和完整。

个人客户应当本人办理开户手续,签署开户资料,不得委托代理人代为办理开户手续。开户需要提交的资料:

(1)除证监会另有规定外,个人客户的有效身份证明文件为身份证。

(2)单位客户应当出具单位的授权委托书、代理人的身份证和其他开户证件。

(3)除证监会另有规定外,一般单位客户的有效身份证明文件为营业执照。

(4)证券公司、基金管理公司、信托公司和其他金融机构,以及社会保障类公司、合格境外机构投资者等法律、行政法规和规章规定的需要资产分户管理的特殊单位客户,其有效身份证明文件由监控中心另行规定。

### (二)签署期货交易风险说明书

客户委托期货经纪公司从事期货交易的,必须事先在期货经纪公司办理开户登记。期货经纪公司在接受客户开户申请时,须向客户提供期货交易风险说明书。期货交易风险说明书是为客户揭示期货交易存在的各种风险及处理办法的说明书,主要包括头寸风险、保证金损失和追加的风险、被强行平仓的风险、交易指令不能成交的风险、套期保值面临的风险和不可抗力所导致的风险等。个人客户应在仔细阅读并理解之后,在期货交易风险说明书上签字;单位客户应在仔细阅读并理解之后,由单位法定代表人或授权他人在该说明书上签字并加盖单位公章。按照规定,只有当客户已经知道期货交易的风险并在期货交易风险说明书上签字确认后,期货经纪公司才能与客户签署期货经纪合同。

### (三)签订期货经纪合同

期货经纪公司在为客户开立账户之前,必须与客户签订书面期货经纪合同。期货经纪公司与客户签订期货经纪合同时,应当向客户说明合同条款的含义,然后双方签订期货经纪合同。个人客户应在该合同上签字,单位客户应由法人代表或授权他人在该合同上签字并加盖公章。特别要注意的是,期货经纪合同是格式合同,如果客户觉得除合同规定的内容外,需要补充合同内容,一定把所补充的内容写进合同,因为如果事后出现纠纷,期货合同是最重要的依据。

值得注意的是,客户必须以真实身份开立账户。个人开户应提供本人身份证,留存印鉴或签名样卡。单位开户应提供企业法人营业执照复印件,并提供法定代表人及本单位期货交易业务执行人的姓名与联系电话、开户单位及其法定代表人或单位负责人印鉴等内容的书面材料,以及法定代表人授权期货交易业务执行人的书面授权书。期货经纪公司应当核查客户身份的真实性。如果客户不以真实身份开户,那么在以后出现纠纷时,客户的利益在法律上得不到保护。

期货经纪公司在为客户开设账户时,应按照期货交易所的规定为客户分配交易编码,并向期货交易所备案。期货经纪公司为客户编码时应按照一户一码、专码专用、不混码的原则。如上海期货交易所的交易细则中对交易编码的编码规则规定为:客户编码由 12 位数字组成,前 4 位是会员号,后 8 位是客户号。一个客户在一个交易所只能有一个客户号,客户在不同期货经纪公司开户,其客户号不变,改变的只是会员号。如客户编码为 001000001535,则说明该客户的会员号为 0010,客户号为 00001535。如该客户在另一家编号为 0012 的经纪公司开户,那么其在该交易所的编号为 001200001535。其他交易所对客户编码的规定也与之大致相同。

期货经纪公司注销客户编码,也应当向交易所备案。

**(四)缴纳保证金**

客户在与期货经纪公司签署期货经纪合同之后,为了能正常参与期货交易,可按规定缴纳开户保证金。期货经纪公司应当在期货交易所指定结算银行开立客户保证金账户,用以存放客户保证金。期货经纪公司应将客户所缴纳的保证金存入期货经纪合同指定的客户账户中,供客户进行期货交易之用。客户保证金账户应当报证监会派出机构备案并依法接受检查。客户保证金账户开立以后,期货经纪公司根据内部管理的需要,给客户确定一个相应的客户账号。

在国内期货市场早期,《期货经纪合同指引》规定期货交易者开户时必须缴纳开户保证金,否则期货经纪公司不得给投资者开户。在市场竞争环境下,这一规定现已取消,投资者开户时可以不缴纳保证金,但在开展期货交易前则必须缴纳保证金,否则不能进行期货交易。

在签订期货经纪合同时,投资者与期货经纪公司可以在期货经纪合同中约定交易风险控制条件。一般来讲,当客户保证金不足使交易风险达到约定的条件时,期货经纪公司应当按照期货经纪合同约定的方式通知客户追加保证金;客户不能按时追加保证金的,期货经纪公司有权对客户的部分或全部持仓强行平仓,直至保证金余额能够满足约定的交易风险控制条件。

## 三、下单

客户在按规定足额缴纳开户保证金后,即可以进行委托下单,参与期货交易。所谓下单,是指客户在每笔交易前向期货经纪公司下达交易指令的行为,交易指令包括拟买卖合约的种类、数量、价格、交易方向、开平仓类型、投机套保种类等内容。通常,客户应先熟悉和掌握有关的交易指令,然后选择不同的期货合约进行具体交易。表 3-1 是期货经纪公司的传统期货交易指令。虽然现在都实行电子交易,但是下单的内容与传统期货交易指令是一致的。

**表 3-1 传统期货交易指令**

指令编号:NO.

| 开仓 | 客户账号: | | | | |
|---|---|---|---|---|---|
| 平仓 | | | | | |
| 买/卖 | 数量 | 商品 | | 价格 | 备注 |
| | | | | | |
| 客户 | | 经纪人 | | 年 月 日 | |

第一联结算部留存,第二联客户留存,第三联交易部留存。

**（一）交易指令的种类**

期货交易的指令有很多种,以满足投资者多种交易目的的要求。

1. 限价指令

限价指令是指执行时必须按限定价格或更好的价格成交的指令。下达限价指令时,客户必须指明具体的价位。它的特点是可以按客户的预期价格成交,成交速度相对较慢,有时无法成交。

2. 限价止损(盈)指令

限价止损(盈)指令是指当市场价格触及客户预先设定触发价格时,指令立即转为限价指令;指令中的限价,是指该指令转为限价指令时的委托价。

3. 取消指令

取消指令是指客户要求将某一指令取消的指令。客户通过执行该指令,将以前下达的指令完全取消,并且没有新的指令取代原指令。

4. 跨期套利交易指令

跨期套利交易是指买入(卖出)近月合约,同时卖出(买入)同品种相等数量的远月合约。套利交易指令只能为限价指令,跨期套利交易指令既可用于开仓,也可用于平仓。

5. 跨品种套利交易指令

跨品种套利交易是指买入(卖出)某品种指定合约,同时卖出(买入)另一品种相等数量的指定合约。套利交易指令只能为限价指令,跨品种套利交易指令既可用于开仓,也可用于平仓。

6. 市价指令

市价指令是期货交易中常用的指令之一。它是指按当时市场价格即刻成交的指令。客户在下达这种指令时不须指明具体的价位,而是要求期货经纪公司出市代表以当时市场上可执行的最好价格达成交易。这种指令的特点是成交速度快,指令下达后不可更改和撤销。

7. 市价止损(盈)指令

当市场价格触及客户预先设定的触发价格时,指令立即转为市价指令。

以上几种交易指令方式在我国的期货交易所有所应用,中金所等四家的情况总结如表 3-2 所示。

表 3-2　交易指令的应用情况

| 交易指令 | 中金所 | 上期所 | 大商所 | 郑商所 |
|---|---|---|---|---|
| 限价指令 | √ | √ | √ | √ |
| 限价止损(盈)指令 | ○ | ○ | √ | ○ |
| 取消指令 | √ | √ | √ | √ |
| 跨期套利交易指令 | ○ | ○ | √ | ○ |
| 跨品种套利交易指令 | ○ | ○ | √ | ○ |
| 市价指令 | √ | ○ | √ | √ |
| 市价止损(盈)指令 | ○ | ○ | √ | ○ |

### (二) 下单方式

客户在正式交易前,应制定详细、周密的交易计划。在此之后,客户即可按计划下单交易。客户可以通过书面下单、电话下单、自助下单、网上下单等方式向期货经纪公司下达交易指令。

1. 书面下单

客户亲自填写交易指令,填好后签字交由期货经纪公司交易部,再由期货经纪公司交易部通过电话报到该期货经纪公司在期货交易所场内出市代表,由出市代表输入指令进入期货交易所主机撮合成交。2002 年以前我国的期货交易绝大多数采用书面下单形式,现在这种下单方式很少了,但这种方式有助于初学者熟悉期货交易程序,读者可以使用表 3-1 模拟下单。

2. 电话下单

客户通过电话直接将指令下达到期货经纪公司交易部,再由交易部通知在期货交易所的出市代表下单。期货经纪公司须将客户的指令予以录音,以备查证。事后,客户应在交易单补签姓名。此类下单方式适用于本人不在期货经纪公司,上网又不方便的客户。

3. 自助下单

客户根据自己在期货经纪公司内的客户账号及交易密码,在期货经纪公司交易厅中的计算机自助交易系统上输入交易指令,如买卖品种、数量、合约月份等信息,完成交易。自助下单方式方便快捷,成交迅速。在计算机普及之前,此种交易方式是应用最广泛的。

4. 网上下单

随着计算机技术的发展,网上交易得到了广泛应用并逐渐成为趋势。网上下单使交易更加方便和快捷,从而大大提高了交易效率。客户通过互联网进入期货经纪公司自助交易系统进行网上下单。

期货经纪公司网上交易系统的界面如图 3-2 所示。只要点击交易系统界面中的"下单(+)",交易系统的界面马上出现"下单"所需要填写的内容,包括合约、交易编码、买卖方向、开平仓类型、交易价格、数量等。该客户在上海交易所的编码为01317190,该编码不需要客户输入,自助交易系统根据客户名自动生成,客户的编码应是 12 位。在图 3-2 中经纪公司的编码省去了,但该指令下达到上海期货交易所时,交易所交易系统会自动加上期货经纪公司的编码。该客户卖出合约属于新开仓,卖出价格为 58 160 元/吨,数量为 6 手,该头寸属于投机头寸。

下单完成后,客户需点击自助交易系统的界面中"1 查委托",客户可核实校对下单内容,在确认准确无误后,确认"委托",客户的交易指令就直接进入期货交易所的主机撮合系统。

委托成功以后,客户可点击网上交易系统的界面中的"2 查成交",查询是否成交、成交价格、成交数量等信息,也可以点击交易系统的界面中的"3 查持仓"与"5 查资金",查询持仓与资金状况。

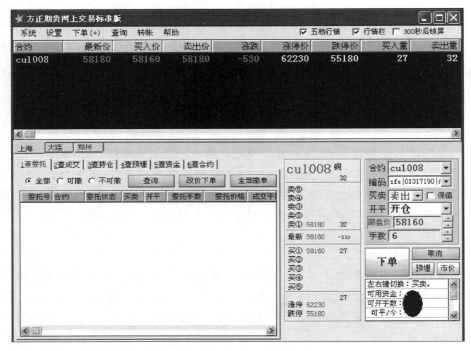

图 3-2 网上交易系统

## 四、竞价

期货合约价格的形成方式有三种:计算机撮合成交、公开喊价和一价制。

### (一)计算机撮合成交

计算机撮合成交是根据公开喊价的原理设计而成的一种计算机自动化撮合成交方式。每个交易日投资者在集合竞价期间挂单,期货交易所的计算机交易系统对有效的卖出申报,按申报价由低到高的顺序排列,对有效的买入申报,按申报价由高至低顺序排列,相同的按照进入系统的时间先后排列,交易系统将排在前面的买入申报价和卖出申报价的算术平均价设为集合竞价产生的价格,该价格按期货合约的最小变动价位取整,此时集合竞价产生的价格为一天的开盘价。开盘价产生后,计算机自动撮合系统仍根据买卖申报指令按价格优先、时间优先原则排序,当买入价大于或等于卖出价则自动撮合成交。成交价等于买入价(bp)、卖出价(sp)和前一成交价(cp)三者中居中的一个价格。即:若$bp \geqslant sp \geqslant cp$,成交价 $=sp$;若 $bp \geqslant cp \geqslant sp$,则成交价 $=cp$;若 $cp \geqslant bp \geqslant sp$,则成交价 $=bp$。

### (二)公开喊价

公开喊价是指在交易池内由交易员面对面地公开喊价,表达各自买进或卖出合约的要求。按照规则,交易者在报价时既要发出声音,又要做出手势,以保证报价的准确性。由于价格变化一般是连续、递进的,所以报价商在喊价时通常只叫出价格的一部分即可。价格和数量的喊声还要在报价人和要价人之间进行反馈,以减少误听引起的差错。这种公开喊价对活跃场内气氛,对维护公开、公平、公正的竞价原则十分有利。这种方式属于传统的竞价方式,过去在欧美期货市场较为流行,不过现在大部分被计算机竞价取代。伦敦金属交易所和伦敦石油交易所现在还采用这种传统的喊价方式。

### (三)一价制

一价制是指把每个交易日分为若干节,每节只有一个价格的制度。每节交易由主持人最先叫价,所有场内经纪人根据其叫价申报买卖数量,直至在某一价格上买卖双方的交易数量相等时为止。一价制的叫价方式以前在日本较为普遍。

## 五、成交回报与确认

客户在下单以后,系统会自动撮合成交价格,当撮合后的成交价格与客户的交易指令价格一致时,该交易指令生效,交易达成。交易达成后,交易所会提供成交回报供客户确认。成交回报记录包括以下内容:交易方向、成交手数、成交价格、成交回报时间等。

在传统的书面下单和电话下单的情形下,期货经纪公司在交易所内的出市代表收到客户交易指令后,在确认无误后将以最快的速度将指令输入交易所计算机终端,当屏幕显示指令成交后,出市代表必须马上将成交的结果反馈回期货经纪公司的交易部;期货经纪公司交易部将出市代表反馈回来的成交结果记录在客户的书面交易指令单上,打上时间戳记后,将交易指令单交给客户。

对于自助下单和网上下单的交易方式而言,客户的成交回报可通过自助交易系统得到,与书面下单的成交回报比较起来方便快捷得多,且几乎不会出现差错。

交易所对期货经纪公司的成交记录至少保存20年,经纪公司对客户的成交记录至少保存20年,如果事后发生法律纠纷,应在以上时间段内取得相关的成交记录。

## 六、结算

期货结算是指交易所结算机构或结算公司对会员和客户的交易盈亏进行计算,计算的结果作为收取交易保证金或追加保证金的依据。因此结算是指对期货交易市场的各个环节进行的清算,既包括交易所对会员的结算,也包括会员经纪公司对其代理客户进行的交易盈亏的计算,其计算结果将被记入客户的保证金账户中。

**（一）结算价及当日盈亏的计算**

期货市场实行每日无负债结算制度。期货合约均以当日结算价作为计算当日盈亏的依据。当日结算价是指某一期货合约当日成交价格按照成交量的加权平均价。当日无成交价格的，以上一交易日的结算价作为当日结算价。

1. 当日盈亏可以分项计算

当日盈亏分项结算公式为：当日盈亏 = 平仓盈亏 + 持仓盈亏 　　　　　　　　（3-1）

　　　　　平仓盈亏 = 平历史仓盈亏 + 平当日仓盈亏 　　　　　　　　　　　（3-2）

式中：　平历史仓盈亏 = $\sum$〔（卖出平仓价 - 上日结算价）×卖出平仓量〕+

　　　　　　　　　　　$\sum$〔（上日结算价 - 买入平仓价）×买入平仓量〕

　　　　　平当日仓盈亏 = $\sum$〔（当日卖出平仓价 - 当日买入开仓价）×卖出平仓量〕+

　　　　　　　　　　　$\sum$〔（当日卖出平仓价 - 当日买入开仓价）×买入平仓量〕

　　　　　持仓盈亏 = 历史持仓盈亏 + 当日开仓持仓盈亏 　　　　　　　　　（3-3）

式中：　历史持仓盈亏 = （当日结算价 - 上日结算价）×（上日买入持仓量 -

　　　　　　　　　　　上日卖出持仓量）

　　　　　当日开仓持仓盈亏 = $\sum$〔（卖出开仓价 - 当日结算价）×卖出开仓量〕+

　　　　　　　　　　　$\sum$〔（当日结算价 - 买入开仓价）×买入开仓量〕

当日盈亏可以综合成为总公式：

当日盈亏 = $\sum$〔（卖出成交价 - 当日结算价）×卖出量〕+ $\sum$〔（当日结算价 - 买入成交价）×买入量〕+（上日结算价 - 当日结算价）×（上日卖出持仓量 - 上日买入持仓量） 　　　　　　　　　　　　　　　　　　　　　　　　　　　　（3-4）

2. 保证金余额的计算

结算准备金余额的计算公式为：

当日结算准备金余额 = 上一交易日结算准备金余额 + 当日入金 - 当日出金 + 上一交易日交易保证金 - 当日交易保证金 + 当日盈亏 - 手续费等 　　　　　　　　　　　　　　　　　　　　　　　　　　　　　　（3-5）

**【例 3-1】** 期货公司某客户在某年 12 月 1 日买入沪铜合约 5 手（每手合约 5 吨），成交价格为 54 500 元/吨；在 12 日又买入该合约 10 手，成交价格 55 000 元/吨，当天平仓 5 手，平仓价格为 55 200 元/吨；当天的结算价为 54 900 元/吨。则该客户在 12 日的盈亏状况为：

平仓盈亏 = 5×5×（55 200 - 55 000）= 5 000 元，盈利 5 000 元

持仓盈亏 = 5×5×（54 900 - 54 500）+ 5×5×（54 900 - 55 000）= 7 500 元，盈利 7 500 元

当日盈亏 = 平仓盈亏 + 持仓盈亏 = 12 500 元

如果同时买卖几种商品期货，分别将实际盈亏和浮动盈亏加总。

**（二）交易所对会员的结算**

每一交易日交易结束后，交易所对每一会员的盈亏、交易手续费、交易保证金等款项进行结算，其结算结果是会员核对当日有关交易并给客户结算的依据。

期货经纪公司每天应及时获取交易所提供的结算结果，做好核对工作，并将之妥善保存。期货经纪公司如对结算结果有异议，应在第二天开市前 30 分钟以书面形式通知交易

所。遇特殊情况，期货经纪公司可在第二天开市后 2 小时内以书面形式通知交易所。如在规定时间内没有对结算数据提出异议，则视作已认可结算数据的准确性。

交易所在交易结算完成后，将期货经纪公司资金的划转数据传递给有关结算银行。期货经纪公司资金按当日盈亏进行划转，当日盈利划入期货经纪公司结算准备金，当日亏损从结算准备金中扣划。当日的交易保证金超过昨日结算时的交易保证金部分从期货经纪公司结算准备金中扣除。当日结算时的交易保证金低于昨日结算时的交易保证金的部分划入结算准备金。手续费、税金等各项费用从期货经纪公司结算准备金中直接扣划。

每日结算后，当期货经纪公司的结算保证金低于交易所规定的最低结算保证时，交易所要按规定方式通知期货经纪公司追加保证金。如不能按时追加保证金时，交易所应对期货经纪公司部分或全部持仓强行平仓，直至保证金余额能够维持其剩余头寸。交易所对期货经纪公司头寸进行强行平仓时，不考虑期货经纪公司客户具体盈亏情况，交易所从亏损最大的头寸依次平仓，直到期货经纪公司的保证金符合交易所的要求为止。交易所这种平仓方式在实际交易中会出现这样一种情况：期货经纪公司某个客户虽然持仓的亏损最大，但可能该客户的保证金足够弥补亏损，本不应被强行平仓的被交易所强行平仓了，客户的利益受到了损害。因保证金不足而强行平仓造成的损失由期货经纪公司负责。

### （三）期货经纪公司对客户的结算

期货经纪公司对客户的结算与交易所对期货经纪公司的结算方法一样，即每一交易日交易结束后，对每一客户的盈亏、交易手续费、交易保证金等款项进行结算。

期货经纪公司在每日结算后向客户发出"客户成交与资金状况表"，客户接到该表在确认无误的情况下，应在 24 小时内签字确认并回报期货经纪公司。成交与资金状况表一般载明下列事项：账号及户名、成交日期、成交品种、合约月份、成交数量及价格、买入或者卖出、开仓或平仓、当日结算价、保证金占用额、保证金余额、交易手续费。

每日结算后，当客户的结算保证金低于期货经纪公司规定的最低结算保证时，期货公司要按规定方式通知客户追加保证金。如不能按时追加保证金时，期货公司应对客户部分或全部持仓强行平仓，直至保证金余额能够维持其剩余头寸。因保证金不足而强行平仓造成的损失由客户负责。

## 七、交割

在期货合约到期之前，交易者可以通过对冲平仓来了结交易，但若在合约到期时仍持有该合约，那么交易者就要在规定的时间内完成期货交割。期货交割就是指期货交易的买卖双方在合约到期时，对各自持有的到期未平仓合约按交易所的规定履行实物交割，了结期货交易。

一般来讲，期货交割有实物交割和现金交割两种方式。现金交割（如股指期货合约的交割）操作较为简便，只要在到期日交付或接收合约面值的现金即可。下面介绍实物交割的具体内容。

### （一）实物交割的方式

实物交割方式包括集中交割和滚动交割两种方式。

1. 集中交割方式

集中交割方式是指最后交易日闭市后,交易所对所有未平仓的交割月合约进行交割配对,并按规定程序完成交割的交割方式。

国际上大多数商品期货都采用集中交割方式,上海期货交易所的所有品种,大连商品交易所的棕榈油、线型低密度聚乙烯、聚氯乙烯、聚丙烯、乙二醇、苯乙烯、液化石油气、焦炭、焦煤、铁矿石、鸡蛋、粳米、生猪、纤维板、胶合板等合约采用集中交割的方式。

2. 滚动交割方式

滚动交割是指在期货交易进入交割月后,持有交割月合约及标准仓单的卖方可在交割月第一个交易日至交割月最后交易日前一交易日的交易时间提出交割申请,并按交易所规定程序完成交割的交割方式。滚动交割由客户提出交割申请,会员代客户办理。

郑州商品交易所采用滚动交割和集中交割相结合的方式,即在合约进入交割月后就可以申请交割,而且最后交易日过后,对未平仓合约进行一次性集中交割。大连商品交易所的黄大豆 1 号、黄大豆 2 号、豆油、豆粕、玉米、玉米淀粉等合约采用滚动交割的方式。

**(二)交割结算价**

1. 集中交割方式的结算价

上海期货交易所期货合约的交割结算价为相应期货合约最后交易日结算价;大连商品交易所期货合约的交割结算价,则是该合约自交割月份第一个交易日起至最后交易日所有结算价的加权平均价。

2. 滚动交割方式的结算价

交割商品最后交割的实际价格是以交割结算价为基准,再加上不同等级商品质量升贴水以及异地交割仓库与基准交割仓库的升贴水。例如,大豆标准交割品是三等黄大豆,如卖方交割的是一、二等黄大豆,则卖出的交割商品的价格是交割结算价加上 30 元/吨或 10 元/吨的升水;如交割的是四等黄大豆则减去 30 元/吨的贴水。交割仓库在产区通常是贴水,而在消费区通常是升水。升贴水的值一般等于异地交割仓库与基准交割仓库的运费。

交易所会员进行实物交割,还应按规定向交易所缴纳交割手续费。

**(三)交割流程**

1. 集中交割方式的交割流程

上海期货交易所和大连商品交易所的集中交割流程是大致相同的,只是交割时间不同。上海期货交易所集中交割日期为 16—20 日,大连商品交易所集中交割日期为 11—17 日。以上海期货交易所集中交割程序为例介绍集中交割程序:

(1)买方申报意向。买方在最后交易日(合约交割月份的 15 日)的下一个工作日的 12:00 前,向交易所提交所需商品的意向书。内容包括商品名、牌号、数量及指定交割仓库名等。

(2)卖方交付标准仓单和增值税专用发票。卖方在 18 日 16:00 以前将已付清仓储费用的标准仓单及增值税专用发票交付给交易所。如 18 日为法定假日,则顺延至节假日后的第一个工作日;若是 20 日,则卖方必须在 12:00 前完成交割。

(3)交易所分配标准仓单。交易所根据已有资源,向买方分配标准仓单。不能用于下一期期货合约交割的标准仓单,交易所按占当月交割总量的比例向买方分摊。

（4）买方交款、取单。买方必须在最后交割日 14:00 前到交易所交付货款,交款后取得标准仓单。

（5）卖方收款。交易所在最后交割日 16:00 前将货款付给卖方。

2.滚动交割方式的交割流程

滚动交割方式实行"三日交割法",下面以郑州商品交易所为例予以介绍。

（1）交割配对。交割第一日为配对日,凡持有标准仓单的卖方期货经纪公司均可在交割月份第一个交易日至最后交易日的交易期间,通过席位提出交割申请;交割月份买方期货经纪公司无权提出交割申请。交易所根据卖方期货经纪公司的交割申请,于当日收市后采取计算机直接配对的方法,为卖方期货经纪公司找出持有该交割月份买方合约时间最长的买方期货经纪公司。交割关系一经确定,买卖双方不得擅自调整或变更。

（2）交割通知。交割第二日为通知日,买卖双方在配对日的下一交易日收市前到交易所签领交割通知单。

（3）实施交割。交割第三日为交割日,买方期货经纪公司必须在交割日上午 9 时之前将尚欠货款划入交易所账户,卖方期货经纪公司必须在交割日上午 9 时之前将标准仓单持有凭证交到交易所。交易所将货款的 80% 划转给卖方,余款在买方确认收到卖方的增值税专用发票时结清。

两种交割方式可总结如图 3-3 所示。

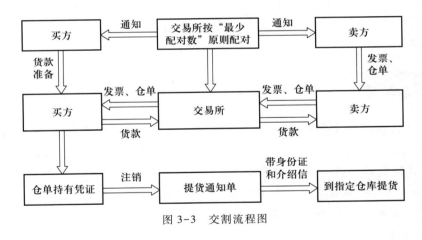

图 3-3 交割流程图

## 八、风险管理

风险管理主要介绍经纪公司对客户的风险管理,目前经纪公司采用风险率来对客户进行风险管理。

### （一）风险率

$$风险率 = \frac{客户权益}{按经纪公司规定的保证金比例客户所有头寸(持仓)占有保证金总额} \times 100\%$$

(3-6)

客户权益＝上日资金余额±当日资金存取±当日平仓盈亏±实物交割款项－
　　　　当日交易手续费±当日浮动盈亏　　　　　　　　　　　　　　（3-7）

对于当日资金存取,存入资金为+,取出资金为-,一般客户没有实物交割款项。

当日实际平仓盈亏指当天所有平仓产生盈亏加总。

当日浮动平仓盈亏指所有未平仓合约(持仓)平仓盈亏总和,这里要注意的是平仓价均采用当日的结算价。

**（二）风险控制**

（1）当风险率>100%,经纪公司根据客户可用资金量来接受客户的交易指令。

（2）当风险率＝100%,经纪公司不再接受客户新的交易指令。

（3）当风险率<100%,经纪公司不再接受客户申报的交易指令,并按合同约定向客户发出追加保证金通知,如在下一交易日开市前 30 分钟客户未及时追加保证金,经纪公司替客户强行平仓,直至客户的风险率≥100%。

## 九、交易流程总结

总结而言,一次完整的期货交易流程如图 3-4 所示。

图 3-4　交易流程图

**本章小结**

1. 期货交易的基本制度包括保证金制度、每日无负债结算制度、涨跌停板制度、持仓限额制度、大户报告制度、强行平仓制度、风险准备金制度以及信息披露制度等。

2. 一次完整的期货交易流程包括:选择优质的期货经纪公司、开户、下单、竞价、成交回报与确认、结算和交割。交易期间交易者应严格注意和调控风险。

3. 期货有多种交易方式,可以采用书面下单、电话下单、自助下单和网上下单等方式,现在普遍采用的是后两种交易方式。

4. 期货合约价格的形成方式主要有公开喊价方式和计算机撮合成交两种。目前国内期货交易所采用的是计算机撮合成交方式。

5. 结算是指根据交易结果和交易所有关规定对会员交易保证金、盈亏、手续费、和其他有关事项进行的计算、划拨。结算包括交易所对会员的结算和期货经纪公司对客户的结算。

6. 在期货交易中,了结期货头寸的方式有对冲平仓和实物交割两种。实物交割有集中交割和滚动交割两种形式。

1. 期货市场有哪些基本制度?
2. 期货即时行情包括哪些内容?
3. 期货网上交易流程有哪几个步骤? 具体内容是什么?
4. 期货交易风险控制的具体内容是什么?

**即测即评**

扫一扫,测一测。

# 第四章
# 期货交易业务

**本章要点与学习目标**

　　掌握套期保值的概念、原理及操作方法;了解基差和基差交易;熟悉不同的套利策略原理及操作;了解期货投机业务的特点与功能。

## 第一节　套期保值业务

### 一、套期保值交易概述

#### (一)套期保值的概念

　　套期保值,是指把期货市场当作转移价格风险的场所,利用期货合约作为将来在现货市场上买卖商品的临时替代物,现在对其买进并准备以后售出商品或对将来需要买进商品的价格进行保险的交易活动。

　　在操作上,套期保值是指在期货市场上买进或卖出与现货数量相等但交易方向相反的期货合约,经过一段时间,当价格变动使现货交易出现盈亏时,可由期货交易上的亏盈得到抵销或弥补,从而在"现"与"期"之间、近期和远期之间建立一种对冲机制,以使价格风险降到最低限度。

　　经济活动中无时无刻不存在价格波动的风险,期货市场的基本经济功能之一,就是为现货企业提供价格风险管理的市场机制,而要达到这种目的的最常用手段就是套期保值交易。套期保值是期货市场产生和发展的原动力。

#### (二)套期保值的经济原理

　　套期保值的实现利用的是现货市场和期货市场的价格相关关系以及期货合约在期货市场上可以随时进行对冲的特点,通过在期货市场上持有一个与将来在现货市场上准备交易的相同商品或相关商品、同等数量的期货合约,来避免未来现货市场的价格波动可能给交易者带来的损失。套期保值之所以能有助于规避价格风险,达到套期保值的目的,是因为期货市场上存在以下两个基本经济原理。

1. 价格平行性

价格平行性是指期货价格与现货价格的变动方向相同,变动幅度也大致相同,如图4-1所示。因为同一品种商品,其期货价格与现货价格受到相同经济因素的影响和制约,因此,虽然其价格波动的幅度会有所不同,但其变动的趋势和方向是一致的。

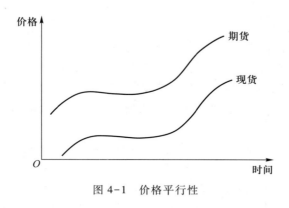

图 4-1　价格平行性

2. 价格收敛性

价格收敛性是指随着期货合约交割月份的逼近,期货价格收敛于现货价格。当到达交割期限时,期货价格等于或非常接近于现货价格。图4-2表示在交割月份之前期货价格高于现货价格的情形;图4-3表示在交割月份之前期货价格低于现货价格的情形。虽然交割期限之前二者价格情形有所不同,但在到达交割期限时,期货价格都收敛到了现货价格。

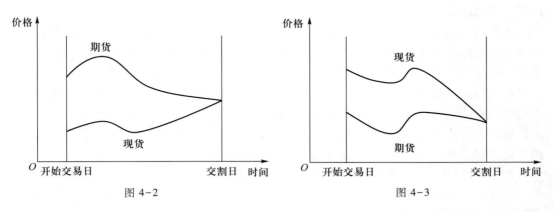

图 4-2                                   图 4-3

期货价格收敛于现货价格是由套利行为决定的。假定交割期间期货价格高于现货价格,套利者就可以通过买入现货、卖出期货合约并进行交割来获利,从而促使现货价格上升,期货价格下跌;反之,如果在此期间现货价格高于期货价格,那么打算买入现货的人就会发现,买入期货合约等待空头交割比直接买入现货更合算,从而促使期货价格上升。这样导致期货价格与现货价格在交割时趋于一致。

由以上套期保值的经济学原理可以得出如下结论：一个期货品种成功与否，套期保值能否达到既定目标，取决于该品种期货价格与现货价格的联动关系、期货与现货两个市场的状况，以及有关交易规则是否有利于套利行为。

**（三）套期保值的交易原则**

就传统的套期保值交易而言，一项成功的套期保值业务，应该遵循如下四项基本的交易原则。

**1. 交易方向相反原则**

这是指在做套期保值交易时，套期保值者应进行反向操作，即同时在现货和期货两个市场上采取相反的买卖行动。在现货市场上购买一定数量的货物，则在期货市场上就应该卖出合约；在现货市场上卖出一定数量的货物，则在期货市场上就应该买入合约。这样就能够利用两个市场价格变化的相同趋势，实现以一个市场上的盈利来弥补在另一个市场上的损失的目的。

交易方向相反原则保证了现货和期货的盈亏反向变动，达到现货和期货盈亏基本相抵的目的。根据价格平行性原理，当现货和期货价格同时上涨时，现货盈利而期货亏损；当现货和期货价格同时下跌时，现货亏损而期货盈利。如果违反了交易方向相反原则，如持有现货的同时进行买入期货合约的操作，就成为在现货和期货市场上同时进行投机，一旦价格下跌，现货和期货均出现亏损，就无法实现套期保值的目的。

**2. 商品种类相同或相近原则**

这是指在做套期保值交易时，保值者所选择的期货合约代表的标的资产必须与其将要保值的资产在品种、质量、规格等方面相同或相近。如果期货市场上的合约所提供的商品品种没有将要保值的商品，那么应该选择相似商品进行替代。这是因为相近商品的价格有较高的相关性，价格变化方向和幅度较为相似，有利于交易者实现对现货市场上商品的套期保值的目的。

该原则要求进行套期保值选取的期货品种必须与原商品相同或相近，这是因为只有相同或相近的品种价格波动才会与原商品基本一致，否则套期保值的风险将会加大。例如，目前国内上市的钢铁产业链上的期货品种相对完备，基本形成了从上游的铁矿石、焦煤和焦炭，到下游的螺纹钢、热轧卷板和线材以及辅料硅铁和锰硅等覆盖产业链的格局。当钢铁产业的企业进行保值时，基本都能选取相同的品种。但钢材的种类较多，并不只有交易所上市的品种，如果钢材生产企业需要对上市品种之外的钢材进行套期保值，就需要按照种类相近原则选择螺纹钢或热轧卷板作为保值品种。

此外，若现货商品与期货品种为替代关系，由于替代商品之间的价格相关性很高，也可以选取有替代关系的期货品种来进行套期保值，并且两者替代性越强，价格相关性就越高，套期保值的效果也就越好。

**3. 时间相同或相近原则**

这是指在做套期保值交易时，保值者所选择的期货合约的交割月份最好与将要买入或卖出的现货商品的时间相同或相近。遵循这一原则的原因是由于期货市场和现货市场之间存在价格的趋同性，在套期保值结束的时候，期货市场的价格与现货市场的价格相近，这样才能实现最佳的套期保值效果。

根据期货市场的价格收敛性原理,在交割日临近时期货价格和现货价格逐步接近,但还不到交割日的远期合约价格可能不会向现货价格收敛。如果选择了远期合约,当现货合同执行时,现货和期货价格未能趋于一致,可能就无法实现套期保值的目的。例如,某企业希望对一份 5 月份执行的现货合同进行套期保值,根据时间相同或相近原则,就应该选择该品种的 5 月期货合约。

4. 数量相同或相近原则

这是指在做套期保值交易时,保值者所选择的期货合约代表的标的资产数量应该与需保值资产数量相等或相近。选择相同的交易数量,目的是使期货市场上的盈亏与现货市场上的亏盈数量大致相同而相互抵销。另外,标准化合约的交易单位的标准化决定了期货市场上的交易数量必须是交易单位的整倍数。在这种情况下,交易者所选的期货合约代表的标的资产数量可能不能完全等同于需保值资产的数量,这时应该尽量选择与需保值资产数量相近的期货合约数量。

在商品实际数量和期货合约代表的商品数量相同的情况下,根据价格平行性原理,现货和期货价格波动一致时,现货和期货盈亏可以抵销。另外由于现货价格和期货价格不同往往造成现货实际货值和期货合约的总价值不一定相同,因此当现货和期货价格波动同样幅度时,两者价值变化却不相同。由于存在以上因素,在套期保值中期货合约数量可能与现货数量有所差异,但总体上仍要尽可能遵守数量相同和相近原则。

从理论上讲,套期保值交易应该遵循以上四项原则。但是在实际操作中,不应该机械地照搬以上原则而有失灵活性。尤其是在后来发展的动态套期保值理论中,套期保值的持仓数量有了很大的灵活性和可变幅度,并产生了套保比率的概念,避险企业应在科学计算的套保比率下进行套期保值以达到最优的避险效果。

动态套期保值策略需要操作者根据市场发展随时调整。从保值价格的角度看,套期保值策略可以分为单一价格策略和分级价格目标策略,传统的套期保值是在目标价位一次性完成既定的保值量,而动态套期保值是以多个价格目标分批次完成计划制定的保值总量。由于基于风险最小化的套期保值比率的研究已经比较普遍,虽然对实际操作具有一定指导价值,但与套期保值者的真实效用偏好并不一定完全相符合——保值者的目标也可以是追求效用最大化。

动态套期保值在实践中多数是作为套期保值者的大型企业或金融机构通过计算机软件完成的程序化交易。例如,一些生产企业一方面需要对原材料进行套期保值,另一方面又需要对产成品进行套期保值,并且根据保值品种相同或相近原则,两方面的套期保值可能选择同一个期货品种的不同月份的合约,同时还需要对企业库存进行动态调整。企业在确定保值目标后,通过计算机程序对现货合同的日期和数量、合约基差、价格波动率等计算出最佳套期保值的策略,并根据实际情况的变化持续跟踪调整套期保值策略,甚至通过计算机程序自动执行套期保值的操作,以实现套期保值的效用最大化或套期保值效果的最优化。

## 二、套期保值方式

按照交易者在期货市场上交易方向不同,套期保值可以分为买入套期保值和卖出套期保值两种交易方式。

**（一）买入套期保值**

1. 买入套期保值的概念

买入套期保值又称多头套期保值，是指套期保值者先在期货市场上买入与其将在现货市场上将买入的现货商品数量相等、交割日期相同或相近的该商品期货合约。

买入套期保值的目的是防止日后因价格上升而带来的亏损风险。这种用期货市场的盈利对冲现货市场亏损的做法，可以将远期价格固定在预计的水平上。

2. 买入套期保值的操作

在实务操作中，买入套期保值的一般方法为：首先根据保值的目标在期货市场上买入合适品种、合适数量、合适交割月份的期货合约；此后一段时间，当在现货市场上买进现货时，同时在期货市场上卖出原先买入的期货合约平仓，从而完成套期保值业务。

具体地说，如果交易者目前不打算购进价格合适的实物商品，而为了保证在未来某一时间必须购进该实物商品时，其价格仍能维持在目前水平，那么就可以应用买入套期保值了。

【例 4-1】某铜材加工厂在 1 月签订了 6 月交货的加工合同，加工期为一个月，需买进原料铜 5 000 吨，合同签订时原料市场价格为 45 000 元/吨，工厂不愿过早购进原材料而支付库存费用，决定 5 月再买进原材料。但是工厂担心到那时原料铜价格会上升，于是在期货市场上买进 1 000 手 6 月份铜期货合约（5 吨/手）做买入套期保值交易，其交易的价格资料及盈亏分析如表 4-1 所示。

**表 4-1　买入套期保值交易**

|  | 现货市场 | 期货市场 |
|---|---|---|
| 1 月 | 45 000 元/吨 | 买进铜期货合约 1 000 手，45 200 元/吨 |
| 5 月 | 买进铜 5 000 吨，45 300 元/吨 | 卖出铜期货合约 1 000 手，45 500 元/吨 |
| 盈亏 | （45 000－45 300）×5 000＝－1 500 000 元 | （45 500－45 200）×5 000＝1 500 000 元 |
| | 总盈亏　0 | |

由表 4-1 分析可知，该厂以期货市场盈利的 150 万元抵补了现货市场成本上涨造成的损失，其实际的原料成本为 45 300－300＝45 000（元/吨），此次套期保值交易成功地回避了原材料现货价格的上涨风险。

3. 买入套期保值的利弊分析

套期保值者进行买入套期保值交易，具有以下几方面的好处：

第一，买入套期保值能够规避原材料价格上涨所带来的风险。

第二，提高了企业资金的使用效率。由于期货交易是一种保证金交易，因此只用少量的资金就可以控制大批货物，加快了资金的周转速度。如在例 4-1 中，根据交易所规定的 5% 的交易保证金，该厂只需用 11 300 000（45 200×5 000×5%）元，最多再加上 5% 的资金作为期货交易抗风险的资金，其余 90% 的资金在 4 个月内可加速周转，减少了资金占用成本。

第三,对需要库存的商品,可以节省一些仓储费用、保险费用和损耗费用。

第四,能够促使现货合同的早日签订。如在例4-1中面对铜价格上涨的趋势,供方势必不会同意按照1月初的现货价格签订5月份的供货合同,而是希望能够按照5月份的现货价格签约。如果买方一味坚持原先的意见,势必会造成谈判破裂。但如果买方做了买入套期保值,就会很顺利地同意按照供货方的意见成交,因为如果价格真的上去了,买方可以利用期货市场的盈利弥补购买现货多支付的成本。

然而,必须指出的是,一旦采取了套期保值策略,则失去了由于价格变动而可能获利的机会,即在价格下跌时,如果不做买入套期保值,反而能够获取更大的利润。比如在例4-1中,如果铜价格下跌,该铜厂做买入套期保值反而出现亏损。可见,如果价格的变化方向与预期的相反,就会失去不进入期货市场本可以获得的额外收益,这是规避风险的成本。此外,交易者进行买入套期保值交易还必须支付一定的交易成本,包括手续费、保证金利息等。

4. 买入套期保值的适用对象与范围

买入套期保值适用以下几种情况:

第一,加工制造企业为了防止日后购进原料时价格上涨的情况。如铝型材厂担心日后购进原料时价格上涨,用铜企业担心日后电解铜的价格上涨,饲料厂担心玉米、豆粕的价格上涨,等等。

第二,供货方已经跟需求方签订好现货合同,将来交货,但供货方此时尚未购进货源,担心日后购进货源时价格上涨的情况。

第三,需求方认为目前期货市场的价格很合适,但由于资金不足、仓库已满等种种原因,不能立即买进现货,担心日后购进现货时,价格上涨的情况。此时,稳妥的办法就是进行买入套期保值。

**(二)卖出套期保值**

1. 卖出套期保值的概念

卖出套期保值又称空头套期保值,是指套期保值者先在期货市场上卖出与其将在现货市场上将卖出的现货商品数量相等、交割日期相同或相近的该商品期货合约。

卖出套期保值的目的是防止日后因价格下跌而带来的亏损风险。这种用期货市场的盈利对冲现货市场亏损的做法,可以将远期价格固定在预计的水平上。

2. 卖出套期保值的操作

在实务操作中,卖出套期保值的一般方法为:首先根据保值的目标在期货市场上卖出合适品种、合适数量、合适交割月份的期货合约;此后一段时间,当在现货市场上卖出现货时,同时在期货市场上买入原先卖出的期货合约平仓,从而完成套期保值业务。

具体地说,如果交易者在未来确定会卖出某现货商品,而为了防止价格下跌使其价格仍能维持在目前水平,那么就可以应用卖出套期保值了。

【例4-2】某钢厂计划三季度生产螺纹钢10万吨,其中8万吨已签订销售合同,另外2万吨暂未签订销售合同。根据之前对生产成本的测算,只要螺纹钢销售价格在3 500元/吨及以上,该钢厂的生产利润即可达到设定目标。该钢厂对市场形势进行分析,认为三季度螺纹钢价格可能出现下降,于是决定对未签订销售合同的2万吨螺纹钢进行套期保值,并在上海期货交易所做了空头保值,卖出了20××年10月螺纹钢期货合约2 000手(10吨/手)。到了9月时,螺纹钢现货价格果然下降为3 300元/吨。本次交易的价格情况及操作过程如图4-2所示。

表4-2 卖出套期保值交易

|  | 现货市场 | 期货市场 |
|---|---|---|
| 6月 | 计划三季度生产10万吨,3 500元/吨 | 卖出螺纹钢期货合约2 000手,3 400元/吨 |
| 9月 | 出售螺纹钢现货2万吨,3 300元/吨 | 买进螺纹钢期货合约2 000手,3 200元/吨 |
| 盈亏 | (3 300-3 500)×2=-400万元 | (3 700-3 500)×2=400万元 |
| | 总盈亏 0 | |

由表4-2的分析可知,该钢厂由于准确地预测了价格变化趋势,果断地入市保值,成功地以期货市场盈利200元/吨弥补了现货交易的损失,实际销售价3 500(3 300+200)元/吨,达到了保值目标。

3. 卖出套期保值的利弊分析

第一,卖出套期保值能够帮助生产商或销售商规避未来现货价格下跌的风险。

第二,经营者通过卖出套期保值,可以使保值者能够按照原先的经营计划进行生产,强化管理,认真组织货源,顺利地完成销售计划。

第三,有利于现货合约顺利签订。企业由于做了卖出套期保值,就不必担心对方要求以日后交货时的现货价为成交价。这是因为在价格下跌的市场趋势中,企业由于做了卖出套期保值,就可以利用期货市场的盈利来弥补现货价格下跌所造成的损失。反之,如果价格上涨,企业趁机在现货市场上卖个好价钱,尽管期货市场上出现了亏损,但该企业还是实现了自己的销售计划。

但同时必须指出的是,一旦做出了卖出套期保值的策略,就放弃了日后出现价格有利时获得更高利润的机会。与买入套期保值一样,如果价格的变化方向与预期的相反,套期保值者就会失去不进入期货市场而原本可以获得的额外收益。此外,交易者还必须支付交易费用并损失保证金利息。

4. 卖出套期保值的适用对象与范围

卖出套期保值适合以下几类机构:

第一,生产厂家、农场、工厂等。如果他们手头有库存产品尚未销售或即将生产出来,或当收获某种商品期货实物时,担心日后出售价格下跌,于是进行卖出套期保值交易。

第二,储运商、贸易商。如果他们手头有库存现货尚未出售或储运商、贸易商已签订将来以特定价格买进某一商品但尚未转售出去,担心日后出售价格下跌,于是进行卖出套期保值交易。

第三,加工制造企业。他们担心库存原料下跌,于是进行卖出套期保值交易。

以上两个案例分别说明了买入套期保值和卖出套期保值的基本模式和保值盈亏计算方法,并且均达到了完全套期保值的目标。但在现实中由于种种原因,保值效果可能与预期出现较大的差异,其中基差的变化是对套期保值效果影响最为常见和主要的因素之一。

### 三、基差与套期保值

#### （一）基差的概念

基差，是某一特定地点某种商品的现货价格与同种商品的某一特定期货合约价格之间的价差。

$$基差＝现货价格-期货价格$$

一般来说，期货价格和现货价格都是不断波动的，因此，在期货合同的有效期内，基差也是不断波动的。从基差的定义来看，当期货价格高于现货价格时，基差为负，期货价格升水现货价格贴水，这称为正向市场；当期货价格低于现货价格时，基差为正，期货价格贴水现货价格升水，这称为反向市场；当基差为零时，期货价格与现货价格收敛。因此，基差是期货价格与现货价格之间实际运行变化的动态指标。一般来说，基差的波动幅度要小于现货价格和期货价格的波动幅度。例如，5月20日豆粕现货价格2 850元/吨，豆粕期货9月合约价格2 820元/吨，豆粕基差为2 850-2 820＝30（元/吨）；6月10日豆粕现货价格上涨至2 900元/吨，9月合约价格上涨至2 880元/吨，豆粕基差变为2 900-2 880＝20（元/吨）。

基差的变化是由现货市场和期货市场间的运输成本与持有成本所构成的价格差异所决定的，也就是说，基差的内涵包含两个因素：空间因素和时间因素。运输成本反映着现货市场与期货市场的空间因素，决定同一时间不同地点的基差不同的原因；持有成本反映着现货市场与期货市场的时间因素，即两个不同交割月份的持有成本（包括储存费用、利息、保险费等）是不同的。

对于套期保值交易来说，基差是一个十分重要的概念。在做了套期保值交易后，交易者就必须随时注意观察基差的变化情况，因为套期保值者将现货价格的波动风险转化为了基差波动的风险。只要结束套期保值交易时的基差等于开始套期保值交易时的基差，那么就可以取得较为完美的保值效果。利用好基差变化的最佳时机，建立套保头寸或结束套保（平仓）对最佳保值效果的实现有着相当重要的意义。

#### （二）基差的作用

基差对套期保值和期货市场主要有以下几方面作用。

1. 基差是套期保值成功与否的基础

套期保值作为期货市场的原动力，其实现是基于同种商品的期货价格与现货价格因受相同因素的影响而具有同升同降的规律。这为生产经营者提供了一条利用两个市场相互弥补的途径，即利用一个市场的盈利来弥补另一个市场的亏损，在两个市场之间建立相互冲抵机制，从而达到转移价格风险的目的。

基差的变化对套期保值者来说是至关重要的。套期保值的效果主要是由基差的变化决定的，而基差的变化是由现货价格与期货价格变动不一致所引起的。所以，只要套期保值者随时注意基差的变化，并选择有利时机完成交易，就会取得较好的保值效果，甚至获得额外收益。同时，由于基差的变动相对期货价格和现货价格的变动要稳定一些，这就为套期保值交易创造了有利的条件。

## 2. 基差是发现价格的标尺

期货价格是成千上万的交易者基于自己对各种商品供求状况的分析,在交易所公开竞价达成的,因而比现货市场上买卖双方私下达成的现货价格更加公开、公平、公正。同时,期货价格还具有预期性、连续性、权威性的特点,它使那些没有涉足期货市场的经营者也能根据期货价格做出正确的经营决策。在国际市场上,越来越多的已具备相应期货合约的商品,其现货报价采取的就是以期货价格减去基差或下浮一定百分比的形式。例如,伦敦金属交易所的期货价格就成为国际有色金属市场的现货定价基础。基差正是发现价格的标尺。

## 3. 基差对于期货、现货套利交易很重要

基差对于投资交易,尤其是期货、现货套利交易也很重要。在反向市场上,套利者也可利用期货价格与现货价格的基差进行套利交易。这样有助于矫正基差与持有成本之间的相对关系,对维持期货价格与现货价格之间的同步关系,保持市场稳定具有积极的作用。

### （三）基差变化对套期保值的影响

现货价格与期货价格变动不同步、变动幅度不一致等都会引起基差的不断变化。当现货价格的增长大于期货价格的增长时,基差也随之增加,称为基差扩大或基差变强;当期货价格的增长大于现货的价格增长时,基差也随之减小,称为基差减小或基差变弱。基差扩大分为三种情况:基差负值缩小、基差由负变正、基差正值增大。基差缩小也存在三种情况:基差正值缩小、基差由正变负、基差负值增大。

基差的变化对套期保值的效果有直接的影响。从套期保值的原理不难看出,套期保值实际上是用基差风险替代了现货市场的价格波动风险,因此从理论上讲,如果投资者在进行套期保值之初与结束套期保值之时基差没有发生变化,就可能实现完全的套期保值。因此,套期保值者在交易的过程中应密切关注基差的变化,并选择有利的时机完成交易。

为了讨论基差变化对套期保值的影响程度,我们不妨假定表 4-3 的套期保值情形。

表 4-3　基差变化对套期保值影响的变量假设

| 时间 | 现货市场 | 期货市场 | 基差 |
|---|---|---|---|
| $t_1$（入市开仓） | $S_1$ | $F_1$ | $b_1$ |
| $t_2$（平仓出市） | $S_2$ | $F_2$ | $b_2$ |

我们假定在 $t_1$ 时刻建立期货头寸,并在 $t_2$ 时刻平仓。即套期保值者在时间 $t_1$ 时入市开仓建立第一个期货部位,此时现货价、期货价分别为 $S_1$、$F_1$;套期保值者在 $t_2$ 时平仓,此时现货价、期货价分别为 $S_2$、$F_2$。$t_1$、$t_2$ 时刻的基差分别为 $b_1$、$b_2$。根据基差的定义得:$b_1 = S_1 - F_1$,$b_2 = S_2 - F_2$。

情形一:套期保值者将在 $t_2$ 时刻出售商品,计划进行期货空头套期保值,于是在 $t_1$ 时刻建立期货的空头头寸。$t_2$ 时刻,商品的出售价格为 $S_2$,期货头寸的盈利为 $F_1 - F_2$（正值为盈利,负值为亏损）。则空头套期保值的避险程度为:

$$F_1 - F_2 + S_2 - S_1 = (S_2 - F_2) - (S_1 - F_1) = b_2 - b_1 \tag{4-1}$$

若 $b_2 - b_1 = 0$,则为持平保值;若 $b_2 - b_1 > 0$,则为有盈保值;若 $b_2 - b_1 < 0$,则为减亏保值。

情形二:套期保值者将在 $t_2$ 时刻购买商品,计划进行期货多头套期保值,于是在 $t_1$ 时刻建立期货的多头头寸。$t_2$ 时刻,商品的购买价格为 $S_2$,期货头寸的盈利为 $F_2 - F_1$。则多头套期保值的避险程度为:

$$F_2 - F_1 + S_1 - S_2 = (S_1 - F_1) - (S_2 - F_2) = b_1 - b_2 \tag{4-2}$$

若 $b_1 - b_2 = 0$,则为持平保值;若 $b_1 - b_2 > 0$,则为有盈保值;若 $b_1 - b_2 < 0$,则为减亏保值。

在各种基差变动的情况下,套期保值者分别进行多头保值和空头保值,其保值结果分析见表4-4。

表 4-4　基差变化对套期保值效果的影响

| 价格波动 | | | 保值效果 | | | |
|---|---|---|---|---|---|---|
| 现货价格 | 期货价格 | 基差变化 | 现货做多 | | 现货做空 | |
| | | | 未保值 | 卖出保值 | 未保值 | 买入保值 |
| 降价 | 同步降价 | 不变 | 亏损 | 不亏不盈 | 盈利 | 不亏不盈 |
| 降价 | 比现货价格降得多 | 基差变强 | 亏损 | 盈利 | 盈利 | 亏损 |
| 降价 | 比现货价格降得少 | 基差变弱 | 亏损 | 亏损,但比未保值少 | 盈利 | 盈利,但比未保值少 |
| 降价 | 涨价 | 基差变弱 | 亏损 | 亏损,且比未保值多 | 盈利 | 盈利,且比未保值多 |
| 涨价 | 同步涨价 | 不变 | 盈利 | 不亏不盈 | 亏损 | 不亏不盈 |
| 涨价 | 比现货价格涨得多 | 基差变弱 | 盈利 | 亏损 | 亏损 | 盈利 |
| 涨价 | 比现货价格涨得少 | 基差变强 | 盈利 | 盈利,但比未保值多 | 亏损 | 亏损,但比未保值多 |
| 涨价 | 降价 | 基差变强 | 盈利 | 盈利,且比未保值少 | 亏损 | 亏损,且比未保值少 |

由此可以得出结论:套期保值的避险程度＝买入基差－卖出基差。

其中买入基差是指买入期货时的基差,卖出基差是指卖出期货时的基差。在现货与期货数量相等的情况下,基差变强时对卖出套期保值有利;基差变弱时对买入套期保值有利。

仍以之前的豆粕基差为例。5月20日豆粕现货价格2 850元/吨,豆粕期货9月合约价格2 820元/吨,豆粕基差为2 850－2 820＝30(元/吨);6月10日豆粕现货价格上涨至2 900元/吨,9月合约价格上涨至2 880元/吨,豆粕基差变为2 900－2 880＝20(元/吨)。基差从30元/吨变为20元/吨,为基差走弱的情况。

对于豆粕生产企业来说,若5月20日进行了卖出保值,最终保值盈亏为:现货盈利2 900－2 850＝50(元/吨),期货亏损2 880－2 820＝60(元/吨),最终保值盈亏为50－60＝

−10(元/吨)，即基差减少 10 元/吨。从另一个角度来说，由于期货上涨了 60 元/吨，现货仅上涨了 50 元/吨，导致现货上的盈利无法弥补期货的亏损。可见，由于基差走弱，卖出保值出现了一定的亏损。

从买入保值来看，假设某养殖企业担心未来豆粕现货价格上涨，于是在 5 月 20 日买入豆粕 9 月期货，6 月 10 日买入豆粕现货，并将之前买入保值的豆粕合约卖出平仓，最终结果为：以 2 900 元/吨买入现货，期货保值盈利 2 880−2 820＝60(元/吨)，实际采购成本为 2 900−60＝2 840(元/吨)，较之 5 月 20 日豆粕现货价格 2 850 元/吨还低了 10 元/吨，即基差减少 10 元/吨。可见由于基差的走弱，买入保值出现了一定的盈利。

以上为基差走弱的情况，基差走强的情况则相反，就不再对其进行详细分析了。

**（四）基差风险**

1. 基差风险概述

套期保值者在交易最后面临的风险不是现货或期货绝对价格变化的风险，而是基差变动的风险，我们称之为基差风险，从某种意义上来讲，套期保值业务是一种以基差为标的的投机业务。

为了更好地理解这一点，我们仍引用表 4-3 中套期保值的情形和符号进行讨论。若交易者进行的是空头套期保值业务，则交易者在期货市场盈利 $F_1-F_2$，而实际卖出现货收到的有效价格为：

$$S_2+F_1-F_2 = F_1+(S_2-F_2) = F_1+b_2 \tag{4-3}$$

若交易者进行的是多头套期保值业务，则交易者欲以期货市场的盈利 $F_2-F_1$ 弥补现货价格上涨带来的损失，因而其实际买入现货支付的有效价格为：

$$S_2-(F_2-F_1) = F_1+(S_2-F_2) = F_1+b_2 \tag{4-4}$$

交易者在进行套期保值后，$F_1$ 成为已知因素，所以最终交易的有效价格取决于 $b_2$。在非交割月份，期货价格和现货价格通常都不聚合，并且不稳定，很难预测准确。我们把由于 $b_2$ 的不确定性给套期保值者所带来的风险称为基差风险，可见，套期保值者并没有完全消除风险，让渡的只是绝对价格变动的风险，而承担了其中的基差风险。

2. 基差风险的主要来源

一般来说，基差风险的主要来源包括以下四个方面：

（1）套期保值交易时期货价格对现货价格的基差水平及未来收敛情况的变化。由于套利因素，在交割日，期货价格一般接近现货价格，即基差约等于零。因此，套期保值交易时的基差水平、基差变化趋势和套期保值平仓对冲的时间决定了套期保值的风险大小及盈亏状况。

（2）影响持有成本因素的变化。在理论上，期货价格等于现货价格加上持有成本，该持有成本主要包括储存成本、保险成本、资金成本和损毁等。如果持有成本发生变化，基差也会发生变化，从而影响套期保值组合的损益。

（3）被套期保值的风险资产与套期保值的期货合约标的资产的不匹配。我国 2006 年以前没有豆油期货合约，由于大豆价格与豆油价格波动的高度相关性，所以豆油生产商或消费商使用国内大豆期货合约来为豆油价格进行套期保值，这种套期保值被称为交叉套期保值。交叉套期保值的基差风险最大，因为其基差由两部分构成：一部分来源于套期保值资产的期货价格与现货价格之间的价差;另一部分来源于套期保值资产的现货价格与被套期保值资产的现货价格的价差。由于被套期保值的风险资产与套期保值期货合约的标的资产不同,其影响价格变化的基本因素也不同,导致交叉套期保值的基差风险相对偏高。

(4)期货价格与现货价格的随机扰动。

由于以上几个方面的原因,在套期保值组合持有期间,基差处于不断的变化中,因而使套期保值组合产生损益。在正常的市场条件下,由于影响某一资产的现货价格与期货价格的因素相同,使套期保值基差的波动幅度相对较小且稳定在某一固定的波动区间,在该波动区间产生的套期保值组合盈利或亏损较小,因而不会对套期保值的有效性产生太大影响。但在某些特殊情况下,市场会出现对套期保值不利的异常情况,导致套期保值基差持续大幅度扩大或缩小,从而使套期保值组合出现越来越大的亏损,如果不及时止损,将对套期保值者造成巨大的亏损。从概率上来说,偏离正常基差水平的异常基差现象属小概率事件,但对这类小概率事件风险处理不当的话,套期保值会造成巨大的亏损。

## 四、基差交易和点价交易

由于存在基差风险,套期保值交易并不能完全规避价格风险。虽然基差变动的风险比单纯价格变动的风险要小得多,但它仍然给交易者带来一定的风险等不利影响。近年来,随着对基差研究的深入,国外市场上出现了一种以基差为轴心的交易方式——基差交易,并在国外商品交易所逐渐盛行起来。基于基差交易的理论,期货市场上又衍生出了另外一种交易方式——点价交易。基差交易和点价交易是用来回避基差风险的两种交易方法。

### (一)基差交易

理论上涉及基差的交易模式都可称为基差交易,如贸易商利用基差的波动通过操作现货和期货进行的套利活动,但通常情况下基差交易则表示以基差为定价标准的贸易模式,即基差贸易。

基差贸易模式是伴随着现货市场交易的需要自主完善和发展形成的,在20世纪的60年代,这种贸易模式形成了较为完善的体系,并且从美国的新奥尔良港口逐步扩散到全美现货(特别是谷物)贸易中。如今在能源、有色金属、农产品等大宗商品领域已成为全球通行的贸易定价规则,并且在化工产业链、钢铁产业链等多个大宗商品上都在逐步应用。

相对于传统贸易模式,基差贸易有以下几点优势:一是基差贸易以期货价格作为定价基准,更加透明、公允,不易被操作;二是基差贸易引入第三方价格,有助于降低贸易双方在一定过程中的对抗性,稳定供需关系;三是基差贸易将企业生产经营与期货市场紧密联系起来,便于企业利用期货工具进行风险管理。

基差交易是交易者用期货市场价格来固定现货交易价格,从而将出售价格波动风险转移出去的一种套期保值策略。基差交易为了避免基差变化给套期保值交易带来不利影响,采取以期货价格和一定的基差来确定现货价格的办法。之所以使用期货市场的价格来为现货交易定价,主要是因为期货价格是通过集中、公开竞价方式形成的,价格具有公开性、连续性、预测性和权威性。使用公认的、合理的期货价格来定价,可以省去交易者搜寻价格信息、讨价还价的成本,提高交易的效率。

基差交易中,实际的现货交易价格并不是交易时的市场价格,而是根据以下公式确定:

$$交易的现货价格 = 期货价格 + 预先商定的基差 \qquad (4-5)$$

【例4-3】1月某食品批发商以2 000元/吨的价格买入豆粕若干吨,欲在5月销售出去。购买豆粕的同时,批发商以2 100元/吨的价格作了空头套期保值(卖出基差为－100元/吨)。该批发商估计,对冲时基差达－50元/吨时可弥补仓储、保险等成本费用,便可保证合理利润。

考虑到若以后基差变化会于己不利,为了避免基差变动的影响,批发商保值后便寻求基差交易。几天后,它找到一家食品厂,双方商定于5月按当时期货价和－50元/吨的基差成交现货。这样无论以后现、期价格如何变动,该批发商都能保证其50元/吨的收益。到5月现货交易时,市场上的现货价格和期货价格分别为2 010元/吨、2 080元/吨(基差为－70元/吨),如表4-5所示。

表4-5 基差交易　　　　　　　　　　　　　　　　　单元:元/吨

| | 现货 | | 期货 |
|---|---|---|---|
| 1月 | 2 000 | | 2 100 |
| 5月 | 不做基差交易:2 010 | 做基差交易:2 080－50＝2 030 | 2 080 |
| 盈亏 | 2 010－2 000＝10 | 2 030－2 000＝30 | 2 100－2 080＝20 |

如果不进行基差交易,则批发商最终现货交易价格为2 010元/吨,再加上期货合约对冲盈利20元/吨,则卖出现货实际收到的有效价格为2 030元/吨。即:

$$P = 2\ 010 + (2\ 100 - 2\ 080) = 2\ 030(元/吨)$$

但是批发商事先找到了那家食品厂以期货价格加商定的基差作为现货价格进行交易,即批发商最终现货交易价格为2 030元/吨,再加上期货合约对冲盈利20元/吨,则卖出现货实际收到的有效价格为2 050元/吨,达到预先制定的50元/吨的盈利目标。即:

$$P = (2\ 080 - 50) + (2\ 100 - 2\ 080) = 2\ 050(元/吨)$$

在基差交易中,确定合理的基差是交易的关键。交易者一方面要保证回收成本,确保获得合理的利润;另一方面确定合理的基差才能找到合适的交易对手。对于空头套期保值,基差不能太小,否则不足以回收成本,保证利润;但基差又不能太大,否则找不到交易对手。对于多头套期保值,基差太小会导致难以寻找交易对手;基差太大,又不足以回收成本,保证其利润。

**(二)点价交易**

点价交易是由基差交易的理论衍生出来的交易方式,分为买方点价和卖方点价两种方式。在基差交易中,现货价格＝期货价格+商定的基差,因此,基差确定后,期货价格的选择成为关键,日期不同,期货价格也会不同。

基差交易中,交易双方约定了交易的时间,也就确定了期货价格(即为交易当天的期货价格)。而在点价交易中,双方并不约定具体的交易时间,所以期货价并不事先选定,而是由交易的一方在另一方允许的时间内选定。其中由买方选择指定期间最高价的做法叫"买方点价"(即卖方定基差);而由卖方选择指定期间最低价的做法则叫"卖方点价"(即买方定基差)。

一般情况下,点价交易的过程相对简单,在双方确定好具体点价模式和基差之后,基本上根据点价协议进行操作即可。通常点价交易的流程如图 4-4 所示。

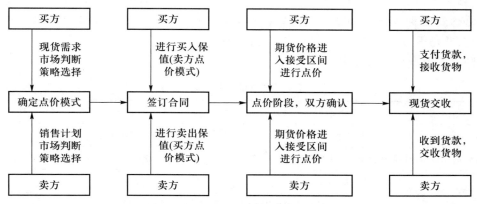

图 4-4　点价交易流程图

【例 4-4】铝锭交易商甲拥有一批现货,并以 14 430 元/吨做了卖期保值。铝加工企业乙是甲的客户,1 个月内需购进一批铝锭,此时现货价格为 14 480 元/吨,但考虑价格可能会下跌,不愿在当时就确定价格,而要求成交后议。于是甲方提议双方进行基差交易,以隔月合约(假设为 5 月合约)加 80 元/吨升水(即基差为 80 元/吨)作为现货交收价格,乙方可在一个月内对 5 月合约进行点价来确定最终现货价格。两星期后,铝期货价格下跌至14 280 元/吨,乙方认为当时价格已经可以接受,于是通知甲方进行点价;甲方确定乙方点价之后,立即在期货市场将期货空单平仓,并与乙方进行现货、货款和发票等的交收。

则甲方的账户分析如表 4-6 所示。

表 4-6　买方点价交易:甲方的账户　　　　　　　　　　　单位:元/吨

| | 现货市场 | 期货市场 | 基差 |
| --- | --- | --- | --- |
| 当天 | 铝锭价格 14 480 | 期货价格 14 430 做空 | 50 |
| 两周后 | 卖铝锭现货价格 14 280+80＝14 360 | 平仓价格 14 280(乙方点价) | 80 |
| 盈亏 | 14 360－14 480＝－120 | 14 430－14 280＝150 | |
| | 150－120＝30,实际销售价格 14 360+150＝14 510 | | |

分析以上交易,一方面,甲方提前锁定了对乙方的销售合同,并保证了合理的现货利润;另一方面,乙方现货来源有保证,且有一定时间内选择价格的权利,就该案例来说,由于在期货价格大幅下跌后点价,还降低了采购成本。

**【例 4-5】** 同样考虑铝锭贸易商甲和铝加工企业乙的情况。乙方是甲方的客户,并且在 1 个月内要采购一批铝锭,此时现货价格为 14 480 元/吨。甲方认为铝锭价格可能上涨,所以不愿意立即把价格确定下来,但同意以特定的基差卖出。乙方提出双方进行基差交易,并与甲方商定以隔月合约(假设为 5 月合约)加 30 元/吨升水(即基差为 30 元/吨)为交收价格,点价模式为一个月内甲方即卖方进行点价。基差交易合同签订后,乙方首先以 14 430 元/吨的价格做了买期保值。2 周后,铝锭期货价格涨至 14 600 元/吨,甲方认为价格已达到预期,通知乙方进行点价。乙方确定甲方点价之后,立即在期货市场将期货多单平仓,并与甲方进行现货、货款和发票等的交收。

则乙方的账户分析如表 4-7 所示。

表 4-7　卖方点价交易:乙方的账户　　　　　　　　　　　　单位:元/吨

| | 现货市场 | 期货市场 | 基差 |
|---|---|---|---|
| 当天 | 现货价格 14 480 | 期货价格 14 430 做多 | 50 |
| 两周后 | 买铝锭现货价格 14 600+30 = 14 630 | 平仓价格 14 600(甲方点价) | 30 |
| 结果 | 14 480−14 630 = −150 | 14 600−14 430 = 170 | |
| | 170−150 = 20,实际采购价格 14 630−170 = 14 460 | | |

分析以上交易,一方面,通过点价交易,乙方在提前锁定了货源和采购价格的基础上,采购价格还因为基差缩小而较预期价格低了 20 元/吨;另一方面,甲方在提前锁定现货合同的同时还掌握了点价的主动权,在此案例中由于现货价格确实如预期般上涨了,所以甲方的最终销售价格大幅提高。

期货市场上,进行基差交易的套期保值者的目的就是回避基差变动的风险。当然,交易者也可能因此而失去盈利更多的机会,这被视为基差交易的机会成本。交易者必须对市场有准确预测,以便采用恰当的交易方式。

目前市场上不仅有色金属和农产品等点价交易较为成熟,化工品种和钢铁产业链品种上的点价交易也日渐增多。2019 年 11 月,大连商品交易所发布消息称,巴西淡水河谷金属(上海)有限公司与山东莱钢永锋钢铁贸易公司签订了以大商所铁矿石期货价格为基准的基差贸易合同。双方以大商所铁矿石期货 2005 合约为价格基准,参考国内期现价差等因素确定基差。此次双方采用了典型的卖方点价模式,淡水河谷作为卖方行使点价权,莱钢永锋作为买方通过在期货市场对冲的方式锁定采购成本。这标志着全球最大铁矿石生产商开始利用我国铁矿石期货价格作为参考进行贸易定价,也是境外矿山首次利用期货价格开展基差贸易,对于在全球铁矿石市场中推广基差贸易、优化定价机制和提高中国价格影响力具有里程碑式意义。

## 五、期转现交易

期货转现货交易(简称期转现)是最近几年发展起来的一种套期保值方式,是套期保值的一种延伸。现货贸易商利用期货市场进行非标准仓单的期转现,一方面实现了套期保值的目的,另一方面避免了违约的可能。

（一）期转现交易的概念

期转现交易是指持有同一交割月份合约的多空双方之间达成现货买卖协议后,变期货部位为现货部位的交易。

期转现交易的操作方法是:交易双方达成协议后共同向交易所提出申请,获得交易所批准后,分别将各自持仓按双方达成的平仓价格由交易所代为平仓(现货的买方在期货市场须持有多头部位,现货的卖方在期货市场须持有空头部位)。同时,双方按达成的现货买卖协议进行与期货合约标的物种类相同、数量相当的现货交换。现货买卖协议中一般都以某日的期货价格为基础,商定一个差额,以此来确定现货交收价格。

期转现是国际期货市场长期实行的交易方式,在商品期货、金融期货中有着广泛应用。目前我国大连商品交易所、郑州商品交易所、上海期货交易所都有期转现交易。

【例4-6】2020年7月初,云南某电线电缆企业根据供货合同,需要在9月份购买铝锭2 000吨。为了防止价格上涨,在上海期货交易所进行买期保值,即买入9月份铝期货合约400张(2 000吨),价格14 210元/吨。8月中旬,云南某铝冶炼企业担心铝锭价格下跌,也在上海期货交易所进行卖出保值,并卖出9月份铝期货合约400张(2 000吨),期货价格为14 430元/吨。9月2日,9月份铝期货合约的价格上涨到14 450元/吨,现货价格为14 420元/吨左右。该电缆企业若进行交割,会面临交割品牌不确定以及增加从外省的交割地点到该企业的运费和运输时间;同样,该冶炼企业若进行交割,也会增加该企业到交割地点的运费。而供需双方处于同一省份,并且数量相匹配,于是双方决定进行期转现,并经过协商确定双方期货头寸以9月合约当日结算价14 450元/吨平仓,并以此价格进行现货交收。预计铝锭交割成本为100元/吨。

则对此次交易的分析如下:

(1)该电缆企业实际购入铝锭价格。

平仓盈亏:14 450−14 210=240(元/吨)

商定的交收价格:14 450元/吨

购货实际价格:14 450−240=14 210(元/吨)

很明显,通过期转现交易,该企业顺利按照买入套期保值的建仓价格采购到所需数量和品牌的铝锭,并且节省了从交割地到工厂的运费成本。

(2)该铝冶炼企业实际销货价格。

平仓盈亏:14 430−14 450=−20(元/吨)

商定的交收价格:14 450元/吨

实际销售价格:14 450−20=14 430(元/吨)

该铝冶炼企业的实际销售价格为卖出保值的建仓价格14 430元/吨,但如果"到期交割"要多支付交割成本100元/吨。因此,相对交割来说,期转现交易为该铝冶炼企业至少减少成本100元/吨。

（二）期转现交易流程

(1)寻找交易对手。拟进行期转现的一方,可自行寻找期转现对方,或通过交易所发布期转现意向。

(2)交易双方商定价格。找到对方后,双方首先商定平仓价(须在审批日期货价格限制范围内）和现货交收价格。

（3）向交易所提出申请。买卖双方签订"期货转现货协议（审批）表"和现货买卖协议或仓单转让协议后，持上述协议到交易所交割部申请期转现。

（4）交易所核准。交易所接到"期货转现货协议（审批）表"和现货买卖协议或仓单转让协议后进行核对，符合条件的，第二日批准，并在批准当日的 15:00 后立即平仓。不符合条件的，通知买卖双方会员，会员要及时通知客户。

（5）办理手续。如果用仓单期转现，批准日的下一日，买卖双方到交易所办理仓单过户和货款划转，并缴纳手续费。如果用仓单以外货物进行期转现，买卖双方按照现货买卖协议自行进行现货交收。

（6）纳税。用仓单期转现的，买卖双方应在规定时间到税务部门办理纳税手续。

**（三）期转现交易的优越性**

期转现交易的优越性主要体现在以下几方面：

（1）加工企业和生产经营企业利用期转现可以节约期货交割成本，如搬运、整理和包装等交割费用。期转现灵活地商定交货品级、地点和方式，能提高资金的利用效率。

（2）加工企业可以根据需要分批分期地购回原料，减轻资金压力，减少库存量；生产经营企业也可以提前回收资金。

（3）期转现使买卖双方在确定期货平仓价格的同时，确定了相应的现货买卖价格，达到和套期保值一样的避险效果。

（4）期转现比"平仓后购销现货"更便捷。期转现是买卖双方在确定期货平仓价格的同时，确定了相应的现货买卖价格，由此可以同时锁定期货市场与现货市场的风险，达到和套期保值一样的规避风险效果。

（5）期转现交易比远期合同交易和期货交易都更加有利。远期合同交易有违约问题和被迫履约问题；期货交易存在交割品级、交割时间和地点的选择等灵活性差、交易成本高等问题。期转现能够有效地解决上述问题。

**（四）期转现交易中应注意的问题**

用标准仓单期转现，要考虑仓单提前交收所节省的利息和储存等费用；用标准仓单以外的货物期转现，要考虑节省的交割费用、仓储费和利息，以及货物的品级差价。买卖双方要先看现货，确定交收货物和期货交割标准品级之间的差价。商定平仓价和交货价的差额一般要小于节省的上述费用总和，这样期转现对双方都有利。

商定平仓价和商定交货价之差要接近期货结算价和现货价之差，否则买卖中的一方进行"期转现"不如"平仓后买卖现货"有利。例如，以现货价作为双方商定交货价，当双方商定平仓价远大于期货结算价时，卖方"期转现"不如"平仓后卖现货"有利；当远小于结算价格时，买方"期转现"不如"平仓后买现货"有利。至于商定平仓价格和商定交货价格之差具体为多大，由双方商谈来定。

如果交收货物的品级高于期货交割品级，买方应再给卖方补一个现货品级差价，即在上述商定交货价中加上现货品级差价；如果交收货物的品级低于期货交割品级，卖方应给买方补一个现货品级差价，即在上述商定交货价中减去现货品级差价。

# 第二节 套利业务

## 一、套利业务概述

套利交易（Spread）是指在买入或卖出某种期货合约的同时，卖出或买入相关的另一种合约，并在未来某个时间同时将两种合约平仓的交易方式。套利交易从两合约价格间的变动关系中获利。在进行套利交易时，交易者关注的是合约之间的相互价格关系，而不是绝对价格水平。

### （一）套利交易的原理

套利交易是在价格联动性很强的两个不同合约（包括现货）上建立正反两个方向的头寸。这与套期保值的"方向相反、数量相等"的原理存在相似之处。套利者所选择的合约有如下特点：

（1）两合约的价格大体受相同的因素影响，因而正常情况下两者价格的变动虽存在波幅差异，但具有相同的变化趋势。

（2）两合约间应存在合理的价差范围，但外界非正常因素会使价格变化超过该范围。合约最终会在该非正常因素影响消除后恢复到原来的价差范围。

（3）两合约间的价差变动有规律可循，且其运动方式具有可预测性。套利交易的实质是对两合约价差的投资。由于合约间价差变动是可预测的，所以只要正确分析就可获得。即使分析失误，套利者的风险也远比单向投机者的风险要低。

套利交易者所关心的并非每个具体合约的价格，而是合约间的价差变动，这正是套利交易是否盈利的关键所在。如套利商预期大连商品交易所豆粕 5 月合约和 9 月合约之间的价差（5 月合约价格 - 9 月合约价格）将会扩大，于是买入 5 月合约和卖出 9 月合约各 100 手。由于期货合约价格与现货价格的平行性，5 月和 9 月合约的价格同向变动，因此不管后期现货价格大幅上涨还是下跌，由于持有期货合约数量相同、方向相反，价格波动绝对幅度对持仓盈亏基本没有影响，此时盈亏幅度主要由 5 月和 9 月合约的价差变化决定。

套利交易风险相对可控、波动幅度较小，越来越为国内市场认识和参与。国内的郑州商品交易所和大连商品交易所还推出了专门的套利指令，交易者可以直接对相应合约间的价差进行交易，如交易者可以直接下达买入豆粕 5 月合约和 9 月合约之间某一个具体价差的指令，一旦两个合约价差达到该指令的价差，便可以直接成交，而不需要对 5 月合约和 9 月合约分别下达买入和卖出指令。

### （二）套利交易的特点和作用

1. 套利交易的特点

（1）交易风险较小。一般情况下，合约间价差的变化比单一合约的价格变化要小得多，且获利大小和风险大小都较易于估算。所以，它为期货市场上的交易者提供了一个较低风险的对冲机会，故颇受投资基金和风格稳健的交易者青睐。

（2）交易成本较低。在期货交易所，为了鼓励套利交易，套利交易的保证金水平和佣金水平都较低,而相应的投资报酬却较纯单向投资者稳定得多。

2. 套利交易的作用

(1)套利交易不仅有助于期货市场有效发挥其价格发现功能,而且有助于使被扭曲的价格关系恢复到正常水平。市场价格的扭曲表现为相关合约价差的波动超过正常范围,此时套利交易者会利用套利机会大量卖出相对价高的合约,并买进相对价低的合约,大量的套利行为往往会将价格拉回到正常水平。

(2)套利交易可抑制过度投机。欲操纵市场并进行过度投机的交易者为了获得较高收益,往往利用各种手段将价格拉抬或打压到不合理的水平。如果期货市场存在较多理性套利者,过度投机行为就会被有效地抑制。

(3)套利交易可增强市场流动性,活跃远期月份合约。套利者通过在不同合约上建立正反头寸的交易行为可以有效地增强市场的流动性,而且他们一般交易量较大。尤其是跨期套利注重同时在近月和远月合约上操作,这就带动了远月合约的交易。

## 二、套利业务的交易形式及策略

套利交易利用期货和现货之间以及期货合约间的价格关系来获利,所以与纯粹的单向投机是不同的。其通常的做法是在有价格相关关系的合约上同时建立正反两个方向的头寸,期望在未来合约价差变动至于己有利时对冲获利。

套利交易主要分为期现套利、跨期套利、跨市套利和跨商品套利四种,其中后三种常被称为套期图利,也叫价差套利。其实质是同时买进和卖出两种价格有相关性的期货合约,以期今后利用期货合约间的价差变动来获利。

### (一)期现套利

期现套利是指当期货市场某种期货合约与现货市场在价格上出现差距时,利用两个市场的价格差距,低买高卖而获利的交易方式。理论上,期货价格是商品未来的价格,现货价格是商品目前的价格,按照经济学上的统一价格理论,两者间的差距,应该等于该商品的持有成本。一旦基差与持有成本偏离较大,就出现了期现套利的机会。一般地,期货价格要高出现货价格,并且超过用于交割的各项成本,如运输成本、质检成本、仓储成本、开具发票所增加的成本等。

期现套利包括正向买进期现套利和反向买进期现套利两种。当期货价格高于现货价格的价差超过合理价差时,套利者可以买入现货并卖出期货合约而赚取差价,这称作正向买进期现套利;当现货价格高于期货价格的价差超过合理价差时,套利者可以买入期货合约并卖出现货而赚取差价,这称作反向买进期现套利。期现套利的交易原理如图4-5所示。

【例4-7】 2020年9月14日,上海期货交易所铜主力合约为48 380元/吨附近,LME3个月铜期货合约为5 905美元/吨附近。按照铜进口贸易环节的成本测算,一般来说,铜进口成本=(LME3个月铜+现货3个月升贴水+运费)×汇率×(1+增值税)+杂费。按照当时汇率、增值税等具体数值可以计算出,当日铜进口成本约为47 550元/吨,上海交易所铜期货价格与进口成本之间存在48 380-47 550=830(元/吨)的套利空间。此时,基差(现货升贴水)为100元/吨。交易分析见表4-8。

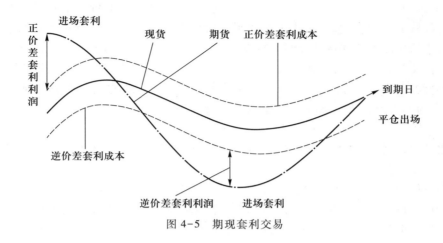

图 4-5 期现套利交易

某贸易商发现存在进口套利机会之后,以 LME 价格为基准+升贴水的现货价格与国外现货商签订进口合同,购买一批铜现货,并在国内的上海期货交易所进行卖出保值,1个月之后该批现货顺利进口至国内,此时期货价格涨至 49 460 元/吨,现货市场升贴水缩小至 80 元/吨。该贸易商在市场上以市价出售该批货物同时将保值的空单平仓。

表 4-8  期 现 套 利

| | 现货市场 | 期货市场 | 期现价差 |
|---|---|---|---|
| 9 月 14 日 | 国外买入现货 | 做空,价格 48 380 元/吨 | 830 元/吨 |
| 1 个月后 | 国内市价销售 | 平仓,价格 49 460 元/吨 | |
| 盈亏 | 49 560-48 460=1 100(美元/吨) | 48 380-49 460=-1 080(元/吨) | |
| | 期现价差 830,基差盈利 1 100-1 080=20,合计 830+20=850(元/吨) | | |

对以上过程进行分析,首先该贸易商发现了国外现货和国内期货之间存在期现套利空间,然后通过现货的买入和期货的卖出保值将盈利锁定,不仅获得了期现套利的盈利,还由于基差的缩小,多获得盈利 20 元/吨。

**(二)跨期套利**

跨期套利是指投资者以赚取差价为目的,在同一期货品种的不同合约月份建立数量相等、方向相反的交易部位,并以对冲或交割方式结束交易的一种操作方式。例如,投资者注意到 9 月份的硬麦和 11 月份的硬麦价差超出正常的保管费时,就可以买入一手 9 月份的硬麦合约而卖出一手 11 月份的硬麦合约。当 11 月份硬麦合约缩小了两合约的差异而更接近正常成本时,交易者就可以分别对冲平仓,从差异变动中获得一笔收益。跨期套利与商品绝对价格无关,仅与价差变化有关。

在实际操作中,跨期套利分为牛市套利、熊市套利和蝶式套利三种方式。

1. 牛市套利

牛市套利又称买空套利或多头套利,交易方式为买近卖远,是指交易者买入近期期货合约,卖出远期期货合约,以期望于在牛市的气氛中,近期合约的价格上涨幅度会大于远期合约的价格上涨幅度,这样在将来对冲平仓时可以获得盈利。牛市套利利用了近期月份在牛市中的领涨作用和抗跌性强的特点,使其组合头寸获利可能性增加。

假定在交易者开仓时,近期合约、远期合约的成交价分别是 $F_1$、$F_2$,近、远期合约的价差(近期合约-远期合约)为 $B$,在交易者平仓时,近、远期合约的成交价格分别为 $F_1'$、$F_2'$,近、远期合约的价差为 $B'$。那么牛市套利交易者的盈利计算为:

$$F_1'-F_1+F_2-F_2'=B'-B \tag{4-6}$$

由此可知,不管合约的绝对价格如何变化,只要价差变小,那么牛市套利就是可以盈利的。

【例4-8】3月,某交易者认为上海期货交易所锌5月合约(14 000元/吨)与8月合约(14 400元/吨)的价差异常,由于市场对未来需求较为乐观,8月合约价格远高于5月合约价格与3个月的持仓成本之和,假设锌合约吨持仓成本为100元/月。该交易者认为后期5月价格涨幅将高于8月合约,于是决定进行牛市套利,即买入5月合约卖出8月合约。2个月后,5月合约上涨了300元/吨至14 300元/吨,8月合约上涨了200元/吨至14 600元/吨,该交易者将5月、8月期货同时平仓。交易分析见表4-9。

表4-9 牛市套利

| | 5月合约 | 8月合约 | 价差 |
|---|---|---|---|
| 3月 | 买进20手,价格14 000元/吨 | 卖出20手,价格14 400元/吨 | 400元/吨 |
| 5月 | 平仓,价格14 300元/吨 | 平仓,价格14 600元/吨 | 300元/吨 |
| 盈亏 | 14 300-14 000=300(元/吨) | 14 400-14 600=-200(元/吨) | |
| | 总盈利(300-200)×20×5=10 000(元) | | |

### 2. 熊市套利

熊市套利又称卖空套利或空头套利,交易方式为卖近买远,是指交易者卖出近期期货合约,买入远期期货合约,以期望在熊市的气氛中,近期合约的价格下跌幅度会大于远期合约的价格下跌幅度,这样在将来对冲平仓时可以获得盈利。熊市套利利用了近期月份在熊市中的领跌作用和反弹力度弱的特点,使其组合头寸获利可能性增加。

假定在交易者开仓时,近月合约、远月合约的成交价分别是 $F_1$、$F_2$,近、远月合约的价差为 $B$,在平仓时,近、远月合约的成交价格分别为 $F_1'$、$F_2'$,近、远月合约的价差为 $B'$。那么熊市套利交易者的盈利计算为:

$$F_1-F_1'+F_2'-F_2=B-B' \tag{4-7}$$

由此可知,不管合约的绝对价格如何变化,只要价差变大,那么熊市套利就是可以盈利的。

【例4-9】20××年4月,媒体普遍认为由于厄尔尼诺现象影响了全球气候,全国大豆将减产近一成,这使得大连商品交易所大豆合约价格高涨。而某公司在黑龙江产地调研实际情况后,认为大豆将有好收成,并由此判断未来大豆价格将下降,且近月期货下跌将会比远月更快,于是做了熊市套利,以3 250元/吨买7月大豆期货合约10手,同时以

3 200 元/吨卖出 5 月大豆期货合约 10 手,大连商品交易所大豆期货合约规模是 10 吨/手。1 个月后,5 月和 7 月合约价格分别跌至 2 800 元/吨和 2 900 元/吨,某公司平仓出市。其交易情况分析如表 4-10 所示。

表 4-10　熊 市 套 利

| | 5 月合约 | 7 月合约 | 价差 |
|---|---|---|---|
| 4 月 | 卖出 10 手,价格 3 200 元/吨 | 买进 10 手,价格 3 250 元/吨 | -50 元/吨 |
| 5 月 | 平仓,价格 2 800 元/吨 | 平仓,价格 2 900 元/吨 | -100 元/吨 |
| 盈亏 | 3 200-2 800=400(元/吨) | 2 900-3 250=-350(元/吨) | |
| | 总盈利　(+400-350)×10×10=5 000(元) | | |

　　对交易者而言,选择牛市套利策略还是选择熊市套利策略,应综合考虑各种因素。首先,要选择好合约。其次,将合约的价格图及价差图画出来,结合基本分析与技术分析,找到价差的变化趋势,再灵活选择机会。若预测价差将下降,则采用牛市套利策略;若预测价差将上升,则采用熊市套利策略。

　　3. 蝶式套利

　　蝶式套利是利用不同交割月份的价差进行套期获利,由两个方向相反、共享居中交割月份合约的跨期套利组成。与普通的跨期套利不同的是,普通跨期套利只涉及两个交割月份合约的价差,而蝶式套利认为中间交割月份的期货合约价格与两旁交割月份合约价格之间的相关关系将会出现差异。蝶式套利所涉及的三个交割月份的合约可分别称为近期合约、居中合约和远期合约。

　　蝶式套利的具体操作方法是:买入(或卖出)近期月份合约,同时卖出(或买入)居中月份合约,并买入(或卖出)远期月份合约,其中,居中月份合约的数量等于近期月份和远期月份数量之和。这相当于在近期与居中月份之间的牛市(或熊市)套利和在居中月份与远期月份之间的熊市(或牛市)套利的一种组合。即蝶式套利有两种形式:一种是"牛市套利+熊市套利",另一种是"熊市套利+牛市套利"。例如,套利者买入 2 手 5 月玉米合约、卖出 6 手 7 月玉米合约的同时买入 4 手 9 月玉米合约,或者卖出 2 手 5 月玉米合约、买入 6 手 7 月玉米合约的同时卖出 4 手 9 月玉米合约,这均是蝶式套利操作。因为近期和远期月份的期货合约分居居中月份的两侧,形同蝴蝶的两个翅膀,因此称之为蝶式套期图利。

　　由此可见,蝶式套利是两个跨期套利的互补平衡的组合,可以说是"套利的套利"。蝶式套利的特点包括:① 蝶式套利实质上是同种商品跨交割月份的套利活动。② 蝶式套利由两个方向相反的跨期套利构成,即由一个牛市套利和一个熊市套利组合而成。③ 连接两个跨期套利的纽带是居中月份的期货合约。在合约数量上,居中月份合约等于两旁月份合约之和。④ 蝶式套利必须同时下达三个买空/卖空/买空或卖空/买空/卖空的指令,并同时对冲。

　　假定入市时蝶式套利近月合约与居中月份价差为 $B_1$,居中月份合约与远月合约价差为 $B_2$;相应地出市时价差分别为 $B_1'$、$B_2'$。

则对于"牛市套利+熊市套利"的蝶式套利方式而言,套利者的实际收益=牛市套利收益+熊市套利收益=$(B_1'-B_1)+(B_2-B_2')$。套利者若想盈利,则最好前一个价差变强,后一个价差变弱。在价差图上表现为前一个价差呈上升趋势,后一个价差呈下降趋势。

对于"熊市套利+牛市套利"的蝶式套利方法,套利者的实际收益=熊市套利收益+牛市套利收益=$(B_2'-B_2)+(B_1-B_1')$。套利者若想盈利,最好是前一个价差变弱,后一个价差变强。表现在价差图上,则是前一个价差呈下降趋势,后一个价差呈上升趋势。

【例4-10】20××年12月1日,3月、5月、7月的大豆期货合约价格分别为2 850元/吨、2 930元/吨和2 975元/吨,某交易者认为3月和5月之间的价差过大,而5月和7月之间的价差过小,预计3月和5月的价差会缩小而5月与7月的价差会扩大,于是该交易者以该价格同时买入5手3月合约、卖出15手5月合约,同时买入10手7月合约。到了2月18日,三个合约的价格均出现不同幅度的下跌,3月、5月和7月的合约价格分别跌至2 650元/吨、2 710元/吨和2 770元/吨,于是该交易者同时将三个合约平仓。在该蝶式套利操作中,套利者的盈亏状况可用表4-11来分析。

表4-11 蝶式套利

| | 3月合约 | 5月合约 | 7月合约 |
|---|---|---|---|
| 2月1日 | 买入5手,价格2 850元/吨 | 卖出15手,价格2 930元/吨 | 买入10手,价格2 975元/吨 |
| 2月18日 | 平仓,价格2 650元/吨 | 平仓,价格2 710元/吨 | 平仓,价格2 770元/吨 |
| 盈亏 | (2 650-2 850)×5=-1 000(元) | (2 930-2 710)×15=3 300(元) | (2 770-2 975)×10=-2 050(元) |
| | 净盈利=-1 000+3 300-2 050=250(元) | | |

### (三)跨市套利

跨市套利是在两个不同的交易所选择相同合约,同时在两个交易所开设正反两个方向头寸的交易方式。当相同的品种在不同的交易所有交易时,同一品种同一月份的期货合约有时会出现比价关系反常的情况,交易者可趁机入市进行套利交易以获取利润。

1. 跨市套利的特征

(1)跨市套利的风险及操作难度较跨期套利大。因为它涉及不同的交易所,交易者必须同时考虑两个市场的情形和影响因素。虽然是同一品种,但各交易所的交易规则、交割等级、交割期、最后交易日等的规定是有差异的,而且期货市场上的流动性也不一样,若是做不同国家的跨市套利,还要考虑汇率变动的影响。所以若想在跨市套利中取得成功,必须全面考虑各种因素。国外进行跨市套利交易的一般是大的投资基金、投资银行。

(2)由于地理空间相异、品质规格不同等因素的作用,同一品种在不同交易所往往存在价差,而且市场在正常情况下应有合理的价差关系,如伦敦金属交易所的铜期货合约和上海期货交易所的铜期货合约存在一定的比价关系。从贸易流向和套利方向一致性的角度出发,跨市套利一般可以划分为正向套利和反向套利两种。例如,国内铜以进口为主,在伦敦金属交易所做多的同时,在上海期货交易所做空,这样的跨市套利交易称为正向套利。

(3)在做跨市套利策略时,还必须考虑保证金和手续费成本。跨市套利需要投资者在两个市场缴纳保证金和手续费,保证金的占用成本和手续费要计入投资者的成本之中,这也使得跨市套利的交易成本一般高于其他套利方式。只有两市间套利价差高于上述成本时,投资者才会进行跨市套利。

2. 跨市套利的盈亏分析

若 A、D 两交易所均交易同一品种,投资者注意到 A 交易所价格较正常价格偏高太多,而 D 交易所的价格较为合理或偏低,则投资者可在 A 交易所卖出而在 D 交易所买进,结果分析如表 4-12 所示。

表 4-12　跨 市 套 利

| 情形 | A 交易所 | D 交易所 | 价差 |
|---|---|---|---|
| 入市 | $F_A$(卖) | $F_D$(买) | $B$ |
| 出市 | $F'_A$(买) | $F'_D$(卖) | $B'$ |

套利结果为:

$$F_A - F'_A + F'_D - F_D = B - B' \tag{4-8}$$

可见,跨市套利的最终结果也取决于合约间的价差变动。

【例 4-11】某年 11 月初,受利空因素影响,苏黎世市场 1 月份黄金期货价格为 396 美元/盎司;同时伦敦市场 1 月份黄金期货价为 402 美元/盎司。某投资基金注意到了这一反常价差状况,并判断不久价格都将下降趋于接近,于是果断入市进行套利操作,在苏黎世市场买进合约 10 手(每手 100 盎司),在伦敦市场卖出合约 10 手。1 周后,两市场的价格均降为 394 美元/盎司,该投资基金平仓了结。该交易的盈亏分析如表 4-13 所示。

表 4-13　跨 市 套 利

| | 伦敦市场 | 苏黎世市场 | 价差 |
|---|---|---|---|
| 11 月初 | 卖出 10 手,价格 402 美元/盎司 | 买入 10 手,价格 396 美元/盎司 | 6 美元/盎司 |
| 1 周后 | 平仓,价格 394 美元/盎司 | 平仓,价格 394 美元/盎司 | 0 |
| 盈亏 | $(402-394)\times1\ 000=8\ 000$(美元) | $(394-396)\times1\ 000=-2\ 000$(美元) | |
| | $8\ 000-2\ 000=6\ 000$(美元) | | |

### (四) 跨商品套利

跨商品套利是指利用两种不同的但相互存在关联的商品之间的期货合约价格差异进行套期图利,即买入某一交割月份某种商品的期货合约,同时卖出另一相同交割月份、相互关联的商品期货合约,以期在有利时机同时将这两种合约平仓获利。在典型的套利中,一般一项交易呈亏损状态而另一交易呈盈利状况。当两种价格朝着有利的方向变动时,产生的相对差额能给交易商带来收益。

跨商品套利可以分为相关商品套利和可转换性商品间套利两种形式。

1. 相关商品套利

相关商品套利就是利用两种不同品种但价格又相互关联的期货合约之间的价差变动

进行套利,比如郑商所的强麦期货和普麦期货,早籼稻期货、粳稻期货和晚籼稻期货等,它们之间的关联性很强,相关性很大,容易出现套利机会。下面以早籼稻期货与晚籼稻期货为例进行说明。

【例 4-12】 早籼稻与晚籼稻价差的变化有一定的季节性和相关性。一般来说,早籼稻价格高于晚籼稻。每年的 7 月是早籼稻收割季节,早籼稻价格降低会引起价差缩小;每年的 10 月是晚籼稻收获季节,晚籼稻价格下降会引起价差扩大。某套利者认为今年早籼稻与晚籼稻价差变化还将遵循这一规律,于是入市进行套利,其操作分析如表 4-14 与表 4-15 所示。

表 4-14　7 月入市套利——价差扩大的策略　　　　　　　　单位:元/吨

| | 早籼稻期货 | 晚籼稻期货 | 价差 |
|---|---|---|---|
| 7 月 | 买进 12 月期货,价格 2 350 | 卖出 12 月期货,价格 2 250 | 100 |
| 9 月 | 平仓,价格 2 400 | 平仓,价格 2 150 | 250 |
| 盈亏 | 50 | 100 | |
| | 盈利　　50+100=150 | | |

表 4-15　3 月入市套利——价差缩小的策略　　　　　　　　单位:元/吨

| | 早籼稻期货 | 晚籼稻期货 | 价差 |
|---|---|---|---|
| 3 月 | 卖出 6 月期货,价格 2 400 | 买进 6 月期货,价格 2 300 | 100 |
| 5 月 | 平仓,价格 2 300 | 平仓,价格 2 250 | 50 |
| 盈亏 | 100 | -50 | |
| | 盈利　　100-50=50 | | |

假设两商品期货的价差为正,当预计价差扩大时,可采用以下策略:入市时,买进价高商品期货的同时卖出价低的商品期货;当预计价差缩小时,则采用相反的策略,即入市时卖出价高商品期货,同时买进价低的商品期货。

从以上分析可以看出,相关商品套利的盈亏结果正是入市、出市时价差的变动额。因此交易者交易时并不十分在意具体的成交价格,而只关注价差的变化。

2. 可转换性商品间套利

可转换性商品多指原材料和其制成品。因为原材料和制成品之间的价格具有很强的相关性,所以常常利用二者的期货合约进行套利交易。如利用大豆与其两种制成品——豆油和豆粕的期货合约进行套利是最典型的可转换性商品间套利交易,与此相似的还有玉米期货和玉米淀粉期货、油菜籽期货和菜籽粕期货等。

在期货市场上,大豆、豆油、豆粕之间的套利十分常见。大豆加工商常用其来防止大豆价格上涨和豆油、豆粕售价降低。由于大豆、豆油、豆粕在期货市场上都有交易,所以套利相当方便。其套利交易的具体做法是:

先计算三种商品间的转换差额(即价格差别),计算公式如下:

转换差额$=A×$每吨豆油期货价格$+B×$每吨豆粕期货价格$-C×$每吨大豆期货价格　　　（4-9）
其中$A$、$B$、$C$的含义为：在现有的社会平均加工水平下，$C$吨大豆可以榨取$A$吨豆油，并生产出$B$吨豆粕。

如果转换差额为正值，则说明大豆价格偏低，交易者购买大豆期货合约的同时卖出豆油和豆粕的期货合约，并将这些期货交易头寸一直保持在现货市场上，购入大豆或将成品最终销售时才分别予以对冲，这种套利又称大豆提油套利。

如果转换差额为负值，则说明大豆原料价格过高，套利者预测大豆的需求及价格可能相对下降，豆油及豆粕的需求和价格可能相对上升。交易者卖出大豆期货，同时买进豆粕、豆油期货合约，待大豆价格下跌，豆粕、豆油价格上涨时再对冲获利。这种套利又称反向大豆提油套利。

# 第三节　期货投机业务

## 一、期货投机概述

期货投机（Speculate）是指在期货市场上以获取价差收益为目的的期货交易行为。投机者根据自己对期货价格走势的判断，作出买进或卖出的决定。如果这种判断与市场价格走势相同，则投机者平仓出局后可获取投机利润；如果判断与价格走势相反，则投机者平仓出局后承担投机损失。

期货是一种投机性很强的信用工具，期货交易实行保证金制度，即交易者可以用少量资金做数倍于其资金的交易，以此寻找获取高额利润的机会。在期货市场上，交易者一般只需缴纳合约总值5%～10%的保证金，就能做成一笔交易。期货市场价格波动频繁，存在着极大的不确定性，因此，交易者要承担较强的风险。

期货投机和其他交易方式相比，具有以下特点：

（1）短期性。期货市场上价格波动频繁，变化莫测，投机者一般是利用短期的价格波动进行风险投机，赚取短期的差价，即使做长线投机的人，持仓时间最长也不会超过几个月，因而有人称期货投机是短期投资。

（2）规范性。期货投机是在规范的交易所内进行，受期货市场各种法律法规的约束，规范化程度较高，而自由度和选择性相对较小。

（3）可控性。在期货市场上，不仅要通过法律法规来约束投机，而且有配套的监控机制，政府或交易管理部门可随时监视每个会员（投机者）的交易状况，因而期货投机是在交易所的可控性约束之下进行的合约投机活动。

（4）双向性。期货投资与证券投资、债券投资的最大差异在于它具有双向性，即既可买多又可卖空，不管价格是涨是跌，只要投资者对价格变动方向的预测正确，就能做出盈利性的选择。

## 二、期货投机的经济功能

期货投机交易是期货市场中不可缺少的重要组成部分，其发挥的特有的作用和经济功能主要体现在以下几方面。

### （一）承担价格风险

期货市场的一个主要经济功能是为生产、加工和经营者等提供价格风险转移工具。要实现这一目的,就必须有人愿意承担风险并提供风险资金。扮演这一角色的就是投机者。如果没有这些风险承担者,只有套期保值者参与期货交易,那么只有在买入套期保值者和卖出套期保值者的交易数量完全相符时,交易才能成立,风险才能得以转移。但从实际来看,买入套期保值者和卖出套期保值者之间的不平衡是经常存在的。投机者的加入恰好能抵消这种不平衡,促使套期保值交易的实现。由此可见,如果没有投机者的加入,套期保值交易活动就难以进行,期货市场规避风险的功能也就难以发挥。期货市场具有一种把价格风险从保值者转移给投机者的机制。

### （二）促进价格发现

期货市场汇集几乎所有供给和需求的信息。投机者的交易目的不是实物交割,而是利用价格波动获取利润,这就要求投机者必须利用各种手段收集整理有关价格变动的信息,分析市场行情。期货市场把投机者的交易指令集中在交易所内进行公开竞价,由于买卖双方彼此竞价所产生的互动作用使得价格趋于合理。期货市场的价格发现机制正是由所有市场参与者对未来市场价格走向预测的综合反映体现的。交易所每天向全世界传播市场行情和信息,使那些置身于期货市场之外的企业也能充分利用期货价格作为制定经营战略的重要参考依据。

### （三）减缓价格波动

适度的投机能够减缓价格波动。投机者进行期货交易,总是力图通过对未来价格的正确判断和预测赚取差价利润。当期货市场供大于求时,市场价格低于均衡价格,投机者低价买进合约,从而增加了需求,使期货价格上涨,供求重新趋于平衡;当期货市场供不应求时,市场价格则高于均衡价格,投机者会高价卖出合约,从而增加了供给,使期货价格下跌,供求重新趋向平衡。可见,期货投机对于缩小价格波动幅度发挥了很大作用。

当然,减缓价格波动作用的实现是有前提的。一是投机者要理性化操作。违背市场规律进行操作的投机者最终会被期货市场所淘汰。二是适度投机。操纵市场等过度投机行为不仅不能减缓价格波动,而且会人为拉大供求缺口,破坏供求关系,加剧价格波动,加大市场风险。因此,遏制过度投机,打击操纵市场行为是各国期货市场监管机构的一项重要任务。

### （四）提高市场流动性

市场流动性即市场交易的活跃程度。在流动性很高的市场上,交易非常活跃,买卖者众多。期货交易是否成功,在很大程度上取决于市场流动性的大小,这一点主要取决于投机者。投机者的介入,就像润滑剂一样,为套期保值者提供了更多的交易机会。投机者通过对价格的预测,有人看涨,有人看跌,交投积极,实际上增加了买卖双方的人数,扩大了交易量,使套期保值者无论是买进还是卖出都能很容易地找到交易伙伴,自由地进出期货市场,从而提高了市场流动性。

### 三、期货投机交易的形式

期货投机交易最基本的原则是低买高卖,即在同一个期货市场内,投机者利用对市场价格趋势的预测,看涨时买进期货,看跌时抛出期货,然后等待有利时机进行对冲。期货投机交易有多头投机交易和空头投机交易两种交易方式,但是投机交易者获利多少完全取决于投机者对市场价格的分析和未来价格走势的预测。

**(一)多头投机交易**

多头投机交易也叫买入投机,即先买进期货合约,然后等待时机卖出对冲获利。当确认市场处于牛市中,预计期货价格有进一步上涨空间时,交易者会采用这种交易方式。

**(二)空头投机交易**

空头投机交易也叫卖出投机,即先卖出期货合约,然后等待时机买进对冲获利。当确认市场处于熊市中,预计期货价格有进一步下跌空间时,交易者会采用这种交易方式。

以上海期货交易所的铜期货为例。假设某月份合约价格为 41 200 元/吨,多头投机交易者以此价格买入该合约,当价格上涨至 41 500 元/吨,交易盈利 41 500−41 200=300(元/吨);而空头交易者以 41 200 元/吨卖出该合约,当价格下跌至 41 000 元/吨,交易盈利 41 200−41 000=200(元/吨)。

### 四、期货投机交易原则及计划

期货市场上存在数量最多的交易者类型是投机者,期货投机的最大吸引力在于其"以小博大"的杠杆作用。然而,这里的以小博大是一把双刃剑,它既可以在投机者判断正确时以小赚大,同时也可以在投机者判断错误时以小赔大。因此,进行期货投机交易时必须非常谨慎,要遵守一定的交易原则,制定明确可行的投机计划,避免盲目的、情绪化的交易,确保每一次操作都是经过理性思考的结果。

**(一)期货投机交易原则**

一般来说,开展期货投机交易要遵循以下原则。

1. 安全原则

期货交易是保证金交易,在充分应用杠杆交易原理的基础上,控制资金比例也是很重要的,而且市场永远存在变数,时时都应该"留一手"。

2. 趋势原则

顺势交易是保证盈利的根本,要知道在顺势操作中只可能出现两"点"亏损,就是最高点或最低点,而在其他的价格运行过程中都能盈利,只是时间问题。

3. 简单原则

操作过程要尽量简单化,用少量头寸守尽可能长的盈利肯定比重仓搏短线的不可测波动要成功得多。

4. 止损原则

要学会止损,严格根据自己的交易计划去操作,建议资金止损为 10%,最高不能超过 30%。

**（二）期货投机交易计划**

期货交易是一项风险性很高的投资行为,在遵循以上交易原则的基础上,参加期货交易还一定要事先制定妥善的交易计划,以尽量实现交易盈利,主要包括自身的财务状况、所选择的交易商品、该商品的市场分析、入市时机的选择、制定盈利目标和亏损限度、资金管理策略等。具体如下:

1. 自身的财务状况

投资者自身的财务状况决定了其所能承受的最大风险,一般来讲,期货交易不应超过投资单位流动资产的1/4。因此,交易者应根据自身的财务状况慎重决策。

2. 所选择的交易商品

不同的商品期货合约的风险也是不一样的。一般来讲,投资者入市之初应当选择较为熟悉的商品和合约。

3. 商品市场分析

期货投机者在期货市场上进行交易时,最重要的是对市场价格的变化趋势进行准确的分析和预测,只有建立在正确预测基础上的交易,才有可能获取利润。期货价格的预测方法有两种——基本面分析法和技术分析法,交易者应依据基本分析法和技术分析法,对所交易的商品期货进行分析,即对可能产生的损益进行推算,在预期收益扣除交易成本后仍数倍于亏损的情况下,才决定入市。这部分内容将在第五章详细介绍。

不管通过何种方法投机者确定将要对某个品种进行投机交易,就会进入制定交易计划和交易操作阶段。例如,某农作物主产地出现严重的干旱,投机者预计将对供应产生较大影响,市场价格将会出现一轮上涨行情,于是决定对该农作物的期货品种进行做多交易。此时投机者已经确定了将要进行多头投机,但具体买入合约的价格和数量、预期盈利目标等还需要进行详细的计划。

4. 入市时机的选择

在对商品的价格趋势做出估计后,就要慎重地选择入市时机。有时虽然对市场的方向做出了正确的判断,但如果入市时机选择错误,也会蒙受损失。建仓阶段即选择入市时机和建仓策略,投机者可以选择一次性建仓,也可以分批建仓,例如金字塔建仓的方法就是市场常见的建仓策略之一,此外还有区间平均价格建仓等建仓的策略。在选择入市时机的过程中,应特别注意使用技术性分析方法。一般情况下,应顺应中期趋势的交易方向,在上升趋势中趁跌买入,在下降趋势中逢涨卖出。如果入市后行情发生逆转,可采取不同的方法,尽量减少损失。

5. 制定盈利目标和亏损限度

止损也叫平仓止损,是指在期货投机中出现的亏损达到预定的条件时,及时平仓出局,以避免形成更大的亏损。其目的就是投资失误时会把损失限定在较小的范围内。在期货交易中,设定止损策略十分重要,但在实际操作中,投资者却往往因为止损不科学而造成亏损。止损策略的设定方法有关键价格止损、亏损幅度止损等,投机者一般会根据具体品种和个人交易习惯选择不同的止损策略。如当投机者以2 800元/吨的价格买入豆粕9月合约,止损设定在2 780元/吨,当价格下跌至2 780元/吨时,投机者可以平仓出场,将最大亏损控制在20元/吨。

止盈即期货头寸的退出策略。无论你是市场的多头还是空头交易者,只要持仓出现盈利,都会面临如何平仓的问题。平仓的时机不同,盈利的幅度可能就会有很大区别,甚至盈利变为亏损。因此,退出获利的头寸的方法都可以称为止盈策略。例如,当上述投机者做多豆粕合约出现 100 元/吨的盈利之后,根据交易计划,决定在盈利回撤 50% 即 50 元/吨之后平仓,这就是该投机者的止盈计划。

在进行期货交易之前,必须认真分析研究,制定切实可行的计划,并对预期获利和潜在的风险做出较为明确的判断和估算。一般来讲,应对每一笔计划中的交易确定利润风险比,即预期利润和潜在亏损之比。通用的标准是 3∶1。也就是说,获利的可能应 3 倍于潜在的亏损。在具体操作中,除非出现预先判断失误的情况,一般应注意按计划执行,切忌由于短时间的行情变化或因传闻的影响,而仓促改变原定计划。同时,还应将亏损限定在计划之内,特别是要善于止损,防止亏损进一步扩大。另外,在具体运作中,还切忌盲目追涨杀跌。

6. 资金管理策略

资金的管理是指资金的配置问题,其中包括投资组合的设计、交易品种多样化、各市场的资金比例等。交易者应将期货市场的投资限于其全部资本 50% 以内,余额用来保护可能出现的损失。在单个期货市场中所投入的资金应限制在总资本的 10%~15% 以内,其最大亏损额应限制在总资本的 5% 以内。在相关商品期货市场上投入的资金应限制在总资本的 20%~25% 以内。

交易策略是一门艺术,交易者应灵活使用各种策略,以实现"让利润充分增长,把亏损限于最小"的目的。

## 本章小结

1. 按照交易目的和性质,期货交易分为套期保值业务、套期图利业务和期货投机业务三类。

2. 套期保值是指把期货市场当作转移价格风险的场所,利用期货合约作为将来在现货市场上买卖商品的临时替代物,对其现在买进准备以后售出商品或对将来需要买进商品的价格进行保险的交易活动。套期保值利用的是期现两市的价格平行性和收敛性原理。套期保值分为买入套期保值和卖出套期保值两种形式。

3. 基差为现货价格与期货价格的差值,基差变动的风险称为基差风险。套期保值者面临着基差风险,基差的变动决定了套期保值的效果。基差交易和点价交易在期货市场上被广泛开展。

4. 期转现交易是指持有同一交割月份合约的多空双方之间达成现货买卖协议后,变期货部位为现货部位的交易。期转现交易是最近几年发展起来的一种新的套期保值方式。

5. 套利交易指的是在买入或卖出某种期货合约的同时,卖出或买入相关的另一种合约,并在未来某个时间同时将两种合约平仓的交易方式。套利交易分为期现套利、跨期套利、跨市套利和跨商品套利四种交易形式,跨期套利又包含牛市套利、熊市套利和蝶式套利三种交易形式。

6.期货投机是指在期货市场上以获取价差收益为目的的期货交易行为。期货投机是期货市场不可或缺的交易方式,其作用表现为:承担价格风险;促进价格发现;减缓价格波动;提高市场流动性。期货投机有多头投机和空头投机两种交易形式。

## 本章思考题

1. 什么是套期保值? 其经济学原理是怎样的?

2. 买入套期保值和卖出套期保值分别适用于怎样的市场情形?

3. 什么是基差? 什么是基差风险? 基差风险的成因有哪些?

4. 简述基差交易和点价交易。

5. 简述期转现交易。

6. 牛市套利、熊市套利、蝶式套利分别适用于怎样的市场情形?

7. 什么是期货投机? 它有什么功能和作用?

## 即测即评

扫一扫,测一测。

# 第五章
# 期货价格分析和预测

## 本章要点与学习目标

掌握期货交易的基本面分析法和技术分析法；掌握供给、经济、政治、自然等因素对期货价格的影响；掌握技术分析的图形分析法；掌握技术分析的指标分析法。

# 第一节　基本面分析法

基本面分析法，是指根据商品的供给和需求关系以及影响期货价格的其他基本因素，来预测期货价格走势的分析方法。基本面分析法主要是用来研判期货价格的中、长期走势。

影响商品期货价格的基本面因素可以从供给、需求两方面来分析，而影响供求关系的主要有经济因素、政治因素、自然因素、大户操纵因素等。

## 一、期货商品的供给与需求

### （一）期货商品的供给

供给是指在一定时间、一定地点和某一价格水平下，生产者或中间商愿意并可能提供的某种商品或劳务的数量。决定一种商品供给的主要因素有：该商品的价格、生产技术水平、生产成本、市场预期、其他商品的价格水平等。

商品市场的供给量主要由期初库存量、本期产量和本期进口量三部分构成。

1. 期初库存量

期初库存量是指上年度或上季度积存下来可供社会继续消费的商品实物量。根据存货所有者身份，可以分为生产供应者存货、经营商存货和政府储备。前两种存货可根据价格变化随时上市供给，可视为市场商品可供量的实际组成部分。而政府储备的目的在于为全社会整体利益而储备，不会因一般的价格变动而轻易投放市场。但当市场供给出现严重短缺，价格猛涨时，政府可能动用它来平抑物价，则将对市场供给产生重要影响。例如,2022 年玻璃价格的下跌,就主要是由高库存造成的。2022 年伊始,玻璃在竣工需求预期的推动下,主力合约一度触及 2 400 元关口,山东、河北等玻璃主产区产能逐步扩大。3 月到 5 月,华东主销区接连受到新冠疫情影响,下游需求恢复缓慢,期待中的下游补库高峰久候不至,生产企业库存持续累积。6 月南方雨水增多北方持续高温,户外施工受到一定程度影响,下游本已偏弱的补库需求或再度延后。直到临近年末,行业总体才维持了产销平衡,但仍面临高库存的重压,导致玻璃期货价格持续走低。

**2. 本期产量**

本期产量是指本年度或本季度的商品生产量。它是市场商品供给量的主体,其影响因素也甚为复杂。从短期看,它主要受生产能力的制约,并受资源和自然条件、生产成本及政府政策的影响。对于不同的大宗商品决定本期产量的因素不尽相同。例如,黑色金属、有色金属、化工产品等工业品大多是连续生产,对本期产量约束更大的是产能周期,即使出现供不应求,短期内产能也无法扩大。2021 年中国碳中和相关政策密集推出限制钢铁行业落后产能,引发了黑色产业链大幅波动。而对于一般农产品来说,一年就是一个轮回,比如玉米、大豆、棉花等,本期产量主要是种植面积乘以单产,种植面积在播种期之前一般有种植意向报告也有调研统计,而单产一般看种质、农业技术和天气情况。

**3. 本期进口量**

本期进口量一般来说是对国内生产量的补充,但也有部分大宗商品几乎完全依赖进口,比如我国原油总供给的 74% 依赖进口,棕榈油总供给的 97% 依赖于进口,铁矿石 80% 依靠进口,漂针木浆 99% 依赖进口。根据进口量占总供给比例的高低,本期进口量对于各个大宗商品影响的大小不同。进口量还会受到国际国内市场价格差、汇率、国家进出口政策以及国际政治因素的影响。进口量、进口政策会对商品期货的价格形成冲击。例如,2022 年 4 月印度尼西亚为控制本国通货膨胀压力,实施严格的棕榈油出口禁令,大幅减少全球棕榈油有效供给,导致国内棕榈油价格大涨。2022 年拉尼娜气候使加拿大油菜大幅减产,国内菜籽价格连创新高。

**(二)期货商品的需求**

期货商品的需求由期内国内消费量和期内出口量组成。

**1. 期内国内消费量**

同期内国内生产量一样,期内国内消费量也是一个变量。影响期内消费量的因素有:整体行业发展状况、消费者购买力的变化、商品新用途的发现、替代品的增减及替代品价格水平等。一般来说,工业品需求主要看下游产业的发展状况。比如,铜主要看电力、空调行业,钢材主要看汽车、房地产行业。而农产品的需求,如果是食用需求一般是根据人口增速波动,缺乏弹性,真正弹性大的是工业使用的农产品,比如棕榈油的生物柴油需求,玉米深加工成酒精的需求。

**2. 期内出口量**

在产量一定的情况下,某种商品出口量的变化会引起商品价格的波动。在预测出口量对商品期货价格影响时,不仅要分析国内年度出口计划的变化趋势,更重要的是密切注意分析已签订合同的实际出口量与计划出口量之间可能发生的差额大小、方向及出口商品合同的订约期和交货期。除此以外,尽可能掌握国家出口政策、国际市场商品供求趋势、进口国外贸政策、其他同类产品出口国供应量的变化及其产品的竞争力的变化等。如果说国内消费量的分析集中在国内的影响消费量的各种因素上,那么期内出口量分析的重点则集中在影响出口量的国际市场各种因素上。

## 二、经济因素

商品期货价格与经济因素有密切的联系,它与整个经济运行状况有关。具体地说,期货价格一般受下列经济因素的影响:经济周期、货币供应量、利率、贴现率和汇率等。

### (一)经济周期

商品市场波动通常与经济波动周期紧密相关,期货价格也不例外。期货市场是与国际市场紧密相关的开放市场,因此,期货市场价格波动不仅受国内经济波动周期的影响,更多的是受世界经济的景气状况影响。

经济周期一般由复苏、繁荣、衰退和萧条四个阶段构成。复苏阶段开始之际是前一周期的最低点,产出和价格均处于最低水平。随着经济的复苏,生产的恢复和需求的增长,价格也开始逐步回升。繁荣阶段是经济周期的高峰阶段,由于投资需求和消费需求的不断扩张超过了产出的增长,刺激价格迅速上涨到较高水平。衰退阶段出现在经济周期高峰过去后,经济开始滑坡,由于需求的萎缩,供给大大超过需求,价格迅速下跌。萧条阶段是经济周期的谷底,供给和需求均处于较低水平,价格停止下跌,处于低水平上。在整个经济周期演化过程中,价格波动略滞后于经济波动。这些是经济周期四个阶段的一般特征。经济周期阶段可由一些主要经济指标值的高低来判断,如 GDP 增长率、失业率、价格指数等,这些都是期货交易者应密切注意的。认真观测和分析经济周期的阶段和特点,对于正确地把握期货市场价格走势具有重要意义。

### (二)货币供应量

货币量的多少决定商品期货价格的大体走势。当货币供应量增加时,商品价格随之上升;反之,商品价格下降。可见,货币供应量与商品价格成正比关系。

货币供应量对金融期货的影响最大,货币供给量的多寡直接影响金融期货的价格。如股指期货,货币供应量增加,股指期货价格上扬;反之,则下跌。因为货币供应量增加,说明社会上的游资相应增加,股价则随之上扬。社会上的游资常用马歇尔系数 $K$ 来衡量。

$$K = \frac{M}{Y} \tag{5-1}$$

式中:$M$ 为居民手中持有的金融货币总额;

$Y$ 为国民生产总值。

$K$ 值越大,游资越多;反之,游资越少。

各种各样的基金是社会游资主要组成部分,基金对期货价格的影响越来越大。各类基金不但投资金融期货,同时也大量进入对世界经济产生重大影响的能源、铜、铝等工业原材料商品期货。

### (三)利率

调整利率可以扩张或紧缩一国的经济,同时也会对商品的现货和期货价格产生影响。

当利率提高时,一部分多头投资者会因利息负担过重,交易成本增加而抛出期货平仓出场。另外提高利率还给投资者一个信号,即政府将采用紧缩的经济政策。这势必使商品价格普遍下跌,从而可能引发大部分期货价格下跌,投资者因此会卖出期货平仓了结,或减少新的多头头寸和增加新的空头头寸。因此,提高利率会引起期货价格下跌。相反,如果利率降低,较低的利息负担及对期货价格有可能上涨的预期,使得投资者纷纷涌入期货市场,买进期货合约。因此,降低利率会引起期货价格上涨。

期货价格下跌或上涨的幅度与利率调高或调低的幅度成正比关系。一般说来,利率调整的幅度大,期货价格变化的幅度相应也会增加。这点在金融期货及与国民经济发展息息相关的商品期货(如铜、铝等)中表现得尤为明显。

以上海期货交易所的阴极铜期货为例,2022年1月20日央行宣布LPR利率1年期下降10个基点,5年期下调5个点,期货市场马上做出显著反应,沪铜价格当天高开,并在随后的交易日里震荡上行并创出新高(见图5-1),其他期货品种价格亦出现不同程度的上涨。

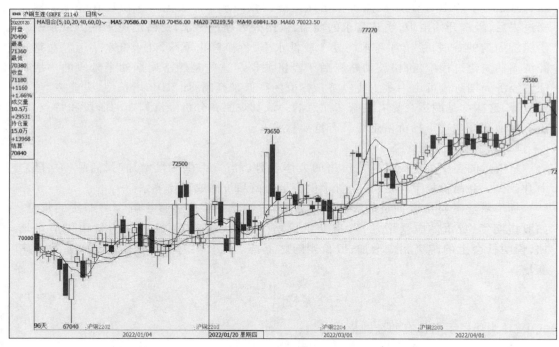

图5-1 利率调整前后的沪铜价格K线图(红线为下调利率之日)

资料来源:文华财经行情软件,下同,特殊说明除外。

## (四) 贴现率

中央银行通过变动贴现率来调节货币供给量和利息率,从而促使经济扩张或收缩。贴现率提高,意味着期货交易的成本会提高,另外贴现率提高也预示着市场利率的提高,经济趋于紧缩,因此导致期货价格下跌;贴现率调低,意味着经济趋于扩张,期货交易的成本降低,因此期货价格会出现一定程度的上涨。

例如,在 2020 年 7 月 1 日央行下调再贴现率 0.25 个百分点至 2% 后,上海期货交易所的阴极铜期货合约价格出现了明显的上涨(见图 5-2),其他品种的期货价格也出现了不同程度的上涨。

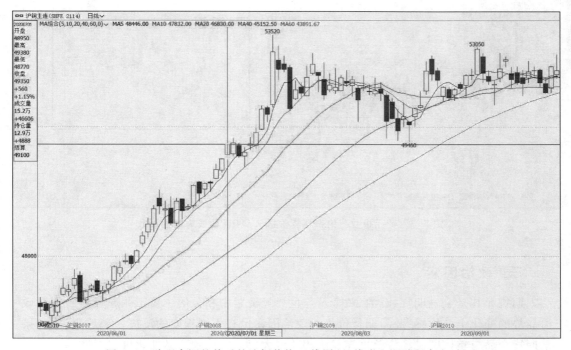

图 5-2　贴现率调整前后的沪铜价格 K 线图(红线为上调贴现率之日)

### (五)汇率

在国际贸易中,主要的工业原材料、能源和绝大部分农产品的价格是参照世界上著名的商品期货交易所的期货价格来确定的。而国际贸易中大约 70% 的商品是以美元计价的,因此,美元对各国货币汇率的变化对国际化的商品交易所的期货价格具有重要的影响。美元升值一般会导致国际化的期货交易品种价格下跌,美元贬值一般会导致期货价格上涨。

例如,在高通货膨胀率下,2022 年第四季度美国经济仍表现为复苏持续乏力,美元指数开始震荡走低。2022 年 10 月初,美元指数开始不断向下,由 112 一路下跌到 100 左右,与此同时,伦敦金属交易中心阴极铜价格从 7 700 美元/吨一路上涨到 9 300 美元/吨(见图 5-3),并且在其后的时间里,伦敦铜的走势基本与美元呈现负相关关系。

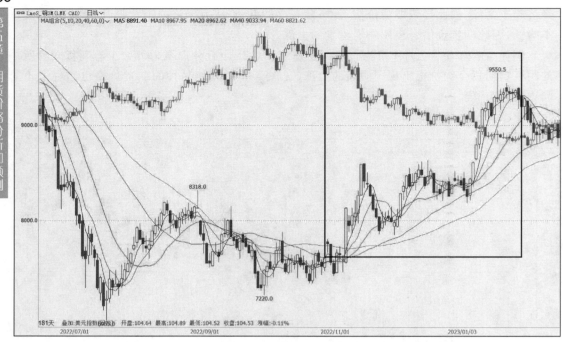

图 5-3　美元指数与伦铜期货价格 K 线图(蓝线为美元指数)

### 三、政治因素

期货尤其是金融期货、石油、黄金及与世界经济紧密相关的主要工业原材料价格对政治局势的变化十分敏感,商品期货价格对政治因素也有不同程度的反应。一般来说,如果某期货商品与整体国民经济及世界经济相关度大,那么,该种商品期货价格对政治因素反应大;如果某期货商品与整体国民经济及世界经济联系不是很紧密(如我国绿豆等小品种期货),那么,该种商品期货价格不会因政治因素而发生很大的变化。

政治因素通常分为国内和国际两大部分。国内方面包括各种政治动荡和局势的变化,如政变、内战、罢工、大选、劳资纠纷等;国际方面包括战争、恐怖事件、经济制裁、政坛重要人物逝世或遇刺等。

例如 2022 年 2 月 24 日俄乌冲突正式爆发后,全球粮食价格波动剧烈。俄罗斯和乌克兰是全球小麦、玉米、葵花籽的主要生产国和出口国,两国小麦出口合计占全球小麦出口份额的 30%,玉米出口合计占全球玉米出口的 20%左右,是全球重要的粮仓。乌克兰是全球最大的葵花籽油出口国,俄罗斯是全球第二大葵花籽油出口国,两国葵花籽油出口合计占全球葵花籽油出口量的 80%。俄乌冲突导致黑海流域运输受阻,全球农产品市场供应趋紧。冲突初期阶段,全球粮食和油料价格飙升,CBOT 小麦价格最高涨至 1 363.5 美分/蒲式耳,创下自 2013 年以来的新高,玉米和大豆期货价格最高分别达到 824.5 美分/蒲式耳和 1 784 美分/蒲式耳。粮价的大幅上涨也引发了同属农产品植物油价格的拉升,印度尼西亚政府甚至开展了为期 4 个月的政策扭曲操作,限制棕榈油的出口,进一步推升全球植物油价格。马来西亚 BMD 棕榈油期价一度攀升至 7 268 林吉特/吨,为其上市以来的历史新高。期货市场受重大恐怖袭击等政治事件影响的案例不胜枚举。

期货市场对政治因素十分敏感,反应强烈。特别是短期期货价格,可能完全被政治因素左右,发生暴涨暴跌。对期货交易者来说,当政治因素引起期货价格巨幅波动时,一定要沉着冷静,正确预测期货价格变动的方向和幅度,利用政治因素对期货价格的影响而获取价格波动的丰厚利润。但是,各种政治性事件的发生是很难预测的,因此,在分析政治因素对期货价格的影响时,特别需要注意期货市场价格的操纵者利用一些偶发性的政治事件或政治新闻操纵价格。对这种情况,期货交易者就应广泛收集、整理有关的资料、信息,全面系统地加以分析,以把握政治因素可能给期货价格带来的真正影响,避免中了操纵大户的圈套,造成不可估量的损失。

## 四、自然因素

商品期货,尤其是农产品期货的价格与自然条件有着密切联系。自然因素主要是指严寒、干旱、洪涝、台风、虫灾等方面因素。自然因素通过影响农产品的收成和供给直接影响其期货价格。自然因素对非农商品(如能源、金属)期货价格也有着一定程度的影响,相对于农产品而言,这类商品期货受自然因素影响小。对于这些商品期货,自然因素主要通过运输、仓储影响需求从而影响商品价格。一般说来,自然因素对农产品价格的影响是长期的,而对非农产品的期货价格影响是短期的,一旦自然因素的影响消失,非农产品的需求就会马上恢复到原来的水平,从而使期货价格恢复到原来价格附近。对于农产品而言,自然条件恶劣时,农作物的产量就会受到影响,从而使期内生产量减少而造成实际供给的减少,期货价格上涨;反之,期货价格下降。

例如,2021 年加拿大出现了数十年难得一遇的严重干旱现象,萨斯喀彻温省、曼尼托巴省等菜籽主要种植区域均出现了重度甚至极度干旱状态,新季菜籽的产量和质量均受到了较为严重的影响,菜籽单产预计同比降低 39.32% 至 1.42 吨/公顷,菜籽产量预计同比下降 34.4% 至 1 278 万吨;品质方面,油菜籽的含油率显著低于正常值,据加拿大谷物委员会抽样调查报告显示,新季菜籽平均含油率为 41.9%,远低于去年的 44.1% 和五年均值 44.2%。总体上来讲,加拿大菜籽减产造成了全球菜籽供应趋紧,2021 年全球菜籽库存消费比预计同比继续下降 1.53 个百分点至 5.34%,创出历史新低。受此影响,2021 年进口菜籽到港成本均值为 6 186 元/吨,较 2020 年相比增加 2 293 元/吨,增幅为 58.9%。中国菜籽油期货价格连创新高,从年初 10 000 元/吨涨至年末将近 13 000 元/吨。

## 五、大户操纵因素

大户可凭借自身在通信及资金上的优势过度大量买进或卖出期货合约,操纵市场价格,从中获取暴利。这种操纵市场价格的行为是期货市场不允许的,这不是投资,而是市场操纵行为。如美国白银大王亨特兄弟在 1980 年操纵白银就是一个典型的案例。1979年年初,亨特兄弟以每盎司 6~7 美元的价格开始在纽约和芝加哥的交易所大量购买白银。年底,他们已控制纽约商品交易所 53% 的仓单和芝加哥商品交易所 69% 的仓单,拥有1.2 亿盎司的现货和 0.5 亿盎司的期货。在他们的控制下,白银价格不断上升。1980 年

1月17日,白银价格涨至每盎司48.7美元,1月21日达到50.35美元的历史最高峰。当时,美国政府为了抑制通货膨胀,紧缩银根,利率大幅上调,期货投资者纷纷退场,致使银价暴跌。到3月底,跌至每盎司10.8美元,使白银市场几乎陷入崩溃的境地。亨特兄弟损失达数亿美元。

在期货市场尚未成熟的时期,我国也出现过大户操纵市场的案例。1995年10月中旬,以广东金创期货经纪有限公司为主的多头联合广东省南方金融服务总公司基金部、中国有色金属材料总公司、上海大陆期货经纪公司等会员大举做多广东联合期货交易所籼米期货,利用交易所宣布本地注册仓库单仅200多张的利多消息,强行拉抬籼米9511合约,开始"逼空",16日、17日、18日连拉三个涨停板,至18日收盘时已升至3 050元/吨,持仓几天内剧增9万余手。19日开盘,由于部分多头获利平仓,加上空方套期保值的卖盘,当日9511合约收低于2 910元/吨,持仓量仍高达22万手以上。收盘后,广东联合期货交易所对多方三家违规会员作出处罚决定。由此,行情逆转直下,9511合约连续跌停,交易所于10月24日对籼米合约进行协议平仓,释放了部分风险。11月20日,9511合约最后摘牌时已跌至2 301元/吨。至此,多方已损失2亿元左右。11月3日,中国证监会吊销了广东金创期货经纪有限公司的期货经纪业务许可证。这就是中国期货首次出现的"金创事件"经过。

期货投资者在遇到大户操纵市场时,要正确判断,不要跟着追涨杀跌,否则会造成巨大的经济损失。

## 第二节 技术分析法的图形方法

技术分析法是指以市场行为为研究对象,以判断市场趋势并跟随趋势的周期性变化来进行股票及金融衍品交易决策的方法的总和。

技术分析法的理论基础是建立在三条假设之上的:① 市场行为包容消化一切,影响价格的所有因素都反映在其价格之中;② 价格以趋势方式不断演变;③ 历史会重演,过去出现过的价格形态今后也可能重现。

关于技术分析的有效性,学界一般认为这取决于市场的有效性,而随着计算机在交易中的应用,技术分析方法在实际交易中的表现是很容易通过回测结果来检测的,尽管大量技术分析检测后有效性并不显著,但在实际交易当中还是被普遍使用,因为人们在无限复杂与不确定性的市场中需要一种简单工具来保持行动力。

过桥不一定需要扶着护栏,但有护栏会让人感觉到确定性与安全感。

技术分析法可划分为图形分析和指标分析两大类。图形分析是最常用的技术分析方法。技术分析派认为,记录期货价格的图表是技术分析的基础。具体方法是按时间序列将历史价格数据绘成图形,从图形表现的价格波动形态和趋势来判断未来价格走势。

### 一、图形的类型与制作

图形按不同的内容来分可分为价格图和成交量图;按时间来分可以分为日线图、周线图、10日线图、月线图、季线图和年线图等;按性质可以划分为K线图(也称阴阳线图)、条形图、圈叉图(也称点数图)等。下面主要介绍 K 线图、条形图、价量图以及圈叉图的基本原理与制作。

**(一)K 线图**

K 线图又称阴阳线图、蜡烛图,它是将每日开盘价、收盘价、最高价、最低价记录而成的图形(见图 5-4)。

图 5-4　K 线图

1. K 线图的绘制方法(见图 5-5)

(1)开盘价与收盘价之间用粗线表示,称为实体或柱体。柱体分为:阳柱,收盘价比开盘价高,通常用红色表示(本书用空白代替);阴柱,收盘价比开盘价低,通常用绿色(本书用黑色代替)表示。

(2)最高价高于实体的上限,称为上影线,用细线表示,其颜色根据其实体的颜色而定;若最高价等于收盘价或开盘价,则无上影线。

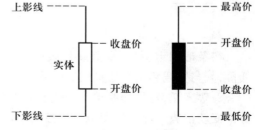

图 5-5　K 线图的绘制

(3)最低价低于实体的下限称为下影线,用细线表示,其颜色根据其实体的颜色而定;若最低价等于开盘价或收盘价,则无下影线。

(4)收盘价与开盘价相等,则以前一日实体的颜色为准,在该价位画一横线,连同影线,成为十字星,也称十字线。

2. 单一 K 线可能出现的典型形态

图 5-6 中:① 表示大阳线(光头阳线),开盘后买方势强,使价格一直上扬到收市。② 表示大阴线,开盘后卖方一直强势。③ 表示先跌后涨型,依买卖方力量变化而有不同的形态。④ 表示下跌抵抗型,也依买卖方力量变化而有不同形态。⑤ 表示上升抵抗型,也有不同形态。⑥ 表示先涨后跌型,也依买卖力量变化而有不同形态。⑦ 表示反转试探型,除图上所绘不同形态外,还有上、下影线长短不同的各种形态。

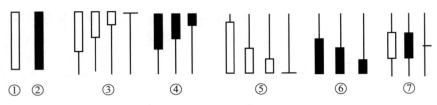

图 5-6 日 K 线图典型形态

**（二）条形图**

条形图的构造比较简单，也是常用的一种图形（见图 5-7）。

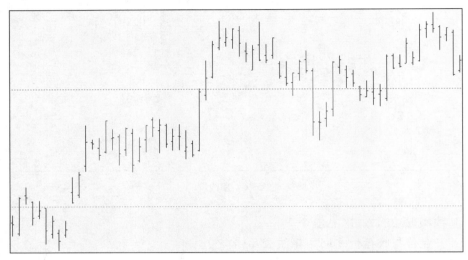

图 5-7 条形图

在条形图上，每一根竖线代表一天（或一周、一月、一年）里价格曾出现过的最高、最低价，其与竖线相接的短横线表示收盘价（见图 5-8）。

一般来说，每星期绘出 5 个交易日的条形图，代表该星期的价格变动情势。此条形图也可以按周、月等绘制。

无论 K 线图或条形图，具体到某种期货价格的描绘，一般是将其某交割月的每日的 K 线图或条形图绘上，直到交割日到期不交易为止，然后，可以接着将下一个交割月的该品种的每日 K 线图或条形图绘上。

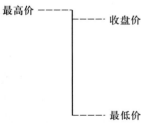

图 5-8 单一条形图的绘制

**（三）价量图**

价量图是以横坐标为成交量，纵坐标为价格，反映期货交易量与交易价格的图。价量图是期货交易者经常使用的图，从该图可直观地看出成交量密集区的成交价格（见图 5-9）。

**（四）圈叉图**

圈叉图又叫点数图，它是以价格变动到一定程度为规则来绘制的图形。前面介绍的 K 线图与条形图有一个共同之处，就是都以时间为横坐标，但圈叉图不同，它完全省略了时间的变化。

在绘制圈叉图时,事先确定一个价位单位,以"×"表示上升一个价位,以"○"表示下跌一个价位。每当价格由上升转为下跌,并且跌低一个价位时,则另起一列画下一个"○";价格由下跌转为上升达到一个价位时,也同样另起一列画上一个"×"。价格经过一段变化后,就可形成圈叉图(见图5-10)。忽视价格的微小变化,只有价格变化达到事先确定的程度才能反映出来。因此在这里价位大小的确定是比较关键的。确定价位的一般原则是:交易手续费加上一定的利润为一个价位区间。

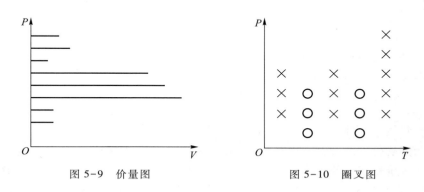

图 5-9　价量图　　　　　　　图 5-10　圈叉图

## 二、线条

用于价格走势分析中的线条主要有趋势线、支撑线和阻力线、扇形线以及速度线四大类。

### (一)趋势线

趋势线反映期货价格的基本走势。趋势线有上升趋势线和下降趋势线。将波谷最明显的两个谷点连接起来且向上倾斜的直线称为上升趋势线(见图5-11)。将最明显的两个波峰顶点连接起来且向下倾斜的直线称为下降趋势线(见图5-12)。一条趋势线在时间上涵盖了长达数月之久,可以称为主要趋势或长期趋势线;较短时间的趋势线,则称为次要趋势线或短期趋势线。

图 5-11　上升趋势线

图 5-12　下降趋势线

对于趋势线,在实际运用过程中,有如下几个要点:

（1）当期货价格跌破上升趋势线时,就是一个卖出信号;在没有跌破之前,上升趋势线就是每一次价格回落的支撑（见图 5-11）。当期货价格向上突破下降趋势线时,就是一个买入信号;在没有突破下降趋势线之前,下降趋势线就是每一次价格回升的阻力（见图 5-12）。

在运用以上要点时,要特别注意价格突破趋势线的可信度。实际操作时,其可信度可从以下几个方面去判断:① 假如在一天交易时间里突破过趋势线,但收市价并没有突破趋势线,这并不是突破,可以忽略它,而这条趋势线仍然有用;② 如果收市价突破了趋势线,必须要超越 2%～3% 才有效;③ 当突破趋势线出现缺口,这种突破将是有效的,且是强有力的。

（2）期货价格随着固有趋势线移动的时间越久,这条趋势线越有效。

（3）期货价格沿趋势线运行时,每次变动都配合成交量的增加。当有巨大的成交量出现时,可能是中期行情终了的信号,紧随而来的将是反转（价格走向改变,以前上升变成下跌,反之亦然）行情的出现。

（4）趋势线与水平线形成的角度愈陡,愈容易被一个短期的横向整理所突破,因此趋势线越平,越具有技术意义。

（5）期价的上升与下跌,在各种趋势的末期,均有加速上升与加速下跌的现象。因此,趋势反转的顶点或底部,大都远离趋势线。

**（二）支撑线和阻力线**

在价格波动过程中,将图中的两个或两个以上的价格最低点连接起来所形成的直线即支撑线。在此线附近,有相当大的买盘,支撑价格（见图 5-13（a））。在价格波动过程中,将图中的两个或两个以上的价格最高点连接起来所形成的直线即阻力线。在此线附近,有相当大的卖盘,阻止价格上涨（见图 5-13（b））。

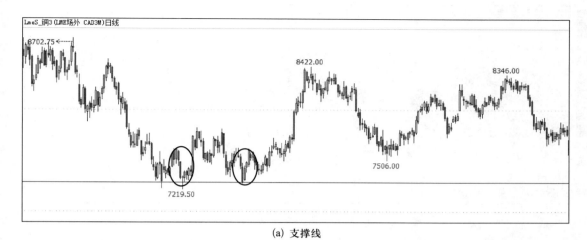

(a) 支撑线

(b) 阻力线

图 5-13　支撑线和阻力线

对于支撑线及阻力线,在实际运用过程中,有如下几个要点:

(1)当价格向下跌破支撑线时,出现卖出信号,可作空头。当价格向上突破阻力线时,应平仓空头头寸,同时可反手做多。

(2)按以上方法操作时,特别注意"跌破"及"突破"的有效性。一般认为,阻力线的突破或支撑线的跌破,必须有 2%~3% 以上的幅度才视为有效。

(3)水平的支撑线及阻力线一般出现在整数价格上,这个价格线亦可称为"关卡价"。当关卡阻力被突破以后,即为买进信号,此时阻力线变成支撑线(见图 5-14)。当支撑线被跌破后,即为卖出信号,此时支撑线反成为阻力线(见图 5-15)。

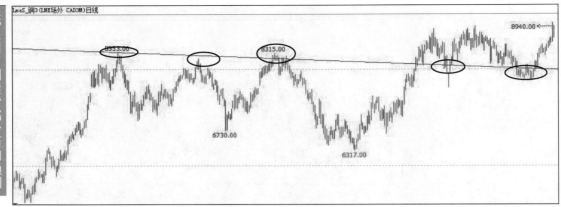

图 5-14　阻力线变成支撑线

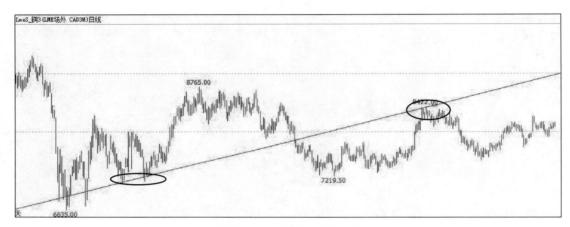

图 5-15　支撑线变成阻力线

### （三）扇形线

扇形线是找到一点（通常是下降的低点或上升的高点），然后以此点为基础，画出很多条射线，这些射线就是未来可能成为支撑线和压力线的直线（见图 5-16 和图 5-17）。

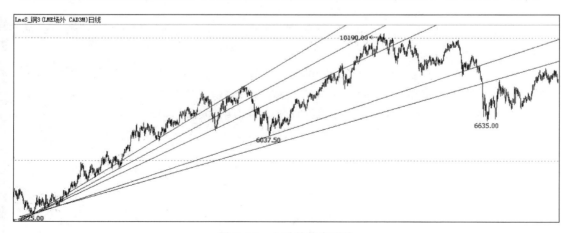

图 5-16　上升趋势扇形线

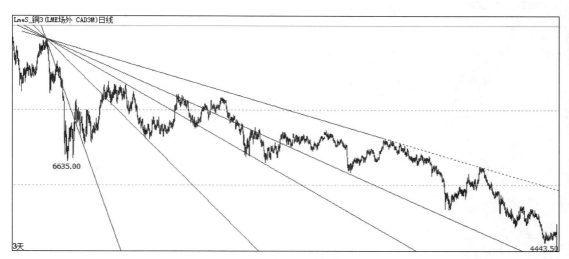

6635.00

3天

4443.50

图 5-17　下降趋势扇形线

扇形线与趋势线有着很紧密的联系,初看起来像趋势线的调整。扇形线丰富了趋势线的内容,明确给出了趋势反转(不是局部短暂的反弹和回落)的信号。

对于扇形线,在实际运用过程中,有如下几个要点:

(1)趋势要反转必须突破层层阻力。要反转向上,必须突破很多条压在头上的压力线;要反转向下,必须突破很多条横在下面的支撑线。稍微的突破或短暂的突破都不能被认为是反转的开始,必须消除所有的阻止反转的力量,才能最终确认反转的来临。

(2)在上升趋势中,先以两个低点画出上升趋势线后,如果价格向下回落,跌破了刚画的上升趋势线,则以新出现的低点与原来的第一个低点相连接,画出第二条上升趋势线。再往下,如果第二条趋势线又被向下突破,则同前面一样,用新的低点与最初的低点相连接,画出第三条上升趋势线(见图5-16)。依次变得越来越平缓的这三条直线形如张开的扇子,扇形线和扇形原理由此而得名。对于下降趋势也可如法绘制,只是方向正好相反(见图5-17)。

(3)图中连续画出的三条直线一旦被突破,它们的支撑和压力角色就会相互转换,则趋势将反转。这一点是符合支撑线和压力线的普遍规律的。

(四)速度线

同扇形线一样,速度线也是用来判断趋势是否将要反转。不过,速度线给出的是固定的直线,而原理中的直线是随着低点和高点的变动而变动的。另外,速度线又具有一些百分比线的思想,它是将每个上升或下降的幅度分成三等分进行处理,所以,有时我们又把速度线称为三分法。

在制作速度线时,首先找到一个上升或下降过程的最高点和最低点,然后将高点和低点的垂直距离分成三等份;再连接低点(在上升趋势中)与1/3分界点和2/3分界点,或连接高点(在下降趋势中)与1/3分界点和2/3分界点(见图5-18),得到两条直线。这两条直线就是上升或下降趋势的速度线。

图 5-18　下降趋势速度线

对于速度线,在实际运用过程中,有如下几个要点:

(1)速度线一旦被突破,其原来的支撑线变成压力线,而压力线则变成支撑线。

(2)在上升趋势的调整之中,如果向下折返的程度突破了位于上方的 2/3 速度线,则价格将试探下方的 1/3 速度线。如果 1/3 速度线被突破,则价格将一泻而下,预示这一轮上升趋势的结束,也就是转势。

(3)在下降趋势的调整中,如果向上反弹的程度突破了位于下方的 2/3 速度线,则价格将试探上方的 1/3 速度线。如果 1/3 速度线被突破,则价格将一路上行,标志这一轮下降趋势的结束,价格进入上升趋势。

(4)与别的切线不同,速度线有可能随时变动,一旦有了新高或新低,则速度线将随之发生变动,尤其是新高和新低离原来的高点和低点相距很远时,更是如此。

## 三、缺口

缺口是指期货价格在快速大幅变动中有一段价格区域内没有任何交易,出现在期价走势图上是一个空白,这个区域称为缺口。当期货价格出现缺口,经过几天变动,然后反转过来,回到原来缺口的价位时,称为缺口的封闭,又叫补空。

缺口分普通缺口、突破性缺口、持续性缺口和消耗性缺口四种(见图 5-19)。

### (一)普通缺口

普通缺口通常在密集的交易区域中出现,因此,许多需要较长时间形成的整理或转向形态,如三角形、矩形都可能有这类缺口出现。

对于普通缺口,在实际运用过程中,有如下几个要点:

(1)普通缺口并无特别分析意义,一般在短时间内便会完全填补。

(2)普通缺口在整理形态出现的机会要比反转形态时大得多。常因突发性的谣传、消息造成此类缺口;或由于交易营业时间的限制,在前一天休市和第二天开市之间也会出现普通缺口。

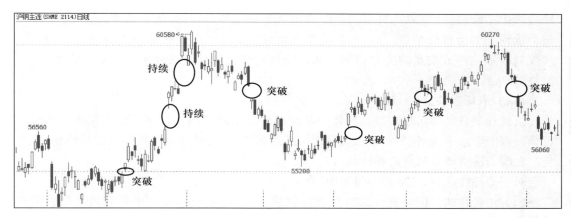

图 5-19　缺口

**（二）突破性缺口**

突破性缺口通常出现在多空交战激烈、突破拉锯的状况下，比如它经常在重要的反转形态如头肩形态的突破时出现，当期货价格以一个很大的缺口跳空远离形态时，表示真正的突破已经形成了。

对于突破性缺口，在实际运用过程中，有以下几个要点：

（1）突破性缺口的分析意义较大，这种缺口用来辨认突破信号的真伪。如果价格突破支撑线或阻力线后，以一个很大的缺口跳离形态，则突破有效且强有力。

（2）突破性缺口一旦出现，获胜的一方不是一路轧空上涨，就是一路杀多下跌。它往往伴随着一轮上涨或下跌行情。因此一般说来，突破性缺口不像普通缺口会在很短的时间内补空。

（3）突破性缺口虽一般不会马上补空，但它还是存在很快补空的可能性。这可以从成交量的变化中观察出来。如果在突破缺口之前有大量成交，而缺口出现后成交量相对减少，那么迅速填补缺口的机会有 50%。但若缺口形成之后成交量明显增加，期价在继续脱离形态时仍保持很大的成交量，那么缺口短期补空的可能性便会很低了。

**（三）持续性缺口**

持续性缺口又叫逃逸缺口，它常出现在一段时间内急剧上涨或下跌的行情之后。急涨或急跌之后，也仅仅作小幅度的获利回吐。例如，上升行情中，空头见行情跌不下来，纷纷购买合约止损平仓而反手做多，新多头见行情还有上升空间，继续追高，上升行情继续延续。

对于持续性缺口，在实际运用过程中，有如下几个要点：

（1）持续性缺口在技术分析中意义很大，它可以用来测算获利的空间。它通常在价格突破后至下一个反转式整理形态的中途出现，因此，持续性缺口能大约预测期价未来可能运动的距离，所以又称为量度缺口。其量度方法是从持续缺口开始时价格继续上涨或下跌的幅度等于突破口到持续性缺口的垂直距离。

（2）持续性缺口是在期价大幅度变动中途产生的，因此，不会在短时期内封闭。

（3）价格在突破整理区域时急速上升或下跌，成交量在初期最大，然后在上升或下跌过程中不断减少,当原来具有优势一方重新取得优势后,放量跳空高开,或跳空下跌,便形成巨大的持续性缺口。这时,成交量在后续的上涨或下跌行情中慢慢减少,这是持续性缺口形成时成交量的变化情形。从成交量的变化也可以反过来辨认是否为持续性缺口。

**(四)消耗性缺口**

消耗性缺口又叫竭尽缺口。消耗性缺口是伴随快的大幅期价波动而出现的。此时,行情大幅上涨或下跌,使得大多数交易者一路追高或杀跌,导致跳空高开或低开的超强态势。此时的跳空缺口就是消耗性缺口。

对于消耗性缺口,实际运用过程中,有如下几个要点:

(1)消耗性缺口同突破性缺口和持续性缺口一样,在技术分析中具有重要的意义。消耗性缺口的出现,通常表示期价的趋势将暂告一段落。如果在上升趋势中出现,表示期价将下跌;若在下跌趋势中出现,表示期价将上涨。

(2)由于消耗性缺口通常意味着行情反转,对消耗性缺口的确认,对交易者来说,显得特别重要。在缺口发生的当天或后一天若成交量特别大,而且趋势的未来交易量无法再放大,这就可能是消耗性缺口了;假如在缺口出现的后一天其收盘价停在缺口的边缘,就更可确定这是消耗性缺口了。

(3)消耗性缺口是行情即将到终点的最后现象,所以,通常在几天内被封闭。

## 四、波浪理论

波浪理论是技术分析大师艾略特所发明的一种预测价格趋势分析的工具。它在期市、股市分析上运用最多,又是最难于了解和精通的分析工具。

艾略特认为,不管是期货价格还是股票价格的波动,都与大自然的潮汐、波浪一样,一浪跟着一浪,周而复始,具有一定的规律性,表现出周期循环的特点,任何波动均有迹可循。因此,期货交易者可根据这些规律性的波动来预测价格未来的走势,从而决定自己的买卖行为。

**(一)波浪理论的基本形态**

波浪理论认为:价格的波动周期,从牛市到熊市的完成,包括了5个上升波浪与3个下降波浪,总计有8浪。

每一个上升的波浪,称之为"推动浪",如图5-20(a)中的第1、3、5浪。每一个下跌波浪,是为前一个上升波浪的调整浪,如图5-20(a)中第2、4波浪。第2浪为第1浪的调整浪,第4浪为第3浪的调整浪。

对于整个大循环来讲,第1浪至第5浪是一个大推动浪;a、b、c三浪为大调整浪。

在每一对上升的推动浪与下跌的调整浪组合中,大浪中又可细分小浪,亦同样以8个波浪来完成较小级数的波动周期。图5-20(b)在一个大的价格波动周期内涵盖了34个小波浪。

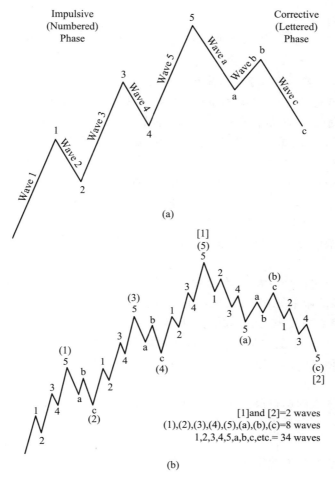

图 5-20　艾略特波浪理论

### （二）黄金分割率

在波浪理论中,每一波浪之间的比例,包括波动幅度与时间长度的比例,均符合黄金分割率的比例。对于技术分析者来说,黄金分割率是非常重要的参考依据。

数学家法布兰斯在 13 世纪写了一本书,关于一些奇异的数字组合。这些奇异的数字组合是 1,2,3,5,8,13,21,34,55,89,144,233……

以上任何一个数字都是前面两个数字的总和。

例:2＝1＋1,3＝2＋1,5＝3＋2,8＝5＋3……

这些数字,有许多有趣的性质:第一,任意两个相邻的数字之和,等于两者之后的那个数字。第二,除了开始的四个数字外,任意一个数字与相邻的后一个数字之比,均约等于 0.618;任意一个数字与相邻的前一个数字的比值约等于 1.618,或者说是 0.618 的倒数;隔一个数字相邻的两个数字的比值约等于 2.618,或者其倒数为 0.382。

除了 0.618、1.618、2.618、0.382,在波浪理论中涨幅及跌幅运用到的有关比例数值还有 0.5、1、1.382、1.5、2 等。

### (三) 每一浪的特点

如何来划分上升 5 浪和下跌 3 浪呢? 一般说来,8 个浪各有不同的特征。

**1. 第 1 浪**

第 1 浪中几乎半数以上属于营造底部形态的一部分。第 1 浪是 8 浪循环的开始,由于这段行情的上升出现在空头市场跌势后的反弹或反转过程中,买方力量并不强大,加上空头继续存在卖压。因此,在此类第 1 浪上升之后出现第 2 浪调整回落时,其回档的幅度往往很深;另外半数的第 1 浪,出现在长期盘整完成之后,在这类第 1 浪内,其行情上升幅度较大。

**2. 第 2 浪**

第 2 浪是下跌浪。由于市场人士误以为熊市尚未完结,其调整下跌的幅度相当大,可能会跌掉第一浪的全部涨幅,有时也可能跌掉第 1 浪升幅的 0.5 或 0.618 倍。当行情在此浪中跌至接近底部(第 1 浪起点)时,卖压逐渐衰竭,成交量也逐渐缩小,第 2 浪调整才会宣告结束。在此浪中经常出现反转形态,如头肩底、双底等。

**3. 第 3 浪**

第 3 浪的涨势往往是最大、最有爆发力的上升浪。这段行情持续的时间最长,幅度最大,一般为第 1 浪涨幅的 1.618 倍,也可能是其他比例,如 1、1.5、1.382 倍等。在这一阶段,市场投资者信心恢复,成交量大幅上升,常出现传统图表中的突破信号。这段行情的走势非常激烈,一些图形上的关卡,非常轻易地被穿破,尤其在突破第 1 浪的高点时,表现为最强烈的买进信号。由于第 3 浪涨势强烈,经常出现"延长波浪"的现象。

**4. 第 4 浪**

第 4 浪是第 3 浪的调整浪。它常以倾斜三角形的形态走完第 4 浪。在调整过程中,此浪的最低点一般不会低于第 1 浪的最高点。

**5. 第 5 浪**

第 5 浪是期货交易者特别关注的一浪。对于商品期货市场来说,第 5 浪经常是最长的波浪,且常常出现延伸浪。但是,对于股市而言,第 5 浪的涨势通常小于第 3 浪,第 5 浪的涨幅一般为第 1 浪底点到第 3 浪顶点的距离的 1.618 倍,也可能是 1、1.5、1.382 倍等。

**6. 第 a 浪**

在第 a 浪中,交易者大多一致看多,认为正处于牛市涨势之中,上升趋势不变,此时价格下跌仅为一个暂时的回档现象。实际上,a 浪的下跌,在第 5 浪的后期通常已发出下跌浪的信号了,如成交量与价格走势背离或技术指标上的背离等。由于投资者的看多心理,a 浪的调整幅度往往不会太深,常出现平势调整或者以"之"字形态运行。

**7. 第 b 浪**

第 b 浪一个最突出的特点就是成交量不大。b 浪是多头出货的一次好机会,然而,由于它是出现在一轮上涨行情之后,外加第 a 浪调整幅度一般不会太大,很容易给投资者一个错觉,使其误认为是另一波上涨行情前的调整,常在此处形成多头陷阱。许多多头在此处失去出逃的好机会。

**8. 第 c 浪**

第 c 浪是一段破坏力很强的下跌浪。在该浪中,交易者看空气氛很浓,此浪跌势较为强劲,跌幅深,持续的时间也较长。

从以上分析来看,波浪理论似乎简单且便于运用。但实际上,由于其每一个上升或下跌的完整过程中均包含有8个大浪,大浪中每一浪又有8个小浪,而8个小浪中每一浪中又有8个细浪。因此,数浪变得相当繁杂且难于把握。再加上其推动浪和调整浪经常出现延伸浪等变化形态,使得对浪的准确划分更加难以界定。这两点使得波浪理论运用起来较为困难。

## 五、圈叉图

圈叉图反映了多空双方力量的变化,特别适合现场即时分析。在分析时,一般是观察一段时间内"○"和"×"所构造的形态来预测价格的走势,选择买卖时机。以下结合典型图形举例分析。

(1)若价格在波动中两次冲到某一价位又往下走,第三次则突破该价位的阻力而往上涨,此为跟进做多时机(见图5-21)。

(2)若价格经过一番上涨后,显示一波比一波高,则表明后市看涨,当出现第三次上涨超过前一波高点时,可买进做多头(见图5-22)。

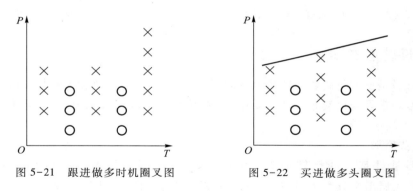

图5-21 跟进做多时机圈叉图　　　　图5-22 买进做多头圈叉图

(3)在价格波动趋势处于下跌的走势下,高价位形成一个下降的压力线,一旦价格上涨突破压力线,则是买进时机(见图5-23)。

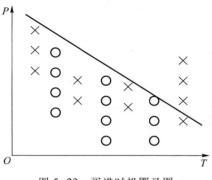

图5-23 买进时机圈叉图

（4）若价格在一番波动中，变化的幅度越来越小，形成一个三角形，则上边线为压力线，下边线为支撑线。如果价格上涨冲破阻力线，表明市场有一段较大的上涨，可买进做多头；如果价格跌穿了支撑线，则说明后市有一段大跌势，可顺势做空头（见图5-24）。

（5）若价格在变化中形成一段上升趋势，然后一个较猛的跌势又跌破了上升支撑线，是做空时机（见图5-25）。

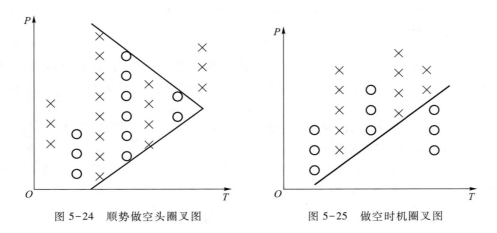

图5-24　顺势做空头圈叉图　　　　图5-25　做空时机圈叉图

## 六、反转形态

反转形态是指期价趋势逆转所形成的图形，亦指期价由涨势转为跌势，或由跌势转为涨势的信号。常见的反转形态有：头肩形、圆弧形、双重形态、三重形态、直角三角形、V形、菱形等。

### （一）头肩形

头肩形是最基本的反转形态。中间（头）涨跌幅度最大，两边（两肩）较低（见图5-26）。头肩形又分为头肩顶形（见图5-27）和头肩底形（见图5-28）。

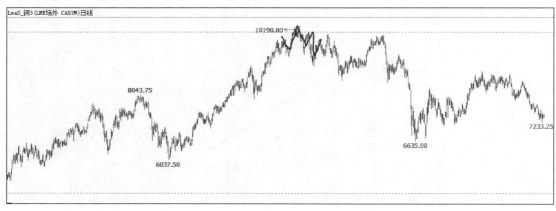

图5-26　头肩形

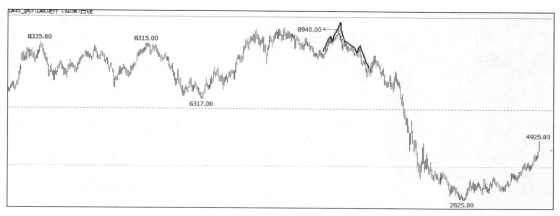

图 5-27　头肩顶形

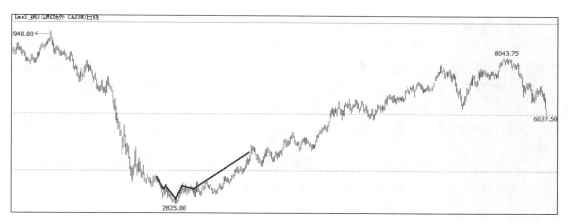

图 5-28　头肩底形

对于头肩形,在实际运用过程中,有如下几个要点:

（1）头肩形是一个长期性趋势的转向形态。头肩顶形常出现于牛市的尽头,而头肩底形常出现于熊市的尽头。

（2）当头肩顶颈线被跌破时,是卖出的信号;当头肩底的颈线被突破时,是买入信号。其价格上涨和下跌的幅度等于头顶到颈线的距离。

（3）当颈线被跌破或被突破时,需要成交量的配合,否则,可能出现假跌破和假突破。另外,当头肩顶形跌破颈线时,有可能会出现回升,回升应该不超过颈线;头肩底形突破颈线时,有可能回跌,回跌不应低于颈线。

图 5-29 为 LME 3 个月综合铜 1997 年 1 月至 1998 年 1 月的收盘线图。价格在这段时间构筑了一个较标准的头肩顶。左肩出现在 1997 年 2 月底、3 月初,头部出现在 6 月,右肩（比左肩稍低）出现在 7 月底,横线处表示颈线位。价格在构筑完头肩顶后,于 8 月份跌破颈线,其跌幅大于从顶点到颈线位的幅度。在期价跌破颈线位时,是个极佳的卖出机会。

图 5-29　LME 3 个月综合铜收盘线图

**（二）圆弧形态**

圆弧形态分为圆弧顶及圆弧底。对于圆弧顶来说，期货价格呈弧形上升后下降，即虽然价格不断升高，但每一次涨幅不大，然后达到最高点又缓慢下落。对于圆弧底来说，走势正好相反，期货价格首先缓慢下跌，至最低点又慢慢攀升，形成圆弧底（见图 5-30）。

对于圆弧形，在实际运用过程中，有如下几个要点：

（1）当圆弧顶及圆弧底形成后，价格并不马上下跌或上升，通常要横向整理一段时间。

（2）一旦价格突破横向整理区域，对于圆弧顶的情况而言，会出现很大的跌幅，此时是卖出的信号；对于圆弧底而言，则会出现大的涨幅，是买入的信号。

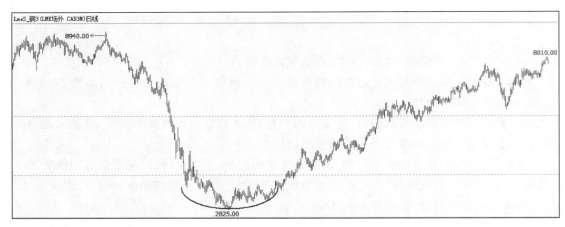

图 5-30　圆弧底

**（三）双重形态**

双重形为双重顶（M 头）和双重底（W 底）两种形态。当期货价格上升到某一高价位时，出现大成交量，价格随后开始下跌，成交量跟着减少；然后，价格又上升至前一高价位几乎相等的顶点,成交量随之大增;之后,价格再次下跌,这样形成双重顶(见图5-31)。双重底与双重顶形态正相反,表现为期价先下跌后上升,然后再次下跌,再次上升(见图5-32)。

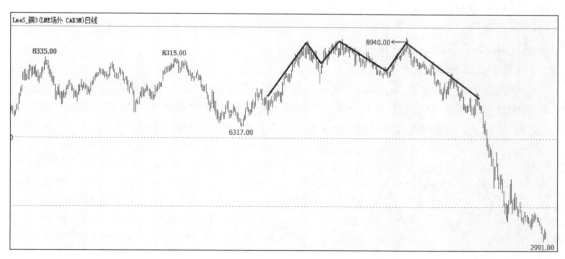

图5-31　双重顶

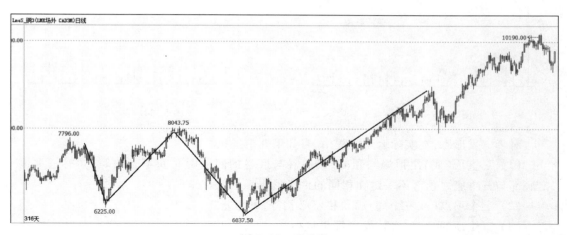

图5-32　双重底

对于双重形态,在实际运用过程中,有如下几个要点:

(1)双重顶颈线跌破,是可靠的卖出信号。而双重底颈线突破,则是可靠的买入信号。

(2)双头的两个最高点并不一定在同一水平,二者相差少于3%是可接受的。通常来说,第二个头可能较第一个头高出一些,原因是看好的力量企图推动价格继续上升,但是却没法使价格上升超3%的差距。一般双底的第二个底点都较第一个底点稍高,原因是一部分投资者在第二次回落时已开始买入,令价格无法再次跌回上次的低点。

(3)双重顶的最少跌幅等于顶部及颈线的距离,双重底的最少涨幅等于底部及颈线的距离。

(4)双重顶(底)不一定都是反转形态。两顶(底)之间的时差越大,其反转态的可能性越大。

图 5-32 是 LME 3 个月综合铜 1998 年 11 月至 2000 年 3 月的收盘线图。在这段时间构筑了一个较标准的双底。左底出现在 1999 年 3 月前后,右底出现在 1999 年 6 月,图中横线表示颈线。1999 年 7 月前后突破颈线,完成了双底的构筑,展开了升势。在价格突破颈线时,是个很好的买入信号。

### (四)三重形态

任何头肩形,特别是头部超过肩部不够多时,可称为三重顶(底)形。三重顶形态和双重顶形态十分相似,只是多一个顶,且各顶分得很开。成交量在上升期间一次比一次少(见图 5-33)。三重底则是倒转的三重顶,分析含义一样(见图 5-34)。

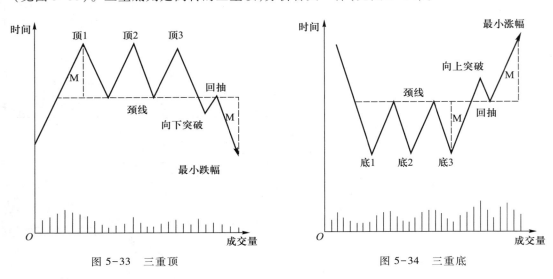

图 5-33　三重顶　　　　　　　　　　　　图 5-34　三重底

对于三重形态,在实际运用过程中,有如下几个要点:

(1)三重顶(底)之顶峰与顶峰,或底谷与底谷的间隔距时间不必相等,同时三重顶之底部与三重底之顶部不一定在相同的价格形成。

(2)三个顶点(或三个底点)价格不必相等,可相差 3%以内。

(3)三重顶的第三个顶,成交量非常小时,即显示出下跌兆头;三重底在第三个底部上升时,成交量大增,即显示上升兆头。

(4)三重顶(底)突破其颈线时,所能下跌或上升的空间应至少为顶或底到颈线之间的距离。

### (五)V 形

V 形有 V 形和倒转 V 形两大类(见图 5-35、图 5-36)。由于市场中卖方的力量很大,令价格持续迅速下挫。当这股卖空的力量消失之后,买方的力量完全控制市场,使得价格迅速回升,几乎以下跌同样的速度涨至原来的价格。因此,在图上价格的运行,形成一个像 V 字般的移动轨迹。倒转 V 形情形正好相反,市场看好的情形使价格节节高升,可是突如其来的一个因素扭转整个趋势,卖方以上升时同样的速度下跌,形成一个倒转 V 形的移动轨迹。

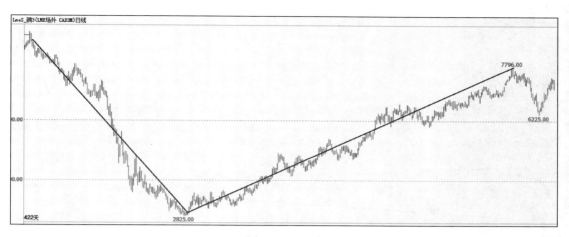

图 5-35　V 形

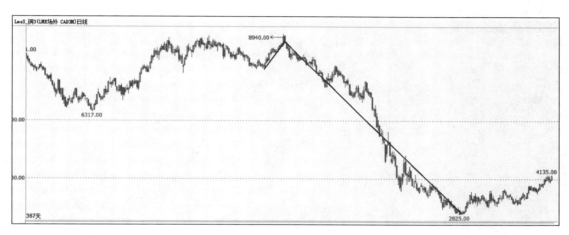

图 5-36　倒转 V 形

对于 V 形,在实际运用过程中,有如下几个要点:

(1) V 形走势是个转向形态,显示过去的趋势已逆转过来。期货价格将向与原来相反的方向运行。

(2) 通常 V 形的价格比起上述各种形态的价格变化更快些。

(3) V 的底部十分尖锐,一般来说形成这转势点的时间仅二三个交易日,而且成交在此低点明显增多。有时候转势点就在一个交易日中出现。

**(六) 三角形**

三角形形态有上升三角形和下降三角形两类。期货价格在某一水平有相当强大的卖压,价格从低点回升到此水平便告回落。但市场的购买力十分强,价格未回至上次低点即告弹升,此情形持续使期货价格随着一条阻力水平线波动日渐收窄。我们可把每一个波动高点连接起来,画出一条水平阻力线;而每一个波动低点则可连接出一条向上倾斜的线,这就是上升三角形。下降三角形的形状和上升三角形恰好相反(见图 5-37 和图 5-38)。

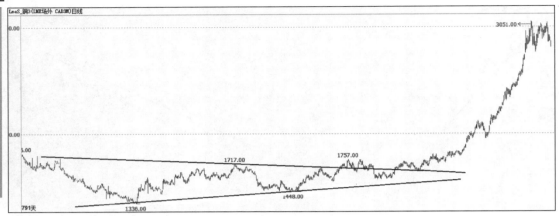

图 5-37　上升三角形

图 5-38　下降三角形

对于上升三角形和下降三角形,在实际的运用过程中有如下几个要点:

(1)上升三角形表示期价呈上升走势,下降三角形表示期货价格呈下跌走势。

(2)上升突破应有成交量的配合,若成交量未能同时增加,则期货价格可能不久又回到原来的价位。下跌突破则无须大的成交量配合。

(3)若价格被挤压到三角形顶端较长时间仍无明显突破,则此形态失败。

(4)突破后的变动幅度至少为三角形底边的长度。

**(七)菱形**

菱形的形态犹如钻石,期货价格的波动从不断地向外扩散转为向内收窄(见图 5-39)。

对于菱形,在实际运用过程中有如下几个要点:

(1)当菱形右下方支撑跌破后,就是一个卖出信号。但如果期货价格向上突破右方阻力时,而且成交量激增,那就是一个买入信号。

图 5-39 菱形

（2）菱形被跌破或被突破后,其下跌或上涨的最小幅度等于形态内最高点和最低点之间的垂直距离。

## 七、整理形态

所谓整理形态是指行情经过一段时间后,不再是大幅度上升或下跌,而是在一定区域内上下窄幅变动,等时机成熟后再继续以往的走势。这种显示以往走势的形态称为整理形态。常见的整理形态有对称三角形、矩形、旗形、岛形、盘形等。除此以外,上述反转形态中,头肩形、双重形态都可能以整理形态出现。

### （一）对称三角形

就对称三角形而言,期货价格经过一段时间的变动,其变动的幅度越来越小。就是说每次变动的最高价,低于前次的价格,而最低价比前次价格高,呈一压缩的对称三角形（见图 5-40）。

图 5-40　对称三角形

对于对称三角形,在实际运用过程中,有如下几个要点:

(1)一般情况下,对称三角形属于整理形态,期货价格会继续原来的趋势移动。有统计表明对称三角形中约 3/4 属于整理形态,约 1/4 属反转形态。

(2)对称三角形的期货价格变动越接近其顶点而未能突破三角形界线时,其力量越小,若太接近顶点的突破则无效。通常在距三角形端部一半或 3/4 处突破,才会形成真正的突破。

(3)对称三角形向上突破需要大的成交量伴随,向下突破则不必有大的成交量配合。假如对称三角形向下跌破时有极大的成交量配合,可能是一个虚假的跌破信号,期货价格跌破后不会继续下跌。

(4)有假突破时,应随时重划界线找出新的对称三角形。

**(二) 矩形**

矩形是期价由一连串在两条水平上下界线之间变动而形成的形态。当期价上升到某一水平时遇到阻力,掉头回落,但很快便获得支撑而回升,可是回升到上次同一高点时再一次受阻,回落到上次低点时则再得到支撑。这些短期高点和低点分别以直线连接起来,便可以绘出一条水平通道,这就是矩形形态(见图 5-41)。

图 5-41 矩形

对于矩形,在实际运用过程中,有如下几个要点:

(1)矩形形态说明多空双方力量均衡。一般说来,矩形是整理形态,在升市和跌市都可能出现,长而窄且成交量小的矩形常出现在原始底部。突破上下限后分别是买入和卖出的信号,涨跌幅度通常等于矩形本身的宽度。

(2)矩形形成的过程中,除非有突发性的消息扰乱,其成交量应该不断减少。当价格突破矩形上限的水平时,必须有成交量激增的配合,但若跌破下限水平时,就不需大的成交量配合。

(3)矩形往上突破后,价格经常出现回跌,这种情形通常会在突破后的三天至两星期之内出现。回跌将止于颈线水平上,往下跌后的假回升,将受阻于底线水平上。

(4)一个上下波幅较大的矩形,较一个狭窄的矩形形态更具威力。

### （三）旗形

旗形走势的形态就像一面挂在旗杆顶上的旗帜,这种形态通常在急速而又大幅的市场波动中出现。期货价格经过短期波动后,形成一个稍微与原来趋势呈相反方向倾斜的长方形,这就是旗形。旗形又分为上升旗形和下降旗形。对于上升旗形而言,期货价格经过陡峭的飙升后,接着形成一个紧密、狭窄和稍微向下倾斜的成交密集区域,把这密集区域高点和低点分别连接起来,就可以划出两条平行而又下倾的直线,这就是上升旗形(见图 5-42)。下降旗形刚刚相反,当期货价格出现急速或垂直的下跌后,接着形成一个波动狭窄而又紧密、稍微上倾的成交密集区域,像是一条小上升通道,这就是下降旗形(见图 5-43)。

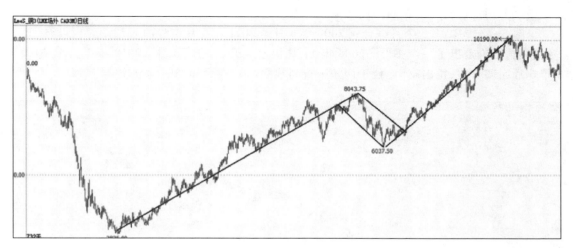

图 5-42　上升旗形

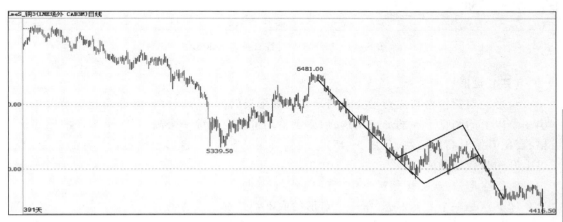

图 5-43　下降旗形

对于旗形,在实际运用过程中,有如下几个要点:

（1）旗形是个整理形态。上升旗形将是向上突破,而下降旗形则是往下跌破。上升旗形大部分在牛市第三期中出现,下降旗形大多是在熊市第一期出现。

（2）旗形形态可量度出最小升跌幅度。其量度的方法是突破旗形（上升旗形和下降旗形相同）后最小升跌幅度等于整支旗杆的长度。而旗杆的长度是形成旗杆突破点开始到旗形的顶点为止。

（3）旗形形态确认有如下几个特征：① 旗形形态在急速上升或下跌之后出现；② 成交量在形成形态期间不断地显著减少；③ 当上升旗形往上突破时，必须得到成交量激增的配合；当下降旗形向下突破时，成交量也需增加。

（4）在形态形成中，若期货价格趋势形成旗形而其成交量是逐渐减少的，下一步将很快反转而不是整理，即上升旗形向下突破，而下降旗形则是向上突破。因此，成交量的变化在旗形走势中是十分重要的。

（5）期货价格一般在四周内向预定的方向突破。

图 5-44 是 LME 3 个月综合铜 2008 年 6 月至 2011 年 6 月走势的 K 线图。可以看到，这期间，铜价走出了一个旗形。2008 年 11 月快速上升，拉出了旗杆，2010 年 1 月至 2010 年 6 月回调盘整，拉出旗面（位于两条平行斜线之内），然后如期继续上攻。

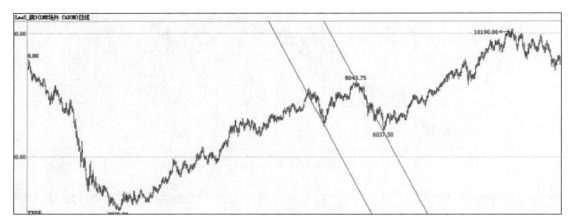

图 5-44　LME 3 个月综合铜走势 K 线图

**（四）盘形**

盘形的期货价格与成交量变动情形和圆弧形反转形态差不多。标准的盘形是以一连串一个以上的圆弧形底的形态出现，后一个平均价格要比前一个高，每一个盘形的尾部价格，要比开始时高出一些（见图 5-45）。和圆弧底形态一样，盘形也代表着上升的意义，不过上升的步伐稳健而缓慢。

对于盘形，在实际运用过程中，有如下几个要点：

（1）这是一个上升形态，每一个盘形的底部都是一个理想的买入点。

（2）当盘形走势可以肯定时，期货价格波动的形势将会一直持续，直到在图上出现其他形态为止。

（3）从该形态的成交量可见，大部分投资者都在价格上升时买入，因此成交量大增。但当价格回落时，他们却又畏缩不前，因此圆形底成交量减少。

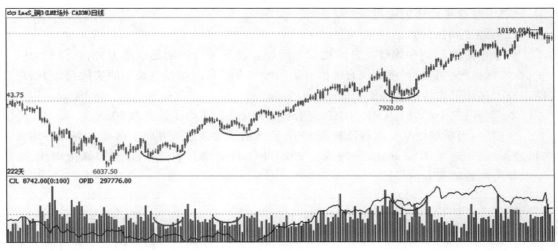

图 5-45  盘形

# 第三节  技术分析法的指标方法

行情分析的技术指标较多,本节介绍移动平均线、相对强弱指标、随机指数、人气指标、乖离率、心理线、指数平滑异同移动平均数等。

## 一、移动平均线

### (一)移动平均线的计算方法

移动平均线是一个重要技术分析指标。它是用截至当日以前的收盘价时间序列 $(P_t = t = 1,2,3,\cdots,N)$ 按式(5-2)算出的收盘价移动平均时间序列 $M_t(t=n,n+1,\cdots,N)$,连接绘制在原收盘价曲线图上的一条曲线。

$$M_t = \frac{1}{n}(P_t + P_{t-1} + P_{t-2} + \cdots + P_{t-n+1})$$

$$= M_{t-1} + \frac{1}{n}(P_t - P_{t-n}),(t=n,n+1,\cdots,N)$$

(5-2)

式中:$N$ 为收盘价时间序列的样本容量;$n$ 为移动平均线所取用的数据个数。

若 $n$ 较小,移动平均线则对收盘价线的修匀程度较小;若 $n$ 较大,则上述修匀程度较大;若 $n = N$,则移动平均线修匀为一条水平线。

在期货价格分析中,移动平均线所取的 $n$ 值通常有 5 天($n = 5$)、10 天、20 天、30 天甚至 90 天。5 天、10 天的移动平均线可用于分析短期价格走势,10 天、20 天、30 天的多用于分析中期走势,30 天与更大值的用于分析长期走势。

一般说,收盘价线位于移动平均线之上,意味着期货价格看涨;反之,则看跌。

除了用式(5-2)求出的简单移动平均线,还有线性加权移动平均线和非线性加权移动平均线,其计算方式较为复杂,效果也并不比简单移动平均线好。因此,这里不做进一步探讨。

### （二）移动平均线的应用

#### 1.移动平均线的八条法则

根据中短期移动平均线与日线图位置的相互转换来分析期货价格走势,选择买卖时机,在实际操作中是相当重要而有效的。美国投资专家葛南维经过长期的实践与研究,总结出有关移动平均线的八条法则。

本部分图例全部取自 LME 3 个月综合铜日 K 线图,平均线天数取 60 天。

法则一:当平均线从下降逐渐转为水平,价格从平均线的下方向上移动并突破平均线时,是买入信号(见图 5-46)。平均线在 2010 年 7 月由跌走平转升,价格也跃上均线,是一个非常准确的买入信号。

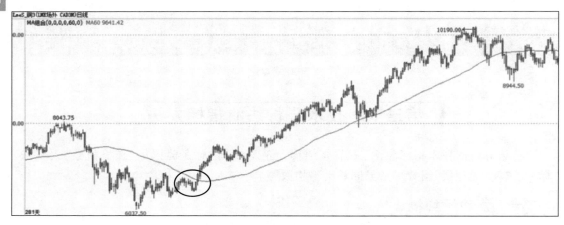

图 5-46　LME 3 个月综合铜日 K 线图(法则一)

法则二:价格一时跌破平均线,但平均线短期内依然继续上升,价格在 3 天之内又回升到平均线之上时是买入信号(见图 5-47)。期铜价格在 2010 年 11 月 17 日盘中跌破 60 日均线即被拉回,其后盘中虽有跌破均线,但收盘价基本保持在均线价格以上,之后继续其上涨行情。

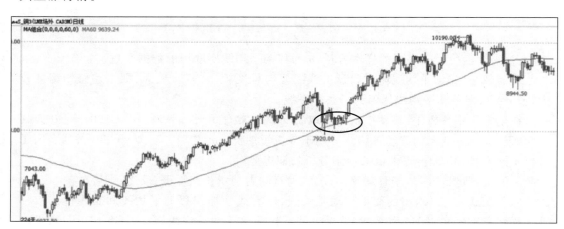

图 5-47　LME 3 个月综合铜日 K 线图(法则二)

法则三:当价格连续上升远离平均线之上时突然下跌,但未跌破平均线便又上升时,为买入信号,并且这一买进法则的可靠性最高(见图5-48)。期铜价格在2007年2月暴涨,远离均线,而在3月出现一定幅度的回调,并未跌破均线又上升,是明显的买入机会。

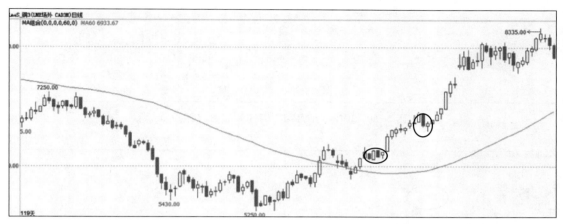

图5-48    LME 3个月综合铜日K线图(法则三)

法则四:价格跌破平均线后急速暴跌,远离平均线,造成超卖。如果这时价格有所回升,并接近平均线,也为买进信号(见图5-49)。期铜价格在2010年2月初跌破均线很远,严重超卖,月中又迅速上升,接近并跃上均线,是一个很准确的买入信号。

图5-49    LME 3个月综合铜日K线图(法则四)

法则五:当平均线走势由原先的上升逐渐走平且弯曲向下,而价格又从平均线的上方向下突破平均线时,是重要卖出信号(见图5-50)。期铜价格在2011年8月跌破60日均线,该均线也由升走平转跌,是一个很好的卖出信号。

法则六:虽然价格轨迹一时向上突破平均线,但在三天之内又急跌到平均线之下,平均线仍在下滑时,是卖出信号(见图5-51)。期铜价格在2012年4月27日冲上60日均线,但随后两天即跌下均线,是两次很好的卖出机会。

图 5-50　LME 3 个月综合铜日 K 线图（法则五）

图 5-51　LME 3 个月综合铜日 K 线图（法则六）

法则七：当价格连续暴跌远离平均线之下时突然反弹靠近平均线，但还未突破平均线便又回落，是卖出信号（见图 5-52）。期铜价格在 2014 年 10 月 28 日反弹靠近均线，但未突破，又掉头向下，是一个准确的卖出信号。

图 5-52　LME 3 个月综合铜日 K 线图（法则七）

法则八：当价格急速上升，在平均线上方移动且距平均线越来越远，涨幅很大时，表明近期内买盘均已获利，随时都会出现回吐，这也是卖出信号（见图 5-53）。期铜价格在

2014年6月底开始暴涨,远离均线,是明显的卖出信号。

图 5-53　LME 3 个月综合铜日 K 线图(法则八)

2. 多根移动平均线之间的关系

分析长期、中期和短期三种移动平均线的位置关系及产生的交叉点,对于把握期货价格走向和选择出入场时机,是非常有指导意义的。

平均线之间的位置关系,归纳起来可以分为两种主要排列方式。一种可以称之为"牛市排列",另一种则可称之为"熊市排列"。所谓"牛市排列"即三种移动平均线趋势都向上,而且短期移动平均线在最上面,中期移动平均线在中间,长期移动平均线在最下面。而"熊市排列"的情况则相反,三种移动平均线都是向下的趋势,短期移动平均线在最下面,长期移动平均线在最上面,中期移动平均线则在中间(见图 5-54 和图 5-55)。

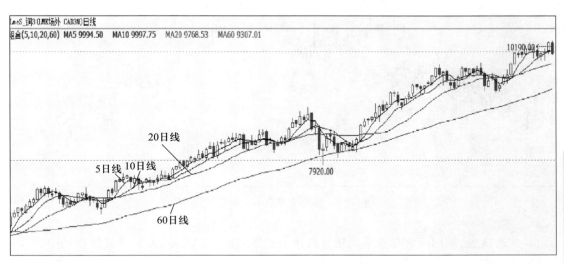

图 5-54　"牛市排列"移动平均线

三种周期的移动平均线随着期货价格的涨跌而发生位置变换,这时必然产生交叉。交叉点根据不同情况可分为两类,即黄金交叉和死亡交叉。黄金交叉就是短期移动平均线向上穿过中期移动平均线,或者中期移动平均线向上穿过长期移动平均线产生的交点。

图 5-55 "熊市排列"移动平均线

当黄金交叉出现时,表明期货价格将有一段较大的上涨行情。而死亡交叉则是短期移动平均向下穿过中期移动平均线,或者中期移动平均线向下穿过长期移动平均线出现的交叉点。死亡交叉表明后市将大跌,是卖出做空的好时机(见图 5-56)。

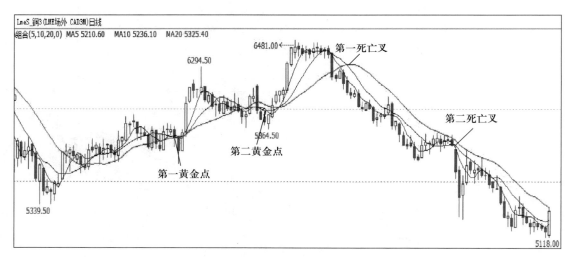

图 5-56 黄金交叉点与死亡交叉点

一般认为,使用两根移动平均线分析比一根平均线分析可靠,而采取三根移动平均线又比两根移动平均线可靠度高。但任何事物都是两方面的,可靠度高要求的信息更多,这就在客观上造成了一些时间上的滞后,结果虽然资金的安全度提高和风险减小了,但相应的盈利率也降低了。在实践分析中,大多投资者喜欢采用 10-20-30 天平均线系统。

**(三)最佳移动天数**

一般来说,移动天数越少,得到的移动平均线越尖锐,其对价格的反应越灵敏;反之移动天数越多,移动平均线就越平滑,对价格的反应也越迟钝。移动天数少的移动平均线可反映短期趋势,而移动天数多的移动平均线可反映中长期趋势。目前普遍采用的移动天数有 5、10、20、30、50、80、100、150、200 天等。

另外,不同种类的商品有不同的价格运动规则,因而存在着不同的最佳移动天数。表5—1 列出了部分美国商品期货的最佳移动天数。对于特定商品,用最佳移动天数画出的移动平均线所发出的买卖信号,其正确率最高。

表 5—1　美国期货市场部分商品的最佳移动天数　　　　　　单位:天

| 商品名称 | 可可 | 粟米 | 糖 | 棉花 | 白银 | 铜 | 黄豆 | 小麦 | 豆油 | 木板 | 生猪 |
|---|---|---|---|---|---|---|---|---|---|---|---|
| 最佳天数 | 54 | 43 | 60 | 57 | 19 | 59 | 55 | 41 | 69 | 68 | 16 |

### (四) 移动平均线的评价

1. 优点

(1) 移动平均线的黄金交叉点和死亡交叉点能显示买入、卖出信号,而且准确度高。

(2) 移动平均线能直观地显示价格变动的大致方向。

2. 缺点

(1) 当行情处于盘整时,移动平均线频繁地发出买卖信号,容易误导交易者。

(2) 移动平均线变动缓慢,不易把握期价的高峰及低谷。对于长期移动平均线,这点表现尤为突出。

(3) 凭移动平均线的买卖信号,交易者很难作出买卖决策,通常须有其他技术的辅助。

## 二、相对强弱指数

相对强弱指数(RSI)是通过比较基期内收盘价的平均涨幅和平均跌幅来分析买卖双方的相对力量,从而判断期价的走势。相对强弱指数是目前广为应用的技术分析工具。

### (一) 相对强弱指数的计算方法

$$RSI = 100 - \left( \frac{100}{1+RS} \right) \tag{5-3}$$

其中:

$$RS = \frac{\text{基期内收盘价上涨数的平均值}}{\text{基期内收盘价下跌数的平均值}} \tag{5-4}$$

在计算及应用 RSI 时,应首先确定基期天数,最初使用的基期是 14 天,后来有人认为应短一些(如 9 天),以便更敏感地反映期价波动。

【例 5—1】 如果以 10 天为基期天数,则第一个 10 天内,若收盘价上涨数的平均值为114.3,而收盘价下跌数的平均值为 164.3,则第 10 天的 RS 为:$RS = 114.3/164.3 = 0.696$,故此第 10 天的 RSI 为:

$$RSI = 100 - \frac{100}{1+RS} = 100 - \frac{100}{1+0.696} = 41.038$$

对于第 11 天的 RSI,则去掉第 1 天收盘价涨跌数,加减第 11 天的收盘价涨跌数,再按上式算出第 11 天的 RSI。依次连接各个 RSI 值即形成 RSI 线。

**（二）相对强弱指数的运用**

（1）RSI 总是在 0 与 100 之间变动。当 RSI 大于 50 时,表示为强势市场;而 RSI 低于 50 时,则表示弱势市场。

（2）RSI 一般在 70 与 30 之间波动。当 RSI 大于 80 时,表示存在超买（Over Bought）现象。如果 RSI 继续上升,超过 90 以上,则表示严重超买,极可能在短期内出现下跌。当 RSI 下降到 20 时,表示存在超卖（Over Sold）现象。如果 RSI 继续下降到低于 10,则表示已到严重超卖区域,期价可能止跌回升。

（3）超买超卖判断与市场特点及 RSI 所取的时间参数有关。对期价变化不过分剧烈的市场,RSI 超过 70 视为超买,RSI 低于 30 视为超卖。另外,时间参数较大时,时间参数取 20 天、30 天,那么超过 70 视为超买,低于 30 视为超卖。

（4）当 RSI 出现超买超卖现象时,表示走势有可能反转,但不构成真正的入市信号。有时行情变化得过于迅速,RSI 会很快地进入超买超卖区域。例如,在牛市的初期,RSI 往往会很快进入超买区域,并在此区域内停留相当长一段时间,但这并不一定表示期价将要下跌是卖出信号。恰恰相反,它表示价格还有继续上升的空间,是买入的好时机。只有在牛市初期或熊市当中,超买才是比较可靠的卖出的入市信号（见图 5-57）。基于这个原因,一般不适宜在 RSI 一旦进入非正常区域就采取买卖行动。最好是价格本身也发出转向信号时再入市。价格转向信号应具备几个条件:趋势线的突破;移动平均线的突破;某种反转价格形态的完成;价格出现背驰。

图 5-57　RSI 指数图

（5）若 RSI 上升而期货价格反而下跌,或是 RSI 下降而期货价格反而上升,则称之为价格出现背驰。

图 5-58 是取自 LME 3 个月综合铜 2011 年 6 月到 12 月的一段走势图。下方 RSI 的天数取 7 天和 14 天。我们可以很明显地看到,在 7 月到 8 月出现了顶背离,期货价格创

出新高，而 $RSI$ 却比上一个高点还低，是一个极佳的卖出信号。

图 5-58　LME 3 个月综合铜走势图

### （三）相对强弱指数的评价

1. 优点

（1） $RSI$ 反应迅速，灵敏度高，直观性强。

（2） $RSI$ 可作为判断大势的量化标准。

2. 缺点

（1）背驰走势的信号并不十分准确，常有背驰现象发生行情并不反转。有时背驰 2～3 次才真正反转。

（2）特别在盘整行情时，$RSI$ 徘徊于 40～60 之间，虽有时突破阻力线和压力线，期货价格并无多大的变化。

## 三、随机指数

随机指数是期货市场常见的技术分析工具，它在图表上是由 $K$ 线和 $D$ 线两条曲线构成，故简称 $KD$ 线。随机指数综合了移动平均线、相对强弱指数的一些优点，主要研究最高价、最低价与收市价的关系，以分析价格走势的强弱及超买和超卖现象。它的理论依据是，当价格上涨时，收市价倾向于接近当日价格区间的上端，而当价格下跌时，收市价倾向于接近其下端。

### （一）随机指数的计算方法

在计算随机指数之初，应先算出未成熟随机值（$RSV$）。它是最后一日收盘价在前一段行情的最高价与最低价间的位置比率，其计算公式为：

$$RSV=(C_t-L_n)/(H_n-L_n)\times100\% \tag{5-5}$$

式中：$C_t$ 为当日收盘价；$L_n$ 为最近 $n$ 日最低价；$H_n$ 为最近 $n$ 日最高价。

现以 9 日周期的 KD 线为例：

$$RSV = \frac{\text{第 9 日收盘价} - \text{9 日内最低价}}{\text{9 日内最高价} - \text{9 日内最低价}} \times 100\%$$

$RSV$ 永远介于 0 与 100 之间。

$RSV$ 算出后,即可求出 K 值和 D 值:

K 值 $=$ 当日 $RSV \times \dfrac{1}{3}$ + 前一日 K 值 $\times \dfrac{2}{3}$

D 值 $=$ 当日 K 值 $\times \dfrac{1}{3}$ + 前一日 D 值 $\times \dfrac{2}{3}$

即:

$$K_t = \frac{1}{3} \times RSV + \frac{2}{3} \times K_{t-1} \tag{5-6}$$

$$D_t = \frac{1}{3} K_t + \frac{2}{3} D_{t-1} \tag{5-7}$$

首次计算 K 值和 D 值时,设 $K_0 = 50$,$D_0 = 50$,代入计算。KD 线多选用 9 日、15 日为计算周期,但实际操作中也可根据情况灵活确定。

**(二) 随机指数的应用**

随机指数是用 K 线和 D 线两条曲线构成的图形关系来分析研判价格走势,这种图形关系主要反映市场的超买和超卖现象、走势背驰现象以及 K 线与 D 线相互交叉突破现象,从而预示中、短期走势的到顶与见底过程。其具体应用法则如下:

(1) 超买超卖区域的判断。K 值在 80 以上、D 值在 70 以上为超买的一般标准;K 值在 20 以下、D 值在 30 以下为超卖的一般标准。

(2) 在价格持续上涨或下跌时,K 值有可能达到大于 90 或小于 10 的极限值。也就是说,随机指数进入严重超买或超卖区域。此时,市场正处于极强的牛市或熊市中,价格达到并超过当期最高或最低值,并不能说明它已到了顶点。相反,此时价格极可能再创新高或新低(见图 5-59)。K 值达到极限后常略做回档,再次接触极点,此时,市场极可能发生反转。

图 5-59　KD 线图

（3）当期价走势一峰比一峰高时，随机指数的曲线一峰比一峰低；或期价走势一底比一底低时，随机曲线一底比一底高，这种现象被称为背驰。随机指数与期价走势产生背驰时，一般为转势的信号，表示中期或短期走势已到顶或见底，此时是买卖信号。

（4）当K值大于D值时，表明当前是一种上涨的趋势。因此，当K线从下向上穿破D线时，是买进的信号。反之，当D值大于K值时，表示当前是一种下跌的趋势。因此，当K线从上向下跌破D线时，是卖出信号；K线与D线的交叉突破，在80以上或20以下信号较为准确。KD线与强弱指数不同之处是它不仅能够反映市场的超买超卖现象，还能通过交叉突破达到发出买卖信号的功能。但是，当这种交叉突破在50左右发生，期货价格又处于盘整状况时，买卖信号应视为无效。

（5）对于随机指数，还存在另外一些转势信号。K线和D线上升或下跌速度减缓，通常都表示短期会转势；K线在上升或下跌一段时期后，突然急速穿越D线，显示趋势短期内会转向。

### （三）随机指数的评价

（1）随机指标是一种较短期的敏感指标，分析比较全面，但比强弱指数复杂。

（2）随机指数的典型背驰准确性颇高，另外还可以通过两条曲线交叉寻求最佳买卖点。随机指数是一种操作性强的技术分析工具。

## 四、人气指标

### （一）人气指标的分析原理

人气指标（$OBV$指标）亦称$OBV$能量潮，是将成交量值予以数量化，制成趋势线，配合期货价格趋势线，从价格的变动及成交量的增减关系，推测市场气氛。人气指标的理论基础是市场价格的变动必须有成交量配合。仅价格的升降而成交量不相应升降，则市场价格的变动难以继续。

### （二）人气指标的计算方法

逐日累计每日成交量，当日收市价高于前一日时，成交量为正值；反之，为负值；若相等，则为零。

$$当日\ OBV=前一日的\ OBV(\pm)今日成交量 \qquad (5-8)$$

然后将累计所得的$OBV$逐日定点连接成$OBV$线，与期货价格曲线并列于一图中，观其变化。

### （三）人气指标的运用

$OBV$线的基本理论基于期货价格变动与成交量的相关系数极高，且成交量为期价变动的先行指标，短期期价的波动与供求关系并不完全吻合，而是受人气的影响，因此从成交量的变化可以预测期价的波动方向。

（1）当期价上涨而$OBV$线下降时，表示能量不足，期价可能将回跌。

（2）当期价下跌而$OBV$线上升时，表示买气旺盛，期价可能即将止跌回升。

如图5-60所示，LME 3个月综合铜2014年11月到2015年5月底的一段走势。可以看出，在2015年1月底，期价创出新低，而$OBV$指标并未创出新低，说明买气上升，市场短期可能转升。

图 5-60　LME 3 个月综合铜走势图

（3）当价格与 *OBV* 线同步缓慢上升时，表示市况继续看好，多头可继续持有合约，观望者也可跟进。

（4）当 *OBV* 线暴升时，不管价格是否暴涨或回跌，都表示买盘能量即将耗尽，大势可能已达到顶峰（见图 5-61）。

图 5-61　OBV 线

另外，值得指出的是，*OBV* 线常适用于短期预测。

**（四）人气指标的评价**

1. 优点

（1）*OBV* 线为期市短期波动的重要判断方法，但运用 *OBV* 线应配合期价趋势线予以研判分析。

（2）*OBV* 线能帮助确定期市突破盘局后的发展方向。

2．缺点

（1）*OBV* 线适用范围比较偏向于短期进出，与基本分析无关。

（2）*OBV* 指标计算方法过于简单。

## 五、乖离率

乖离率（BIAS）简称 Y 值，是移动平均线原理派生的一项技术指标，其功能主要是通过测算期货价格在波动过程中与移动平均线出现偏离的程度，从而得出期货价格在剧烈波动时因偏离移动平均趋势而造成可能的回档或反弹，以及期货价格在正常波动范围内移动而形成继续原有趋势的可信度。

乖离率的测算原理是：如果期货价格偏离移动平均线太远，不管在移动平均线之上或之下，都有可能趋向移动平均线。

### （一）乖离率的计算公式

$$Y\text{值}=\frac{\text{当日收市价}-N\text{日内移动平均价}}{N\text{日移动平均收市价}}\times100\% \tag{5-9}$$

式中：N 日为设立参数，可选用移动平均线日数设立，一般设定为 5 日、10 日、25 日、75 日。

### （二）乖离率的运用

（1）乖离率分为正乖离和负乖离。当期货价格在移动平均线之上时，其乖离率为正，反之则为负。当期货价格与移动平均线一致时，乖离率为 0。随着价格走势的强弱和升跌，乖离率周而复始地穿梭于 0 点的上方和下方。

（2）一般而言，正乖离率涨至某一百分比时，表示短期间多头获利大，则获利回吐可能性也越大，呈卖出信号；负乖离率降到某一百分比时，表示空头回补的可能性也越大，呈现买入信号（见图 5-62）。对于乖离率达到何种程度方为正确之买入点或卖出点，目前并

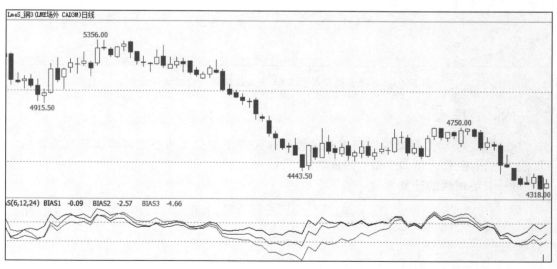

图 5-62　乖离率图

没有统一原则,使用者可凭经验和对行情强弱的判断得出综合结论。一般来说,在大势上升进场,如遇负乖离率,可以待回跌买进。因为进场风险小,在大势下跌的走势中如遇正乖离率,可以待回升高价时抛出。

（3）由于期价相对于不同日数的移动平均线有不同的乖离率,除暴涨或暴跌会使乖离率瞬间达到高百分比之外,短、中、长线的乖离率一般均有规律可循。以下是不同日数移动平均线达到买卖信号要求的参考数据。

5 日乖离率:-3%是买进时机,+3.5%是卖出时机。

10 日乖离率:-4.5%是买进时机,+5%是卖出时机。

25 日乖离率:-7%是买进时机,+8%是卖出时机。

75 日乖离率:-11%是买进时机,+11%是卖出时机。

图 5-63 是取自郑州商品交易所 PTA[①] 主力连续期货价格周线的走势图,乖离率指标天数取 5 日、10 日和 25 日。可以看出在 2021 年 8 月底,PTA 主力期货合约价格和 BIAS 指标持续走低,但 9 月初 BIAS 指标开始反弹,5 日逐步突破 10 日,是一个较好的买点。

图 5-63　郑州商品交易所 PTA 主力连续期货价格周线走势

## 六、心理线

心理线(PSY)是将某段时间内交易者倾向买方还是卖方的心理与事实转化为数值,形成人气指标,作为做多或做空的依据。

### （一）心理线的计算方法

$$PSY = \frac{N\ 日内的上涨天数}{N} \times 100 \tag{5-10}$$

---

① PTA 期货是指以苯二甲酸为标的物的交易品种。

式中:$N$ 一般设定为 10 日。

**（二）心理线的运用**

（1）由心理线公式计算出来的数值,超过 75% 时为超买,低于 25% 时为超卖,25% ~ 75% 区域内为常态分布。

（2）一段上升行情展开前,通常超卖的低点会出现两次。同时,一段下跌行情展开前,超买的最高点也会出现两次。在出现第二次超卖的低点或超买的高点时,一般是买进或卖出的时机(见图 5-64)。

（3）当 $PSY$ 值降低至 10% 以下时,是真正的超卖,此时是一个短期抢反弹的机会,应立即买进。

（4）心理线主要反映市场的超买或超卖,因此,当数值在常态区域内上下移动时,一般应持观望态度。

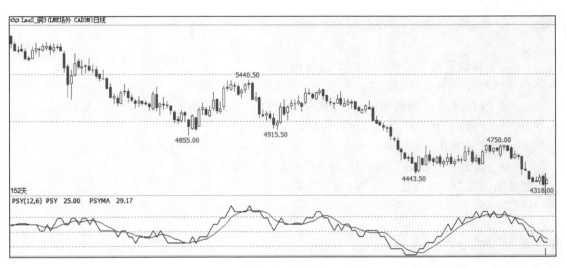

图 5-64　$PSY$ 图

# 七、指数平滑异同移动平均数

指数平滑异同移动平均数($MACD$)是期货交易者用得较多的一种技术分析指标,$MACD$ 使用了正负值($DIF$)和异同平均数($DEA$)这两个指标,另外还使用了柱状线($BAR$)这个指标。

**（一）指标计算**

1. $DIF$ 的计算

$DIF$ 是一快速平滑移动平均线与慢速平滑移动平均线的差。快速是指短期,慢速指长期。下面为 12 日和 26 日的 $DIF$。其计算公式为:

$$EMA_t = \alpha P_t + (1-\alpha) EMA_{t-1} \tag{5-11}$$

式中:$\alpha$ 是平滑系数,其公式为 $\alpha = \dfrac{2}{N+1}$,一般取 12 日和 26 日的 $\alpha$ 值,即 $\alpha_{12}, \alpha_{26}$。

第一步，计算 12 日、26 日的平滑移动平均值。

$$12 \text{ 日的 } EMA_t(12) = \frac{2}{12+1} \times P_t + \frac{11}{12+1} \times EMA_{t-1} \qquad (5-12)$$

$$26 \text{ 日的 } EMA_t(26) = \frac{2}{26+1} \times P_t + \frac{25}{26+1} \times EMA_{t-1} \qquad (5-13)$$

第一天的 $EMA$ 可取第一天的收盘价。

第二步，计算 $DIF$：

$$DIF = EMA_t(12) - EMA_t(26) \qquad (5-14)$$

2. $DEA$ 计算

$DEA$ 是 $DIF$ 的移动平均，与前面我们介绍的移动平均线计算方法相同，只是把 $DIF$ 换成收盘价而已。

3. $BAR$ 计算

$BAR$ 计算更加简便，但交易者用得较多。

$$BAR = 2 \times (DIF - DEA) \qquad (5-15)$$

**（二）指数平滑异同移动平均数的运用**

1. $DIF$ 和 $DEA$ 二者的运用

$DIF$ 和 $DEA$ 二者的运用主要采用"交叉"原则，当 $DIF$ 向上突破 $DEA$ 时，是买入信号；当 $DIF$ 向下跌破 $DEA$ 时，是卖出信号。

2. $BAR$ 的运用

$BAR$ 采用"0 线原则"，当 $BAR$ 由负数的最大值向"0"线靠近时是买入时机，当 $BAR$ 由正数最大值向"0"线靠近时是卖出时机；$BAR$ 在"0"线以上是牛市，在"0"线以下是熊市（见图 5-65）。

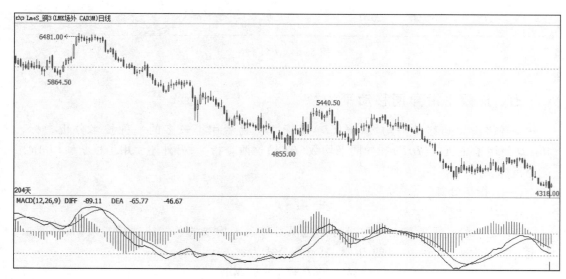

图 5-65　$BAR$ 图

### （三）指数平滑异同移动平均数的优缺点

1. 优点

（1）指数平滑异同移动平均数克服了移动平均线频繁产生买入与卖出信号的问题，其买入与卖出信号较移动平均线有较高的准确度。

（2）BAR 应用简单明了。

2. 缺点

指数平滑异同移动平均数在盘整期也常常发出买卖信号。

## 八、量价分析

技术指标分析法认为，成交量和持仓量的变化会对期货价格产生影响，而期货价格的变动也会引起成交量和持仓量的增减。因此，只有将成交量和持仓量的变化联系起来进行分析，才能有效预测期货市场价格变化。这种将期货价格、成交量、持仓量三个技术指标有机结合起来预测期货市场价格未来走势的量价分析方法是非常重要的技术指标分析法。

### （一）成交量和持仓量的定义

成交量是指在一定单位时间内期货交易的成交数量。成交量只计算买入合约或卖出合约的单边数量而不是两者的总和。

持仓量是指在一定单位时间内未了结平仓前的持仓总和。持仓量只计算未对冲的买方合约或卖方合约的单边数量而不是两者的总和。

市场成交量和持仓量的变化反映了资金进出市场的情况，是判断市场走势的重要指标。

### （二）价格与成交量和持仓量的关系

（1）当价格上涨，成交量和持仓量均上升时，说明新入市的多单持有者增加，后续市场看涨。

（2）当价格下跌，成交量和持仓量均上升时，说明新入市的空单持有者增加，后续市场看跌。

（3）当价格上涨，成交量和持仓量均下降时，说明多头开始获利了结以及空头开始平仓止损，后续市场涨势趋缓将有见顶之势。

（4）当价格下跌，成交量和持仓量均下降时，说明空头开始获利了结以及多头开始平仓止损，后续市场跌势趋缓将有见底之势。

（5）当价格上涨，成交量上升、持仓量下降时，说明多头开始平仓离场，后续市场将冲高回落。

（6）当价格上涨，成交量下降、持仓量上升时，说明多头继续持单看多，后续市场依然存有上涨动力。

（7）当价格下跌，成交量上升、持仓量下降时，说明空头开始平仓离场，后续市场将触底反弹。

（8）当价格下跌，成交量下降、持仓量上升时，说明空头继续持单看空，后续市场依然存有下跌动力。

总体而言,当成交量和持仓量均扩大时,能够进一步维持当前的价格趋势;当成交量和持仓量均萎缩时,将缓解当前价格趋势,未来将出现拐点。当成交量和持仓量变化出现方向不一致的情况时,持仓量的变动趋势对于价格影响更明显一些(见表5-2)。

**表5-2 价格与成交量和持仓量的关系**

| 当前价格 | 交易量 | 持仓量 | 价格趋势预判 |
| --- | --- | --- | --- |
| 上涨 | 上升 | 上升 | 大幅看涨 |
| 下跌 | 上升 | 上升 | 大幅看跌 |
| 上涨 | 下降 | 下降 | 上涨趋缓 |
| 下跌 | 下降 | 下降 | 下跌趋缓 |
| 上涨 | 上升 | 下降 | 即将见顶,有望回落 |
| 上涨 | 下降 | 上升 | 谨慎看涨 |
| 下跌 | 上升 | 下降 | 即将见底,有望反弹 |
| 下跌 | 下降 | 上升 | 谨慎看跌 |

需要特别指出的是,以上关系并非一成不变,投资者应该结合市场趋势、持续时长、历史位置及基本面等各方面因素综合考虑,才能得出判断期价走势强弱的正确结论。

**(三)量价分析的优缺点**

1. 优点

市场技术分析者在不能确定后市走向时,能深入分析醒目资金(即大户)的流向,有助于判断未来市场走向是从"看涨"转为"看跌"还是从"看跌"转为"看涨"。持仓量和成交量的增减可以帮助投资者对市场内部合约的转手情况作进一步的了解。量价分析属于纯粹的数据分析,不受基本面和个人情绪影响,是其最大的优势。

2. 缺点

量价分析的缺点是难以确定应该从哪个时段开始计算持仓量和交易量的上升或下降。如果无法正确确定这个时间点,将会对未来行情产生误判。此外,量价分析是基于历史情况预判未来,一旦市场发生重大变化尤其是发生"黑天鹅"事件,量价分析预判作用将大幅削弱。

# 第四节 程序化交易

程序化交易属于量化交易的一部分或是量化交易的升级版,区别在于下单的方式是人工还是计算机程序自动委托。程序化交易是指通过特定软件自动生成或执行交易指令的交易行为。近年来投资者越来越多地采用程序化交易方式。

## 一、程序设定的步骤

程序化交易一般有如下三个步骤。

### （一）收集历史数据

这里所谓的历史数据就是期货品种的历史行情数据,频率最高的是分笔数据。我国的期货交易所数据是 0.5 秒一笔的分笔成交数据,包括一个价格、一个成交量还有盘口委托单数据。我们看到的 K 线数据都是由这些分笔数据生成,形成最高价、最低价、开盘价、收盘价的 K 线。根据选择的交易周期收集 K 线数据,有 1 分钟数据、5 分钟数据、日线数据等。

### （二）编写交易规则

交易规则即开仓平仓的信号。程序化交易基本都是通过行情数据驱动交易信号,比如可以通过 *MACD* 黄金交叉买、死之交叉卖来做交易信号,然后回测看交易结果如何。这里以简化版的单边做多的海龟交易法则来举例,简单的两条交易规则为:① 日 K 线最高价创 20 日新高立即买入开仓;② 日 K 线最低价创 10 日新低立即卖出平仓。

### （三）回测绩效评估

把交易规则编写成程序代码在软件里回测,然后对回测结果进行评估。绩效评估的参考指标很多,有收益率、最大回撤、胜率、盈亏比、盈利因子等,没有统一的最优标准。

## 二、程序化交易的优缺点

程序化交易具有两大优点:其一,排除个人的情绪化因素,克服人性弱点,将感性化交易完全转变为理性化交易;其二,可以突破人类的极限,大幅提升下单的速率和准确性。

程序化交易具有两大缺点:其一,回测绩效盈利不等于用于未来实盘中可以盈利,回测结果仅用于参考,因为所用的历史数据即样本内数据与未来行情走势的样本外数据会有一定差异,历史会有相似,但不是简单的重复。其二,交易技术门槛高,不适用于普通投资者。

## 三、程序化交易的作用及贡献

量化投资及程序化交易大师西蒙斯默默无闻地在十几年间大量使用量化系统的交易方法,取得了比巴菲特等市场传奇更高的年收益率。在这漫长的岁月中,程序化交易一直悄无声息地为投资者赚取丰厚利润,也在时时为各交易所的交易量做着贡献。据统计,美国市场中有 70% 的交易是由程序化交易完成的,如果将程序化交易的概念再定义得宽泛一些的话,可能这个比例会更高。

总体而言,期货程序化交易作为我国程序化交易的重点,越来越多的期货投资者已经通过程序化交易构建自己的交易系统。当前国内期货方面用来做程序化交易的第三方软件主要有文华财经、交易开拓者、multichart、金字塔决策交易系统,也有程序员通过 CTP 开放的接口自己开发程序化交易软件。程序化交易模型并非一成不变,会跟随市场行情变化,更新升级新的模型,从而适应行情,以持续获取收益。

### 本章小结

1. 期货价格的分析和预测方法主要有基本面分析法和技术分析法两种。基本面分析法,是指根据商品的供给和需求关系以及影响期货价格的其他基本因素,来预测期货价格走势的分析方法。基本面分析法主要是用来研判期货价格的中、长期走势。技术分析法是指以市场行为为研究对象,以判断市场趋势并跟随趋势的周期性变化来进行期货交易决策的方法的总和。技术分析法包括图形分析和指标分析两大类。

2. 影响商品期货价格的基本面因素主要有供求关系、经济因素、政治因素、自然因素、大户操纵因素等。

3. 图形分析是最常用的技术分析法。常用的价格图形有 K 线图、条形图、价量图、圈叉图等;常用的线条有趋势线、支撑线和阻力线、速度线等;常见的缺口有突破性、持续性和消耗性三种形态。图形分析者关注图形的反转形态和整理形态。

4. 指标分析是指依据各种各样的量价指标对期货行情进行分析和研判。分析期货行情的技术指标主要有移动平均线、相对强弱指标、随机指数、人气指标、乖离率、心理线、指数平滑异同移动平均数等。

5. 程序化交易属于量化交易的一部分。有收集历史数据、编写交易规则、回测绩效评估三个步骤。其交易模型并非一成不变,会跟随市场行情变化,更新升级新的模型,从而适应行情,才能持续获取收益。

**本章思考题**

1. 在基本面分析法中,影响商品期货价格的因素有哪些?
2. 如何制作 K 线图? 各种典型 K 线图的市场含义是什么?
3. 简述反转形态、整理形态的种类及其运用。
4. 技术分析法的指标法在运用中应注意的要点有哪些?
5. 程序化交易的优缺点分别是什么?

**即测即评**

扫一扫,测一测。

# 第六章
# 金融期货

## 本章要点与学习目标

掌握国际市场上金融期货的种类;掌握股票指数、债券、外汇等相关基础知识;了解股指期货、利率期货和外汇期货的产生、发展、交易原理及操作方法;熟悉我国股指期货、国债期货的现状。

## 第一节　股指期货

股指期货是指以股票价格指数为标的物的标准化期货合约,双方约定在未来的某个特定日期,可以按照事先确定的股价指数的大小,进行标的指数的买卖。在学习股指期货相关知识之前,有必要先了解股票价格指数的基本知识。

### 一、股票价格指数基础知识

#### (一)股票价格指数的定义

股票价格指数简称股价指数或股指,是由证券交易所或金融服务机构运用统计学中的指数方法编制而成的、反映股市中总体价格或某类股票价格变动和走势的指标。

由于股票价格起伏无常,投资者必然面临市场价格风险。对于具体某一种股票的价格变化,投资者容易了解,而对于多种股票的价格变化,要逐一了解,既不容易,也不胜其烦。为了适应这种情况,一些金融服务机构就利用自己的业务知识和熟悉市场的优势,编制出股票价格指数,公开发布,作为市场价格变动的指标。投资者据此就可以检验自己投资的效果,并用以预测股票市场的动向。

编制股价指数,通常以某年某月为基期(基期的股价指数大多定为 100 或 1 000),用现在的股票价格总值和基期股票价格总值比较,计算出现在的股价指数。投资者根据指数的升降,可以判断出股票价格的变动趋势。并且为了能实时地向投资者反映股市的动向,所有的股市几乎都是在股价变化的同时即时公布股票价格指数。

**（二）股票价格指数的编制**

股价指数是反映不同时点上股价变动情况的相对指标。由于上市股票种类繁多,计算全部上市股票的价格平均数或指数的工作是艰巨而复杂的,因此金融机构通常从上市股票中选择若干种富有代表性的样本股票,并计算这些样本股票的价格平均数或指数,用以表示整个市场的股票价格总趋势及涨跌幅度。

计算股价平均数或指数时经常考虑以下几点:① 样本股票必须具有典型性、普遍性,为此选择样本应综合考虑其行业分布、市场影响力、股票等级、适当数量等因素。② 计算方法应具有高度的适应性,能对不断变化的股市行情做出相应的调整或修正,使股价指数或平均数有较好的敏感性。③ 基期应有较好的均衡性和代表性。

股价指数的常用计算方法有三种:算术平均法、几何平均法和加权平均法。

1. 算术平均法

算术平均法是指股票价格指数中所有组成样本的算术平均值。计算式为:

$$I = \frac{\sum_{i=1}^{n} P_m^i / P_0^i}{n} \times I_0 \qquad (6-1)$$

式中:$I$ 为股票价格指数;

$P_m^i$ 为第 $m$ 报告期股票价格;

$P_0^i$ 为基期股票价格;

$I_0$ 为基期股票价格指数;

$n$ 为组成股票指数的股票种类数。

算术平均法的优点是简便易行,但由于算法过于简单,常忽略一些重要因素。英国的《经济学人》普通股票指数的计算采用的就是算术平均法。

2. 几何平均法

少数国家的证券交易所采用几何平均法来计算股价指数。计算式为:

$$I = \frac{\sqrt[n]{P_1 \times P_2 \times \cdots \times P_n}}{P_0} \times I_0 \qquad (6-2)$$

式中:$I$ 为股票价格指数;

$P_i$ 为组成股票价格指数的各种股票报告期价格;

$P_0$ 为组成股票价格指数的各种股票的基期价格;

$I_0$ 为基期股票价格指数;

$n$ 为组成股票价格指数的股票种类数。

几何平均法也没有考虑股票权数的影响,另外几何平均法计算出来的股票指数在相对较长的时间内可能存在误差。目前世界上采用几何平均法计算股价指数的有:美国堪萨斯价值线指数、英国伦敦金融时报工业普通股指数等。

3. 加权平均法

加权平均法是根据各期样本股票的相对重要性予以加权,其权数可以是成交股数、股票发行量等。加权平均法的计算式为:

$$I = \frac{\sum_{i=1}^{n} P_i W_i}{\sum_{i=1}^{n} P_0 W_i} \times I_0 \qquad (6-3)$$

式中:$I$ 为股票价格指数;

$P_i$ 为组成股票价格指数的各种股票报告期价格;

$W_i$ 为组成股票价格指数的各种股票的上市总量或某市场总价值;

$P_0$ 为组成股票价格指数的各种股票的基期价格;

$I_0$ 为基期股票价格指数;

$n$ 为组成股票价格指数的股票种类数。

世界上大多数国家的股票价格指数都采用加权平均法来计算,如标准普尔指数、巴黎证券交易所指数、上证综合指数等。

世界上著名的股票价格指数主要有道·琼斯股票价格指数、标准普尔股票价格指数、纽约证券交易所股票价格指数、日经道·琼斯股票价格指数、金融时报股票价格指数、香港恒生指数等。

## 二、股指期货基础知识

股票价格指数期货,简称股指期货,也可称为股价指数期货、期指,是指以股价指数为标的物的标准化期货合约,双方约定在未来的某个特定日期,可以按照事先确定的股价指数的大小,进行标的指数的买卖。股指期货交易的实质是投资者将其对整个股票市场价格指数的预期风险转移至期货市场的过程,其风险是通过对股市走势持不同判断的投资者的买卖操作来相互抵消的。它交易的对象是股价指数,是以股价指数的变动为标准,以现金结算,交易双方都没有现实的股票,买卖的只是股价指数期货合约,而且在任何时候都可以买进卖出。

### (一)股指期货的产生和发展

股指期货最早诞生于美国。第二次世界大战以后,以美国为代表的经济发达国家的股票市场取得飞速发展,上市股票数量不断增加,股票市值迅速膨胀。在股票市场不断膨胀的过程中,股票市场投资者的结构也在发生着惊人变化,以信托基金、养老基金、共同基金为代表的机构投资者大量涌现。20 世纪 70 年代,在"石油危机"的冲击下,西方各国的股票市场价格大幅度波动,股票投资者面临着越来越大的风险,其中以系统性风险更为突出和严重。当时,美国经济陷入滞胀的困境。1981 年,美国为抑制通货膨胀采取了强有力的紧缩货币政策,致使利率一路高攀,最高曾达 21%。股票价格因此狂跌不止,投资者损失惨重。大批美国投资者几乎丧失对股票投资的信心,转而投资于债券或银行存款。为减轻股票价格升跌给投资者带来的风险,稳定和发展美国股票市场,拓展新兴的分散投资风险的金融衍生工具势在必行,股指期货就是在这样的背景下产生并快速发展起来的。

1982 年 2 月 24 日,美国堪萨斯城期货交易所在历经四年的争论与努力后,首次推出价值线综合指数期货合约,标志着股指期货的产生。同年 4 月,芝加哥商业交易所也推出了标准普尔 500 股指期货交易。

股指期货交易在美国迅速崛起后,吸引了其他国家和地区竞相效仿,股指期货在世界范围内掀起了推出热潮,澳大利亚、加拿大、英国、新加坡、中国香港等国家和地区纷纷加入这一行列。随着股指期货不断推出,投资者逐渐由过去买入某个或某组股票等待价格上涨后再抛出的单项投资方式,转向期、现两个市场的组合投资模式。比如,买入现货的同时运用股指期货进行套利等。投资者开始参与股指期货交易,并学习运用这一工具对冲风险和赚取收益。当无风险套利由于市场的成熟而变得机会极少时,股指期货又逐渐演变成实施动态交易策略的工具,主要包括通过动态套期保值技术实现投资组合保险,进行策略性资产分配,等等。

进入20世纪90年代后,一方面由于发展中国家的证券市场和国际证券市场处于相对分割的状态,其股价波动更多地受到本国因素的影响,导致投资者运用股指期货规避风险的要求更为强烈;另一方面因为金融产品相比有形商品具有更大的市场,关心和参与的人多,上市后相对容易成功。股指期货也因此成为新兴市场开设金融衍生品交易的突破口,股指期货交易在新兴市场迅速发展起来。如20世纪90年代初,恒生指数期货交易量曾以每年数倍的速度增长,至2005年已占到香港交易所期货总交易量的75%,成为全球著名的股指期货品种。

随着信息技术的飞速发展和经济全球化趋势的影响,股指期货交易的全球化势不可挡。这突出表现在新的电子交易系统的广泛运用和24小时在线交易的开通。通过电子交易平台,交易者可以从一个终端进行多个市场的期货交易,打破了交易时间和空间的限制,促进了全球股指期货电子化交易网络的形成与发展。

### (二)股指期货合约内容与交易规则

表6-1为沪深300股指期货的标准合约。

**表6-1　沪深300股指期货标准合约**

| 合约标的 | 沪深300指数 |
|---|---|
| 合约乘数 | 每点300元 |
| 报价单位 | 指数点 |
| 最小变动价位 | 0.2点 |
| 合约月份 | 当月、下月及随后两个季月 |
| 交易时间 | 上午:9:30—11:30,下午:13:00—15:00 |
| 每日价格最大波动限制 | 上一个交易日结算价的±10% |
| 最低交易保证金 | 合约价值的8% |
| 最后交易日 | 合约到期月份的第三个周五,遇国家法定节假日顺延 |
| 交割日期 | 同最后交易日 |
| 交割方式 | 现金交割 |
| 交易代码 | IF |
| 上市交易所 | 中国金融期货交易所 |

资料来源:中国金融期货交易所。

对照表 6-1,介绍股指期货合约的基本内容如下,与商品期货标准合约相同的内容不再赘述。

### 1. 合约乘数与合约价值

股指期货合约的标的物为表示股价总水平的一系列股票价格指数,由于标的物没有自然单位,这种股价总水平只能以指数的点数与某一既定的货币金额的乘积来表示。这一货币金额表明了每一指数点代表的价格,被称为合约乘数。

合约乘数是将以"点"为计价单位的股价指数转化为以货币为计价单位的金融资产的乘数。合约价值则等于合约指数报价乘合约乘数。由于指数点和合约乘数不同,全球主要交易所的股指期货合约价值也不相同。

合约价值的大小与标的指数的高低和规定的合约乘数大小有关。例如,股票指数为3 000 点,如果乘数为每点 300 元,合约价值就是 3 000×300＝90(万元)。当股票指数上涨到 3 100 点时,合约价值就变为 3 100×300＝93(万元)。

### 2. 最小变动价位

股指期货合约最小变动价位是指股指期货交易中每次报价变动的最小单位,通常以标的指数点数来表示。投资者报出的指数必须是最小变动价位的整数倍,合约价值也必须是交易所规定的最小变动价值的整数倍。比如,沪深 300 股指期货合约的最小变动价位是 0.2 点,只有 0.2 的整数倍的报价交易才有效。

### 3. 每日价格波动限制

与商品期货交易相似,为了防止市场发生恐慌和投机狂热,同时为了限制单个交易日内太大的交易损失,交易所针对股指期货的交易也制定了相应的涨跌停板制度。

值得注意的是,不同的交易所制定的涨跌停板制度是不同的,有的交易所制定了特殊的涨跌停板制度,如芝加哥商业交易所和中国金融期货交易所的股指期货都设置了"熔断机制"。熔断机制的设计是为市场在大幅波动时提供"冷静期",有助于市场稳定,维护市场秩序,保护投资者权益,促进资本市场的长期、稳定、健康发展。国外熔断制度有"熔而断"和"熔而不断"两种表现形式:"熔而断"是当价格触及熔断点后,在随后的一段时间内停止交易;"熔而不断"是当价格触及熔断点后,在随后的一段时间内继续交易,但报价限制在熔断点之内。股指期货的熔断机制与 A 股市场的熔断机制同时于 2016 年 1 月 1 日正式推出,然而由于交易环境欠优、市场成熟度不足等原因,熔断机制在正式推出后的 4 个交易日就启动了 2 次,加速了市场下行,后证监会、中金所等暂停了熔断机制。

此外,并非所有的交易所都采用涨跌停板的限制,例如,香港恒指期货交易、伦敦金融时报 100 指数期货交易都没有这种规定。

### 4. 合约月份与交易时间

股指期货的合约月份是指股指期货合约到期结算所在的月份。不同国家和地区的股指期货合约月份不尽相同。比如,中国金融交易所上市的股指期货有 4 个合约:当月、下月和后两个季月(季月指 3 月、6 月、9 月、12 月)。例如,2022 年 12 月在上市交易的沪深 300 股指期货的合约月份为 2022 年 12 月、2023 年 1 月、2023 年 3 月、2023 年 6 月。

### 5. 合约规模与保证金水平

一般来说,保证金水平要与股指的历史最大波幅相适应,且其比率依据头寸风险不同而有所区别。因此,股指期货套利头寸保证金比率应最小,套保头寸次之,投机头寸最大。

为了控制风险,期货公司会在交易所收取保证金的基础上,加收一定比例的保证金。

6. 竞价交易

股指期货采用集合竞价和连续竞价两种方式撮合成交。

以沪深 300 股指期货为例,正常交易日 9:25—9:30 为集合竞价时间。其中,9:25—9:29 为指令申报时间,9:29—9:30 为指令撮合时间。集合竞价指令申报时间不接受市价指令申报,集合竞价指令撮合时间不接受指令申报。

连续竞价交易按照"价格优先、时间优先"的原则进行,这一点与 A 股市场相类似,但在遇到涨跌停板的极端行情之时,以涨跌停板价格申报的指令,按照"平仓优先、时间优先"的原则进行。这是因为股指期货采用双向交易,投资者既可以开多仓,也可以开空仓。

**(三)股指期货的交易行情表**

表 6-2 是 2022 年 5 月 10 日沪深 300 股指期货的交易行情。

**表 6-2 沪深 300 股指期货交易行情(2022 年 5 月 10 日)**

| 代码 | 最新价 | 涨跌幅 | 期现差 | 升水比例 | 持仓量 | 今开盘 | 最高价 | 最低价 | 昨日结算 |
|---|---|---|---|---|---|---|---|---|---|
| IF2205 | 3 914 | 1.78% | −5.87 | −0.15% | 83 982 | 3 813.2 | 3 932.2 | 3 785 | 3 845.6 |
| IF2206 | 3 900.2 | 1.85% | −19.67 | −0.50% | 82 990 | 3 788 | 3 917.8 | 3 768 | 3 829.2 |
| IF2209 | 3 849.4 | 1.94% | −70.47 | −1.80% | 52 629 | 3 741.8 | 3 866 | 3 718 | 3 776.2 |
| IF2212 | 3 838 | 1.95% | −81.87 | −2.09% | 8 222 | 3 718 | 3 855.4 | 3 705.8 | 3 764.6 |

与商品期货的交易行情内容相似,股指期货的交易行情中披露了最新价、涨跌幅、期现差、升水比例、持仓量、开盘价、最高价、最低价、昨日结算价等内容。就股指期货交易的特殊性,做如下说明。

1. 报价方式

股指期货交易的报价是股票指数的数值,但其所代表的合约的金额,是标的指数与合约乘数的乘积,由于沪深 300 股指期货的合约乘数为 300 元/点,因此 1 手 IF2205 的当前价值是 3 914×300 = 1 174 200(元)。

2. 结算价

国际市场上有四种方法来获取当日结算价,分别是:收盘价;收盘时段集合竞价;收盘前一段时间成交量加权价;收盘时刻最高与最低卖出价的平均价,按最小波动价位取整。

为了防止市场可能的操纵行为以及避免日常结算价与期货收盘价、现货次日开盘价的偏差太大,股指期货交易的结算价一般都不是直接采用交易日的收盘价。如中金所上市的股指期货当日结算价采用该期货合约最后一小时按成交量加权的加权平均价;香港恒生指数期货的规定是,取当天现货市场每五分钟恒生指数全天的平均价为交割结算价。

## 三、股指期货的交易

股指期货是全球交易量最大的期货品种。本节详细介绍股指期货的套期保值业务、套利业务和投机交易。

**（一）股指期货的套期保值**

交易者进行股票投资组合，将会不可避免地面临系统风险和非系统风险。非系统风险可以通过投资组合多元化加以分散，与证券市场整体运作有关的系统风险则不能通过组合多元化加以减小。为了有效地规避市场的系统风险，参与股指期货的套期保值业务就显得非常有必要了。

股指期货的套期保值之所以能够回避股市价格风险，是因为：① 股指的走势与股票价格的走势基本相同；② 现货股票市场的指数与股指期货市场的股指随合约到期日的临近，存在两者合二为一的趋势。

1. 买入套期保值

股指期货的买入（多头）套期保值用于锁定购入股票的价格。如投资者将要收到一笔资金，但在资金未到手之前（如正处于某证券投资基金的扩募期），该投资者预期股市短期内会上涨，为了控制购入股票的成本，他可以先在股指期货市场买入期指合约，等资金到了再进行股票投资。

2. 卖出套期保值

卖出（空头）股指期货套期保值包括两种情况：

一种是投资者没有持有现货股票，但预期将来会持有股票，为避免股价下跌带来损失，卖出相关股指期货套期保值。如指数化的证券投资基金或股票仓位较重的证券公司，已经拥有股票或预期将要持有股票，在对未来的股市走势没有把握或预测股价将会下跌的时候，为避免股价下跌所带来的损失，卖出股指期货合约进行保值。这样一来，一旦股票市场真的下跌，投资者可以从期货市场卖出股指期货合约获利，弥补股票现货市场上的股价损失。

另一种情况是投资者持有现货股票，在现货市场做多头的同时卖出相关股指期货，以锁定未来卖出股票的价格。

**（二）股指期货的套利交易**

股指期货的套利交易有跨期套利、跨品种套利、跨市套利三类。

1. 跨期套利

跨期套利是利用股票指数期货不同月份的合约之间的价格差，入市时建立一个近期月份合约多头（空头）的同时建立另一个远期月份合约的空头（多头），然后平仓出市，从中获利。

【例 6-1】2022 年 3 月 4 日，沪深 300 股指期货 6 月份合约的指数价格为 4 481 点，9 月份合约的指数价格为 4 447.2 点。某投资者通过市场分析后认为，股市已过峰顶，正处于下跌的初期，且 9 月份合约价格下跌幅度将要大于 6 月份合约，于是决定售出 9 月份指数期货合约，购买 6 月份指数期货合约各 10 份。很快股市迅速下跌，与该投资者的预期一致。不久交易所内 6 月份合约的指数价格下跌到 3 866.60 点，9 月份合约则下跌到 3 816.40 点。6 月份合约指数价格下跌幅度为 614.4 点，而 9 月份合约下跌幅度为 630.8 点，远期变化幅度大于近期变化幅度，两个合约价格变动之差为 16.4 点。如果此时平仓出市，则该投资者可获利 49 200（300×16.4×10）元。

**2. 跨品种套利**

跨品种套利是指套利者对两种股指期货品种同时进行方向相反的交易。套利者进行跨品种套利交易时,着眼点不在于股票市场上涨或下跌的整体运动方向,关键是相对于另一种股指期货合约而言,某种股指期货合约在多头市场上是否上涨幅度较大或在空头市场中下跌幅度较小,并由此确定该种股指期货合约是否为强势合约。比如说,某套利者预测上证 50 股票指数相对于中证 500 股票指数在短期内将更加强势,那么他可以买进上证 50 股票指数期货合约,卖出中证 500 股票指数期货合约,并适时进行对冲,这样就可以从跨品种套利交易中获利。

**3. 跨市套利**

这种套利操作方法简单,但其前提条件是:两个市场指数变化的相关性大,即使受某种原因影响使价格暂时失衡,最终两个市场的股价指数还会保持较好的相关性。在股指期货市场成立初期或市场不成熟时,跨市套利的情况较为普遍,套利者其实是利用市场在信息传输上的低效率来获得利润。在市场高效运作的情况下,套利的机会越来越少。

股指期货套利有利于避免股指期货与股票现货价格的严重背离,促进股指期货市场和股票交易市场平衡发展,提高市场的流动性。套利者的利润来源于相对价格的变动,而同时做多和做空的结果更能减少和规避风险。但股指期货套利也同样存在一定的风险,如利率风险、股息风险、交易风险等。股指期货套利要求股指期货和股票买卖同步进行,任何时间上的偏差都会造成意料不到的损失。由于信息传输迅速,市场高效运作,套利的机会正在逐渐减少,而且这些可供套利的机会存在的时间也越来越短。总之,股指期货套利交易是一项专业性极强的交易,它只适合证券公司和基金等机构投资者。

**(三)股指期货的投机交易**

投机者参与股指期货市场的交易动机与套期保值者完全相反。投机者承担风险入市的目的是追逐利润,利用股指期货价格波动赚取差价。

具体说来,进行股指期货投机交易的情形主要有以下三种:

(1)当天交易法,是指在一天之内完成开仓和平仓的交易行为。股票市场在大幅调整的行情中,当天的股价指数波动相当剧烈,因此,当天交易者可能抓住平仓盈利机会。

(2)顺流交易法,是指在股市上涨时买入期货合约而在股市下跌时卖出月份相同、数量相等的股指期货合约的交易行为。上涨或下跌的长期趋势一旦形成,惯性作用将使市场价格沿着已形成的趋势变动。交易者可抓住此机会,建立相应的头寸盈利。

(3)逆流交易法,是指利用期货价格因超买或超卖而暂时偏离正常轨道的时机进行交易的行为。超买时,股指过度上涨,它终究会下跌,故可卖出期货合约;相反,超卖时,股指过度下跌,它终究会上涨,故可买入期货合约。

实际上,在成熟的期指市场上,投资股指期货合约的交易成本要比投资股票低许多,因此,投机者的交易份额在股指期货交易中占绝大多数,远远超过套期保值者和套利交易者的数量。

## 四、我国的股指期货交易

### （一）我国股指期货市场的发展历程

我国的股指期货市场发展分为两个阶段：20世纪90年代海南证券交易中心的股指期货交易阶段和2010年重新开放的以沪深300股指期货为代表的中金所股指期货交易阶段。

1. 海南证券交易中心的不规范发展阶段

1990年12月19日，上海证券交易所的成立拉开了新中国股票市场的序幕，并得到了迅速发展。1992年，中国股市进入第一个迅速扩容时期，上市公司数目快速增加、股票市价总值不断上升，投资者队伍不断壮大。随着股价的逐步放开，上海和深圳股市出现暴涨暴跌的行情。在这种股价剧烈动荡的情况下，为了防范周期性股价波动风险和回避那些猝然而至的变化，作为具有套期保值、消除系统风险功能的股指期货的产生就成为一种客观必然。

1993年3月，我国首次在海南证券交易中心推出了深圳综合指数和深圳A股指数两种期货合约，每种又分当月、次月和隔月三个不同交割月份，共有6个标准合约。然而当时深圳A股指数合约几乎无人参与交易，即使深圳综合指数合约的交易，也基本上集中在当月合约上，只有在临近月末时，次月的交易量才逐渐增加。

经过一段时间的运营，深证综合指数期货交易开始活跃。但是，后来出现了大量股指期货交易不规范与操纵市场的不良行为。1993年9月，证监会通知，证券公司未经批准不得开办股指期货交易业务。海南证券交易中心深圳综合指数和深圳A股指数期货交易业务在10月暂停。

2. 沪深300股指期货的酝酿与股指期货市场重启

2006年2月，经国务院批准，中国金融期货交易所获准筹建。同年4月，沪深300指数被定为首个股指期货标的。9月8日，中国金融期货交易所在上海正式成立。

2007年4月15日，《期货交易管理条例》施行。该条例将规范的内容由商品期货扩展到金融期货和期权交易，为中国推出外汇期货、外汇期权以及股指期货、股指期权等金融衍生品奠定了法律基础，标志着股指期货上市的法律障碍被彻底清除。

2009年11月30日，期货市场统一开户完成。至此，全国正常经营的164家期货公司已分五批全部纳入统一开户系统。

2010年1月15日，证监会发布《关于建立股指期货投资者适当性制度的规定（试行）》的征求意见稿，对建立股指期货投资者适当性制度提出原则要求，授权自律组织制定具体实施办法，并对监管安排进行规定。1月19日，中金所就股指期货交易规则及其实施细则修订稿和沪深300股指期货合约向社会公开征求意见。

2010年3月26日，证监会同意中金所上市沪深300股指期货合约。中金所同时宣布，将于4月16日正式上市股指期货。首批挂牌5月、6月、9月和12月四个合约，挂盘基准价由中金所在4月15日公布。最低交易保证金为合约价值的15%。

2010年4月16日，沪深300股指期货正式在中金所挂牌交易，标志着中国股指期货市场的重启。

**3. 品种丰富与繁荣发展阶段**

据中金所数据统计,截至 2022 年年底,沪深 300 指数股指期货已经上市接近 13 年,运行超 3 000 个交易日,累计成交 10.14 亿手,成交额 967 万亿元。其中 2014 年以前成交量较大,沪深 300 股指期货在全球股指期货成交量中一度排名第四位。2015 年后我国股指期货交易受限,全市场成交量和成交额出现断崖式下跌。虽然此后股指期货交易不断松绑,成交量也每年小幅度回升,但当前与历史高位相比仍有极大差距。

在沪深 300 股指期货合约上市 5 年后的 2015 年 4 月 16 日,上证 50 股指期货和中证 500 股指期货正式上市。此后在 2022 年 7 月 22 日,中证 1000 股指期货也开始交易。股指期货交易品种增加,拓展了风险管理市场的深度和广度,满足了投资者对大盘蓝筹股票和中小市值股票的财富管理和风险管理需求,进一步完善了股指期货产品序列,丰富了金融市场产品类型,对于提升境内股指期货话语权、促进资本市场对外开放和平稳运行都具有积极意义。

截至 2022 年年底,沪深 300 指数成分股市值约为 47.35 万亿元,约占沪深 A 股市值54.07%。其中上证 50 指数成分股总市值约 17.65 万亿,约占沪深 A 股市值的 20.16%,中证 500 指数成分股大约是位于市值排名 301 至 800 名的中小市值上市公司,总市值为12.02 万亿元,约占沪深 A 股市值的 13.73%。中证 1000 指数成分股则大致为市值排名801 至 1 800 名的小市值上市公司,总市值约为 11.38 万亿元,约占沪深 A 股市值 12.99%。

其中,上证 50 指数成分股代表了关系国计民生的大型企业,主要集中在金融、地产、能源等支柱性行业。中证 500 指数成分股是沪深两市中 500 只中小市值上市公司,该板块公司数量多,单个公司市值小,行业覆盖面广,是我国经济结构转型、技术升级和创新发展的重要依托力量。关于此两种股票指数和股指期货的内容,详见下文。

**(二)沪深 300 指数与沪深 300 股指期货**

**1. 沪深 300 指数**

沪深 300 指数是在上海和深圳证券市场中选取 300 只 A 股作为样本编制而成的成分股指数,是在 2005 年 4 月 8 日正式发布的。沪深 300 指数以 2004 年 12 月 31 日为基日,基点为 1 000 点。

沪深 300 指数样本覆盖了沪深市场六成左右的市值,具有良好的市场代表性。沪深 300 指数是沪、深证券交易所第一次联合发布的反映 A 股市场整体走势的指数。它的推出丰富了市场现有的指数体系,增加了一项用于观察市场走势的指标,有利于投资者全面把握市场运行状况,也进一步为指数投资产品的创新和发展提供了基础条件。

(1)指数成分股的选取。沪深 300 指数样本空间由同时满足以下条件的沪深 A 股组成:① 非 ST、\*ST 股票,非暂停上市股票。② 如果为非创业板股票,则要求:上市时间超过一个季度,除非该股票自上市以来日均 A 股总市值在全部沪深 A 股(非创业板股票)中排在前 30 位。如果是创业板股票,则要求上市时间超过 3 年。

沪深 300 指数样本是按照以下方法选择经营状况良好、无违法违规事件、财务报告无重大问题、股票价格无明显异常波动或市场操纵的公司:① 计算样本空间内股票最近一年(新股为上市第四个交易日以来)的 A 股日均成交金额与 A 股日均总市值。② 对样本空间内股票在最近一年的 A 股日均成交金额由高到低排名,剔除排名后 50% 的股票。

③ 对剩余股票按照最近一年 A 股日均总市值由高到低排名,选取前 300 名股票作为指数样本。

（2）指数的计算,沪深 300 指数采用派许加权综合价格指数公式进行计算,计算公式如下:

$$报告期指数 = \frac{报告期成分股的总调整市值}{基期} \times 1\,000 \tag{6-4}$$

式中:总调整市值 $=\sum$（市价×样本股调整股本数）。

指数计算中的调整股本数系根据分级靠档的方法对样本股股本进行调整而获得。分级靠档方法如表6-3所示。

表 6-3　沪深 300 指数分级靠档表

| 自由流通比例(%) | ≤15 | (15,20] | (20,30] | (30,40] | (40,50] | (50,60] | (60,70] | (70,80] | >80 |
|---|---|---|---|---|---|---|---|---|---|
| 加权比例(%) | 上调至最接近的整数值 | 20 | 30 | 40 | 50 | 60 | 70 | 80 | 100 |

表 6-4 为一则分级靠档的实例。

表 6-4　分级靠档实例

| 股票 | 股票 A | 股票 B | 股票 C |
|---|---|---|---|
| A 股总股本 | 100 000 | 8 000 | 5 000 |
| 非自由流通股本 | 91 000 | 4 500 | 900 |
| 自由流通量<br>=A 股总股本-非自由流通股本 | 9 000 | 3 500 | 4 100 |
| 自由流通比例<br>=自由流通量/A 股总股本 | 9.0% | 43.8% | 82.0% |
| 加权比例 | 9.0% | 50% | 100% |
| 加权股本 | 9 000 | 4 000 | 5 000 |

沪深 300 指数实时计算,样本股实时成交价格来自上海证券交易所与深圳证券交易所交易系统。

具体做法是,在每一交易日集合竞价结束后,用集合竞价产生的股票开盘价(无成交者取行情系统提供的开盘参考价)计算开盘指数,以后每秒重新计算一次指数,直至收盘。其中各样本股的市价($X$)根据以下原则确定:若当日没有成交,则 $X=$ 开盘参考价;若当日有成交,则 $X=$ 最新成交价。

当沪深证券交易所行情发生异常情况时,中证指数有限公司视情况决定是否继续计算指数。

（3）指数的调整与修正。为保证指数的连续性,当样本股名单发生变化或样本股的股本结构发生变化或样本股的市值出现非交易因素的变动时,沪深300指数根据样本股股本维护规则,采用除数修正法修正原除数。修正公式为:

$$\frac{修正前的调整市值}{原除数}=\frac{修正后的调整市值}{新除数} \qquad (6-5)$$

式中:修正后的调整市值=修正前的调整市值+新增(减)调整市值。

由式6-5得出新除数,并据此计算以后的指数。

指数发生修正的情形主要有两种:① 当样本公司发生可能影响股票价格变动的公司事件时,如除息、除权等;② 当样本公司发生引起股本变动的其他公司事件时,如增发、债转股、权证行权等。

**2. 沪深300股指期货交易基础**

沪深300股指期货是以沪深300指数作为标的物的期货品种。前述关于股指期货基础内容的介绍都是以沪深300股指期货为例的,因此沪深300股指期货的合约内容、交易规则等知识详见表6-1及相关讲解。

**3. 沪深300股指期货运行现状**

沪深300股指期货自挂牌上市以来,实现了平稳、高效、有序运行。投资者参与热情持续高涨,成交量屡创新高,期现联动步调一致,已呈现出良好的发展势头。股指期货作为金融市场创新性工具的成功推出标志着中国资本市场体系和资本市场功能正在逐步完善。

图6-1展示了截至2021年沪深300股指期货的每年度成交统计情况。截至2021年年底,沪深300股指期货的累计成交量已达到98 746万手,累计成交额已达到934万亿元。

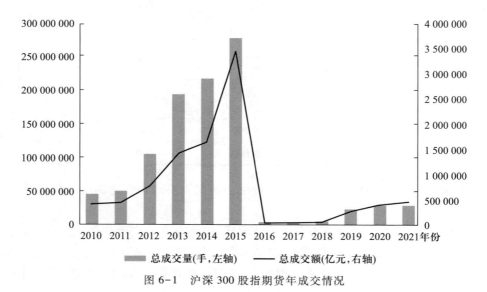

图6-1 沪深300股指期货年成交情况

**(三)上证50指数与上证50股指期货**

**1. 上证50指数**

上证50指数是根据科学、客观的方法,挑选上海证券市场规模大、流动性好的最具代表性的 50 只股票组成样本股编制而成的,以便综合反映上海证券市场最具市场影响力的一批龙头企业的整体状况。上证 50 指数成分股多为金融、地产等关系国计民生的大盘蓝筹股,其流通市值大,市值覆盖率占沪市流通市值高。

上证 50 指数自 2004 年 1 月 2 日起正式发布。上证 50 指数以 2003 年 12 月 31 日为基日,基点为 1 000 点,以基日 50 只样本股的调整市值为基期。

(1)指数成分股的选取。上证 50 指数的样本空间由剔除下列股票后的所有沪市 A 股股票组成:① 上市时间不足一个季度的股票,除非该股票的日均总市值排在沪市的前 18 位;② 暂停上市股票。

在确定样本空间的基础上,上证 50 指数根据总市值、成交金额对股票进行综合排名,取排名前 50 位的股票组成样本,但市场表现异常并经专家委员会认定不宜作为样本的股票除外。

(2)指数的计算。上证 50 指数采用派许加权综合价格指数公式进行计算,计算公式如下:

$$报告期指数 = \frac{报告期成分股的调整市值}{基期} \times 1\ 000 \qquad (6-6)$$

式中:调整市值 = $\sum$(股价×调整股本数)。

指数计算中的调整股本数系根据分级靠档的方法对样本股股本进行调整而获得。要计算调整股本数,需要确定自由流通量和分级靠档两个因素。分级靠档的方法如表 6-5 所示。

表 6-5　上证 50 指数分级靠档表

| 自由流通比例(%) | ≤10 | (10,20] | (20,30] | (30,40] | (40,50] | (50,60] | (60,70] | (70,80] | >80 |
|---|---|---|---|---|---|---|---|---|---|
| 加权比例(%) | 自由流通比例 | 20 | 30 | 40 | 50 | 60 | 70 | 80 | 100 |

举例而言,某股票自由流通比例是 5%,低于 10%,采用自由流通股本为权数;若自由流通比例为 33%,对应的加权比例为 40%,故将总股本的 40% 作为权数。

(3)指数的调整与修正。为保证指数的连续性,当样本股名单发生变化或样本股的股本结构发生变化或样本股的市值出现非交易因素的变动时,上证 50 指数根据样本股股本维护规则,采用除数修正法修正原除数,以保证指数的连续性。修正公式为:

$$\frac{修正前的调整市值}{原除数} = \frac{修正后的调整市值}{新除数} \qquad (6-7)$$

式中:修正后的调整市值 = 修正前的调整市值 + 新增(减)调整市值。

由式 6-7 得出新除数,并据此计算以后的指数。

上证 50 指数依据样本稳定性和动态跟踪相结合的原则,每半年调整一次成分股。特殊情况时也可能对样本进行临时调整。每次调整的比例一般情况不超过 10%。样本调整设置缓冲区,排名在 40 名之前的新样本优先进入,排名在 60 名之前的老样本优先保留。

指数发生修正的情形主要有两种:① 当样本公司发生可能影响股票价格变动的公司

事件时,如除息、除权等;② 当样本公司发生引起股本变动的其他公司事件时,如增发、债转股、权证行权等。

2. 上证 50 股指期货交易基础

上证 50 股指期货合约自 2015 年 4 月 16 日起,合约的具体内容见表 6-6。

表 6-6　上证 50 股指期货标准合约

| 合约标的 | 上证 50 指数 |
|---|---|
| 合约乘数 | 每点 300 元 |
| 报价单位 | 指数点 |
| 最小变动价位 | 0.2 点 |
| 合约月份 | 当月、下月及随后两个季月 |
| 交易时间 | 上午:9:30—11:30,下午:13:00—15:00 |
| 每日价格最大波动限制 | 上一个交易日结算价的±10% |
| 最低交易保证金 | 合约价值的 8% |
| 最后交易日 | 合约到期月份的第三个周五,遇国家法定节假日顺延 |
| 交割日期 | 同最后交易日 |
| 交割方式 | 现金交割 |
| 交易代码 | IH |
| 上市交易所 | 中国金融期货交易所 |

上证 50 股指期货合约的最后交割日同最后交易日。交易手续费标准为不高于成交金额的万分之零点五,交割手续费标准为交割金额的万分之一。

上证 50 股指期货交易采用集合竞价和连续竞价两种交易方式。集合竞价时间为每个交易日 9:25—9:30,其中 9:25—9:29 为指令申报时间,9:29—9:30 为指令撮合时间。连续竞价时间为每个交易日 9:30—11:30 和 13:00—15:00。

3. 上证 50 股指期货运行现状

上证 50 股指期货上市以来,交易适度活跃,机构参与积极,市场功能更加完备,对进一步健全我国股市运行机制、激发市场创新活力、促进资本市场改革发展的积极作用初步显现。截至 2021 年年底,上证 50 股指期货的累计成交量达到了 7 982 万手,累计成交金额超过了 71.05 万亿元。随着市场成熟度的提升,未来势必将有更多的投资者和投资机构参与上证 50 股指期货的交易,股指期货的交易将更加活跃,交易规模将更加扩大。

**(四) 中证 500 指数与中证 500 股指期货**

1. 中证 500 指数

为反映市场上不同规模特征股票的整体表现,中证指数有限公司以沪深 300 指数为基础,构建了包括大盘、中盘、小盘、大中盘、中小盘和大中小盘指数在内的规模指数体系,为市场提供丰富的分析工具和业绩基准,为指数产品和其他指数的研究开发奠定基础。中证 500 指数就是其中的小盘指数之一。

中证 500 指数样本空间内股票是扣除沪深 300 指数样本股及最近一年日均总市值排名前 300 名的股票,剩余股票按照最近一年(新股为上市以来)的日均成交金额由高到低排名,剔除排名后 20% 的股票,然后将剩余股票按照日均总市值由高到低进行排名,选取排名在前 500 名的股票。中证 500 指数又称"中证小盘 500 指数",综合反映沪深证券市场内小市值公司的整体状况。中证 500 指数成分股与沪深 300 指数成分股完全没有重合,是我国新兴产业中小市值上市公司的代表,其流通市值较大,市值覆盖率较高。

上证 50 指数和中证 500 指数与沪深 300 指数相结合,将股指期货作为风险管理工具的市值覆盖率由沪深 300 股指期货一个品种的 57.07%,提高到 73.16%,从而构建出更为完整的风险管理产品体系,拓宽了风险覆盖的深度和广度,满足不同投资群体的差异化、精细化风险管理需求。

中证 500 指数的计算方法和修正规则与沪深 300 指数相同。

中证 500 指数的样本股每半年调整一次,样本股调整实施时间分别是每年 6 月和 12 月的第二个星期五收盘后的下一交易日。每次调整的样本比例一般不超过 10%,样本调整设置缓冲区,排名在 400 名内的新样本优先进入,排名在 600 名之前的老样本优先保留。

特殊情况下将对中证 500 指数样本进行临时调整。发生临时调整时,由最近一次指数定期调整时备选名单中排名最高的股票替代被剔除的股票。

2. 中证 500 股指期货交易基础

中证 500 股指期货合约自 2015 年 4 月 16 日上市交易,合约的具体内容见表 6-7。

表 6-7　中证 500 股指期货标准合约

| 合约标的 | 中证 500 指数 |
| --- | --- |
| 合约乘数 | 每点 200 元 |
| 报价单位 | 指数点 |
| 最小变动价位 | 0.2 点 |
| 合约月份 | 当月、下月及随后两个季月 |
| 交易时间 | 上午:9:30—11:30,下午:13:00—15:00 |
| 每日价格最大波动限制 | 上一个交易日结算价的 ±10% |
| 最低交易保证金 | 合约价值的 8% |
| 最后交易日 | 合约到期月份的第三个周五,遇国家法定节假日顺延 |
| 交割日期 | 同最后交易日 |
| 交割方式 | 现金交割 |
| 交易代码 | IC |
| 上市交易所 | 中国金融期货交易所 |

中证 500 股指期货合约其他内容和交易规则与沪深 300 股指期货、上证 50 股指期货是相同的。

3. 中证 500 股指期货运行现状

中证 500 股指期货上市以来，交易比较活跃，机构参与积极，市场功能更加完备，对进一步健全我国股市运行机制、激发市场创新活力、促进资本市场改革发展的积极作用初步显现。截至 2021 年年底，中证 500 股指期货的累计成交量达到了 1.09 亿手，累计成交金额超过 140.78 万亿元。

**（五）中证 1000 指数与中证 1000 股指期货**

1. 中证 1000 指数

中证 1000 指数选取中证 800 指数样本以外的规模偏小且流动性好的 1000 只证券作为指数样本，与沪深 300 和中证 500 等指数形成互补。

中证 1000 指数以 2004 年 12 月 31 日为基日，以 1 000 点为基点。该指数的具体编制方法为，首先，剔除样本空间内中证 800 指数样本及过去一年日均总市值排名前 300 名的证券；其次，将样本空间内证券按照过去一年的日均成交金额由高到低排名，剔除排名后 20% 的证券；最后，将样本空间内剩余证券按照过去一年日均总市值由高到低排名，选取排名在 1 000 名之前的证券作为指数样本。

指数样本每半年调整一次，样本调整实施时间分别为每年 6 月和 12 月的第二个星期五的下一交易日。每次调整的样本比例一般不超过 10%。定期调整设置缓冲区，日均成交金额排名在样本空间前 90% 的老样本可参与下一步日均总市值排名；日均总市值排名在 800 名之前的新样本优先进入，排名在 1 200 名之前的老样本优先保留。

特殊情况下将对指数进行临时调整。当样本退市时，将其从指数样本中剔除。样本公司发生收购、合并、分拆等情形的处理，参照计算与维护细则处理。

2. 中证 1000 股指期货交易基础

中证 1000 股指期货合约的标的为中证 1000 指数，交易代码为 IM。中证 1000 股指期货合约交易自 2022 年 7 月 22 日在中国金融期货交易所上市，合约的交割月份分别为交易当月、下月以及后两个季月，共四期，同时挂牌交易。合约的具体内容见表 6-8。

表 6-8 中证 1000 股指期货标准合约

| 合约标的 | 中证 1000 指数 |
|---|---|
| 合约乘数 | 每点 200 元 |
| 报价单位 | 指数点 |
| 最小变动价位 | 0.2 点 |
| 合约月份 | 当月、下月及随后两个季月 |
| 交易时间 | 9:30—11:30,13:00—15:00 |

| 每日价格最大波动限制 | 上一个交易日结算价的±10% |
|---|---|
| 最低交易保证金 | 合约价值的8% |
| 最后交易日 | 合约到期月份的第三个周五,遇国家法定假日顺延 |
| 交割日期 | 同最后交易日 |
| 交割方式 | 现金交割 |
| 交易代码 | IM |
| 上市交易所 | 中国金融期货交易所 |

中证1000股指期货的合约乘数是每点200元,合约其他内容和交易规则与沪深300股指期货、上证50股指期货是相同的。

3. 中证1000股指期货运行现状

中证1000股指期货自2022年7月22日上市以来,交易适度活跃,机构参与积极,市场功能更加完备,对进一步健全我国股市运行机制、激发市场创新活力、促进资本市场改革发展的积极作用初步显现。中金所的统计数据显示,截至2022年底,中证1000股指期货的成交量达到了612万手,成交金额超过了80 355亿元。

此外,上证50股指期货、中证500股指期货以及中证1000股指期货的上市,打开了跨品种套利的大门,极大丰富了投资者的交易策略,使得套利交易客户持续增多,交易量持续增加,市场逐步稳定成熟。上市以来,参与上证50和中证500股指期货的客户中,超过半数参与跨品种交易。

# 第二节 利 率 期 货

利率期货是以长短期信用工具为标的物的期货,由于这些信用工具的价格与利率波动密切相关,所以称之为利率期货。由于这些信用工具除了少部分是有价证券如商业票据、定期存款单外,绝大部分是各类债券,因此有必要先了解债券的基本知识。

## 一、利率与债券基础知识

### (一)债券的基本要素

利率又称利息率,表示一定时期内利息量与本金的比率,通常用百分比表示,按年计算则称为年利率。其计算公式是:

$$利息率=利息量÷本金÷时间×100\%$$ (6-8)

债券是政府、金融机构、企业等机构直接向社会借债筹措资金时,向投资者发行,并且承诺按规定利率支付利息并按约定条件偿还本金的债权债务凭证。债券种类繁多,但它们都包含下面几个要素:

（1）债券的面值。债券的面值是指债券的票面价值,包括面值币种和面值大小两方面的内容。面值币种取决于发行的需要和货币的种类,国内债券的面值币种为本国货币,国外债券的面值币种为债券发行国家以外的货币。

（2）债券的票面利率。债券的票面利率是指债券票面所载明的利率,是债券利息与债券面值之比。债券发行者一般都比较看重票面利率,因为票面利率的高低意味着筹资成本利息的多少。债券票面利率分为固定利率和浮动利率。

（3）到期时间。一般而言,债券的到期时间越长,债券价格的波动幅度越大。但是当到期时间临近时,债券的价格变动率递减。

（4）可赎回条款。许多债券在发行时含有可赎回条款,即在一定时间内发行人有权赎回债券。这是有利于发行人的条款,因为当市场利率下降并低于债券的息票率时,债券的发行人能够以更低的成本筹到资金。此时,发行人可以行使赎回权,将债券从投资者手中收回,只是债券的赎回价格高于面值。但是,赎回价格的存在同时也制约了债券市场价格的上升空间,并且增加了投资者的交易成本,降低了投资者的投资收益率。为此,可赎回债券往往规定了赎回保护期,即在保护期内发行人不得行使赎回权。常见的赎回保护期是发行后的 5 至 10 年。

### （二）债券的市场价格

债券的市场价格是指债券票面利率的年利息收入与市场利率之比。用公式表示为:

$$债券市场价格 = \frac{债券票面利率的年利息收入}{市场利率} \tag{6-9}$$

如某一债券的票面面值为 1 000 元,票面年利率 8%,市场利率 9%,则

$$债券市场价格 = (1\ 000 \times 8\%)/9\% = 888.89(元)$$

如果市场年利率变为 5%,则:

$$债券市场价格 = (1\ 000 \times 8\%)/5\% = 1\ 600(元)$$

由此可见,债券市场价格与市场利率成反比关系,市场利率比票面利率高,债券市场价格将会比债券票面价值小;反之,若市场利率比票面利率低,则债券市场价格将比债券票面价值大。

### （三）债券的收益率

投资者在进行债券投资时,最关心的是债券收益有多少,一般使用债券收益率这个指标来衡量债券收益。债券收益率是指债券收益与其投入本金的利率,通常用年利率表示。债券收益不同于债券利息,债券利息仅指债券票面利率与债券面值的乘积。下面介绍几种常用的债券收益率和收益率曲线。

1. 当前收益率

债券的当前收益率等于债券的票息除以当前债券的市场价格。用公式表示为:

$$当前收益率 = \frac{每年的票息}{债券的市场价格} \tag{6-10}$$

很明显,当前收益率没有考虑到到期资本利得或损失。

2. 到期收益率

到期收益率是这样一种折现率,它使得来自某种金融工具的现金流(收入)的现值总

和等于初始投资的价格。

到期收益率是衡量利率最精确的指标。我们可以根据预期的到期收益率给债券定价,另一方面也可以根据债券的价格,计算出其到期收益率。

(1)有息债券的到期收益率:

$$P = \sum_{t=1}^{n} \frac{C}{(1+r)^t} + \frac{F}{(1+r)^n} \tag{6-11}$$

式中:$P$ 为附息债券的价格;

$C$ 为每期支付的息票利息(票息);

$F$ 为面值(到期价值);

$n$ 为债券的期限(期数);

$r$ 为到期收益率。

(2)零息债券的到期收益率,贴现债券只有一笔现金流,所以有:

$$P = \frac{F}{(1+r)^n}$$

即

$$r = \left(\frac{F}{P}\right)^{\frac{1}{n}} - 1 \tag{6-12}$$

特别地,对于任何一年期的零息(贴现)债券,有:

$$r = \frac{F-P}{P}$$

3. 买入到期率

买入到期率又称买入收益率、赎回收益率,是针对赎回债券而言的。买入收益率是这样一种折现率,它使得赎回日现金流的现值总和等于债券的肮脏价格(投资者购买可赎回债券的价格)。用公式表示为:

$$P = \sum_{t=1}^{n} \frac{C}{(1+r)^t} + \frac{CP}{(1+r)^n} \tag{6-13}$$

式中:$P$ 为投资者购买价格(肮脏价格);

$C$ 为每期支付的票息;

$n$ 为到赎回日为止支付的次数;

$r$ 为赎回收益率;

$CP$ 为赎回日的赎回价格。

4. 卖出收益率

卖出收益率是针对可出售债券而言的。卖出收益率是这样一种折现率,它使得卖出日现金流的现值总和等于债券的肮脏价格。用公式表示为:

$$P = \sum_{t=1}^{n} \frac{C}{(1+r)^t} + \frac{pp}{(1+r)^n} \tag{6-14}$$

式中:$P$ 为肮脏价格;

$C$ 为每期支付的票息;

$n$ 为到卖出日为止支付的次数;

$r$ 为卖出收益率;

$pp$ 为卖出日的卖出价格。

可赎回债券与可卖出债券最大的区别在于赎回和卖出的主体不同。可赎回债券是指发行人提前赎回,是发行人改变了债券到期日。而可卖出债券是指持有人按规定提前卖给发行人,是持有人改变了债券到期日。

5. 收益率曲线

债券收益率曲线是描述某一时点上一组相同信用等级的债券的到期收益率和它们的剩余期限之间相互关系的数学曲线。如果以债券的收益率为纵轴,以到期期限为横轴,将每种债券的收益率与它的到期期限所组成的一个个点连接成一条曲线,就会得到一条债券收益率曲线。

如图 6-2 所示,收益率曲线通常具有三种形态:正向收益率曲线、反向收益率曲线和水平收益率曲线。

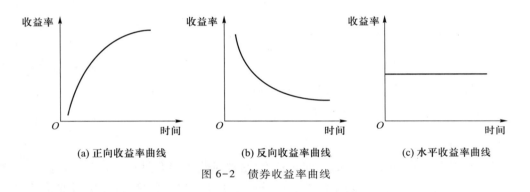

图 6-2 债券收益率曲线

图 6-2(a)所示的是正向收益率曲线。正向收益率曲线描述收益率与到期日之间的正向关系,表明长期利率高于短期利率。同短期债券相比,中长期债券的较高利率鼓励投资者持有中长期债券。正向收益率曲线是现实经济中最常见的一种形态。

图 6-2(b)所示的是反向收益率曲线。反向收益率曲线描述收益率与到期日之间的反向关系,表明短期利率高于长期利率。在这种情况下,市场有可能正面临着流动性不足、短期信贷资金有限以及较严重的通货膨胀等问题。反向收益率曲线在现实经济中比较少见,但有时也存在。

图 6-2(c)所示的是水平收益率曲线。水平收益率曲线表示市场利率水平与时间无关,即不论期限长短,所有的利率都是相同的。水平收益率曲线在现实经济中几乎不存在。

收益率曲线反映了市场对未来利率走向的一致预测。正向收益率曲线表示未来利率将呈现上升的趋势;反向收益率曲线意味着未来利率有可能下降;水平收益率曲线则代表未来利率水平将保持不变。

**（四）影响利率的因素**

在市场经济中,作为资金价格的利率起着极为重要的作用。由于大部分经济活动都

受货币价格的影响,因此利率是市场经济中最重要的变量之一。通常情况下,影响利率变动的因素包括:

(1)宏观经济环境。当经济发展处于增长阶段时,投资的机会增多,对可贷资金的需求增大,利率上升;反之,当经济发展低迷,社会处于萧条阶段时,投资意愿减少,自然对于可贷资金的需求量减小,市场利率一般较低。

(2)货币政策。一般来说,当央行扩大货币供给量时,可贷资金供给总量将增加,供大于求,自然利率会随之下降;反之,央行实行紧缩式的货币政策,减少货币供给,可贷资金供不应求,利率会随之上升。

(3)价格水平。市场利率为实际利率与通货膨胀率之和。当价格水平上升时,市场利率也相应提高,否则实际利率可能为负值。同时,由于价格上升,公众的存款意愿将下降而工商企业的贷款需求上升,贷款需求大于贷款供给所导致的存贷不平衡必然导致利率上升。

(4)股票和债券市场。如果证券市场处于上升时期,市场利率将上升;反之利率相对而言也降低。

(5)国际经济形势。一国经济参数的变动,特别是汇率、利率的变动也会影响到其他国家利率的波动。此外,国际证券市场的涨跌也会对国际银行业务所面对的利率产生影响。

## 二、利率期货基础知识

伴随着利率市场化进程的推进,利率风险也将成为商业银行面临的最重要的风险之一。正是为了规避利率风险并给投资者以新的投资机会,1975年10月美国芝加哥期货交易所才率先推出了利率期货交易,并在全球期货市场迅速发展起来。

### (一)利率期货的产生与发展

20世纪70年代,随着布雷顿森林体系最终解体,固定汇率制为浮动汇率制所替代。为了治理国内经济和在汇率自由浮动后稳定汇率,西方各国纷纷推行金融自由化政策,以往的利率管制得以放松甚至取消。在这种情况下,利率波动更为频繁,也更为剧烈。这使得各经济主体,尤其是各金融机构面临着越来越严重的利率风险。面对日趋严重的利率风险,各类金融商品持有者,尤其是各类金融机构迫切需要一种既简便可行又切实有效的管理利率风险的工具。利率期货在这种背景下应运而生。

1975年10月,芝加哥期货交易所推出了政府国民抵押贷款协会(GNMA)抵押凭证期货合约,标志着利率期货这一新的金融期货类别的诞生。在这之后不久,为了满足人们管理短期利率风险的需要,1976年1月,芝加哥商业交易所的国际货币市场推出了3个月期的美国短期国库券期货交易,并大获成功,在整个20世纪70年代后半期,它一直是交易最活跃的短期利率期货。

在利率期货发展历程上具有里程碑意义的一个重要事件是,1977年8月22日,美国长期国债期货合约在芝加哥期货交易所上市。这一合约获得了空前的成功,成为世界上交易量最大的一个合约。此前的政府国民抵押贷款协会抵押凭证期货合约,虽然是长期利率期货,但由于交割对象单一,流动性较差,不能完全满足市场的需要。而长期国库券则信用等级高,流动性强,对利率变动的敏感度高,且交割简便,成为市场的首选品种,甚至美国财政部发行新的长期国债时,都刻意选择在长期国债期货合约的交易日进行。继美国推出国债期货之后,其他国家和地区也纷纷以其本国的长期公债为标的,推出各自的长期国债期货。其中,比较成功的有英国、法国、德国、日本、加拿大等。

我国国债期货的产生和发展经历一个曲折的过程。1992年12月2日,上海证券交易所首次尝试国债期货交易,设计并推出了12个品种的期货合约,标志着上海国债期货市场进入了试行期。1994年是国债期货市场较为繁荣的一年,全年国债期货市场总成交量达到2.8万亿元,是445亿元现货市场成交量的60多倍。然而,1994年、1995年相继发生了"314"风波、"327"事件、"319"逼仓事件等重大事故,1995年5月17日,证监会发出《暂停国债期货交易试点的紧急通知》,宣布我国尚不具备开展国债期货交易的基本条件,暂停了国债期货的试点交易。2013年9月6日,5年期国债期货在中国金融期货交易所上市交易,中止18年的国债期货重启。此后,中金所又推出了10年期和2年期国债期货,中国的利率期货市场重新蓬勃发展起来。

### (二)利率期货主要品种

利率期货合约是标的资产价格仅依赖于利率水平的期货合约,其标的是各种利率工具。根据标的期限与特点不同,利率期货合约可分为短期利率期货合约、中长期利率期货合约、利率互换期货合约、主权债券收益率利差期货合约、利率指数期货合约几大类,其中最主要的是前两类。短期利率期货合约对应的是短期利率;中长期利率期货合约的标的是资本市场的各类债务凭证,主要包括中长期国债等。

近年来全球活跃的利率期货品种中,短期的有CME集团的欧洲美元期货、欧洲交易所的短期欧元债券期货、3个月英镑利率期货,巴西期货交易所的1天期银行间存款期货等;中长期的有美国2年、3年、5年、10年期及长期国债期货,欧洲期货与期权交易所的德国短、中、长期国债期货,欧洲交易所的英国政府长期国债期货等。

CME于1989年推出利率互换期货。在这之前,许多交易商只能用欧洲美元期货带(Strips)、期货包(Packs)和期货串(Bundles)为利率互换保值。目前CME集团交易2年、5年、10年、30年期实物交割利率互换期货,以及5年、7年、10年、30年期现金交割利率互换期货;泛欧期货交易所交易2年、5年、10年期美元利率互换和欧元利率互换期货。利率互换期货为利率互换交易和公司债务提供了最小基差风险的保值机会,投资者也可以通过买卖互换期货来增加或减少利率互换的久期(Duration),还可以进行套利交易。

目前,CME共推出了美国、英国10年期主权债券收益率利差期货等12个合约,涵盖了美国、英国、意大利、荷兰、德国、法国的主权债券。

利率指数期货合约是利率期货中的新产品,主要包括国债指数期货合约、消费者指数期货合约、信用债指数期货合约。典型的国债指数期货以某国家(或地区)一定期限的国债总收益指数为标的。如2007年1月24日,Euronext.iffe与EuroMTS公司联合推出了一系列以EuroMTS国债总收益指数为标的的债券指数期货合约,其中包括7~10年期欧元区政府债券指数期货、7~10年期MTS法国国债指数期货、7~10年期MTS意大利国债指数期货、7~10年期MTS德国国债指数期货。消费者指数期货可跟踪年通胀率,对通胀风险进行保值。信用债指数期货合约可帮助投资者对冲信用风险。

## （三）利率期货合约内容与交易规则

表 6-9 为 5 年期国债期货的标准合约。

表 6-9　5 年期国债期货标准合约

| 合约标的 | 面值为 100 万元人民币、票面利率为 3% 的名义中期国债 |
|---|---|
| 可交割国债 | 发行期限不高于 7 年、合约到期月份首日剩余期限为<br>4~5.25 年的记账式附息国债 |
| 报价方式 | 百元净价报价 |
| 最小变动价位 | 0.005 元 |
| 合约月份 | 最近的三个季月（3 月、6 月、9 月、12 月中的最近三个月循环） |
| 交易时间 | 9:30—11:30,13:00—15:15 |
| 最后交易日交易时间 | 9:30—11:30 |
| 每日价格最大波动限制 | 上一交易日结算价的 ±1.2% |
| 最低交易保证金 | 合约价值的 1% |
| 最后交易日 | 合约到期月份的第二个星期五 |
| 最后交割日 | 最后交易日后的第三个交易日 |
| 交割方式 | 实物交割 |
| 交易代码 | TF |
| 上市交易所 | 中国金融期货交易所 |

利率期货合约的基本内容简介如下，与商品期货标准合约相同的内容不再赘述，详见第一章第四节。

1. 合约标的

国际市场上利率期货的设计通常采用名义标准券，即采用现实中并不存在的虚拟券作为交易标的，实际的国债可以用转换因子折算成名义标准债券进行交割。剩余年限在一定范围内的国债都可以进行多券种替代交收。

所谓名义标准券，是指票面利率标准化、具有固定期限的假想券。与选择单一券种相比，名义标准券作为标的有三方面的优势：一是名义标准券设计可以扩大可交割国债的范围，防止交易过程中期货价格被操纵，减小交割时的逼仓风险；二是名义标准券较之单一券种的套期保值效果更好，有利于国债期货避险功能的发挥；三是名义标准券设计反映了市场上某些期限国债的收益率水平，能够真正反映金融市场对整体利率水平的预期。

2. 交易单位与交易指令

利率期货交易单位为手，合约交易以交易单位的整数倍进行。交易指令有市价指令和限价指令等。中金所规定:5年期国债期货的交易指令每次最小下单数量为1手,市价指令每次最大下单量为50手,限价指令每次最大下单数量为200手。5年期国债期货的最小变动价位为0.005元。

3. 竞价交易

利率期货采用集合竞价和连续竞价两种交易方式。以5年期国债期货为例,集合竞价时间为每个交易日9:10—9:15,其中9:10—9:14为指令申请时间,9:14—9:15为指令撮合时间。连续竞价的时间为每个交易日9:15—11:30(第一节)和13:00—15:15(第二节),最后交易日连续竞价时间为9:15—11:30。

4. 合约月份与交易时间

利率期货的合约月份是指期货合约到期结算所在的月份。不同国家和地区的股指期货合约月份不尽相同。比如,中金所的国债期货合约月份为最近的三个季月。

从表6-9可以看到,5年期国债期货的正常交易时间与股指期货是相同的,但国债期货的最后交易日时间只有"上午9:15-11:30",下午不进行交易。

5. 结算业务

利率期货采用实物交割方式。结算价的计算为:当日结算价位合约最后一小时成交价格按照成交量的加权平均价。计算结果保留至小数点后三位。

6. 保证金要求

利率期货的交易也采用保证金的杠杆交易制度,不同利率期货品种的保证金要求不同,如5年期国债期货的最低保证金要求为1%,而10年期国债期货的最低保证金要求则是2%。

此外,在不同的时间里,同一期货品种的交易保证金要求也是不同的。以5年期国债期货为例。最低交易保证金标准为合约价值的1%,临近交割月份,交易所将分阶段逐步提高合约交易保证金标准:交割月份前一个月下旬的前一交易日结算时起,交易保证金标准为合约价值的1.5%;交割月份第一个交易日的前一交易日结算时起,交易保证金标准为合约价值的2%。

7. 涨跌停板制度

利率期货交易也实施涨跌停板制度。例如,中金所规定:5年期国债期货的每日价格最大波动限制为上一交易日结算价的±1.2%,合约上市首日涨跌停板幅度为挂盘基准价的±2.4%。

8. 持仓限额

进行投机交易的客户某一合约在不同阶段的单边持仓限额规定如下:合约上市首日起,持仓限额为1 000手;交割月份前一个月下旬的第一个交易日起,持仓限额为600手;交割月份第一个交易日起,持仓限额为300手。

进行投机交易的非期货公司会员持仓限额交易所另行规定。

某一合约结算后单边持仓量超过60万手的,结算会员下一交易日该合约单边持仓量不得超过该合约单边持仓量的25%。

9. 大户持仓报告

利率期货交易也实施大户持仓报告制度。例如,中金所对5年期国债期货交易进行了如下的规定：

（1）达到下列标准之一的，客户或者会员应当向交易所履行报告义务：① 单个非期货公司会员、客户国债期货某一合约单边持仓（进行套期保值交易和套利交易的持仓除外）达到交易所规定的持仓限额 80% 以上（含）的；② 当全市场单边总持仓达到 5 万手时，单个非期货公司会员、客户国债期货单边总持仓占市场单边总持仓量超过 5% 的。

（2）达到下列标准之一的，交易所可以要求相关客户或者会员履行报告义务：① 前 5 名非期货公司会员、客户国债期货单边总持仓占市场单边总持仓量超过 10% 的；② 前 10 名非期货公司会员、客户国债期货单边总持仓占市场单边总持仓量超过 20% 的；③ 交易所要求报告的其他情形。

**（四）利率期货的交易行情表**

表 6-10 是 2022 年 5 月 10 日 5 年期国债期货的交易行情。

表 6-10　5 年期国债期货交易行情

| 代码 | 名称 | 最新价 | 涨跌额 | 涨跌幅↓ | 今开 | 最高 |
|------|------|--------|--------|---------|------|------|
| 051109 | 五债 2209 | 101.350 | 0.220 | 0.22% | 101.250 | 101.365 |
| 051112 | 五债 2212 | 100.960 | 0.215 | 0.21% | 100.870 | 100.965 |
| 051106 | 五债 2206 | 101.680 | 0.150 | 0.15% | 101.625 | 101.695 |
| 最低 | 昨结 | 成交量 | 成交额 | 买盘（外盘） | 卖盘（内盘） | 持仓量 |
| 101.240 | 101.130 | 1.44 万 | 145.44 亿 | 8 824 | 5 534 | 27 997 |
| 100.855 | 100.745 | 40 | 4 035.58 万 | 23 | 17 | 668 |
| 101.615 | 101.530 | 3.05 万 | 309.71 亿 | 16 249 | 14 221 | 74 484 |

以 5 年期国债期货为例，对利率期货的报价方式作出说明。国债期货采用百元净价报价的方式，这也是国际上采用实物交割的国债期货的通用报价方式。例如，如果国债期货报价为 100.775，则表示每 100 元面额国债的价格为 100.775 元，如果合约面值为 100 万元，则该合约价值为 1 007 750 元（100.775×1 000 000/100）。

报价的精度则与合约最小变动价位有关。目前，我国 5 年期国债期货最小变动单位为 0.005 元，合约面值为 100 万元，所以，5 年期国债期货价格 0.005 元的最小单位变化将引起 50 元期货合约金额的变化，即期货合约价格每单位变动额为 50 元。

**（五）短期利率期货与中长期利率期货**

利率期货合约种类较多，但总的来说可以分为两大类：① 以短期固定收入证券衍生的，如短期国库券期货合约、欧洲美元期货合约、定期存单期货合约等；② 以长期固定收入证券衍生的，如中长期国库券期货合约、政府国民抵押协会债券期货合约等。

1. **短期利率期货**

短期利率期货合约是指期货合约标的的期限在一年以内的各种利率期货，即以货币市场的各类债券凭证为标的的利率期货均属于短期利率期货,包括各种期限的商业票据期货、国库券期货以及欧洲美元定期存款期货。短期利率期货最有代表性的是短期国库券期货合约和欧洲美元期货合约。

(1)短期国库券期货。短期国库券期货交易于 1976 年 1 月在芝加哥商业交易所的国际货币市场(IMM)首先推出,随后其他交易所也开办了这种交易。短期国库券期货期限少于一年,有 3 个月、6 个月、9 个月及 1 年,但以 3 个月的为主。国际货币市场中的 13 周国库券期货以面值 100 万美元的 3 个月期货国库券为基础资产,交割月份为每年的 3 月、6 月、9 月和 12 月。短期国库券期货的价格在期货市场上常以"指数方式"报出,因国库券是一种贴现式证券,所以指数 = 100-100×国库券年贴现率(又称贴现收益率)。如当国库券的贴现率为 6% 时,期货市场即以 94 报出国库券期货的价格。利用指数可以计算期货合约的实际价格,如指数为 94,那么期货价格为 98.5 万美元(1 000 000×6%×90/360)。

(2)欧洲美元期货。欧洲美元(Eurodollar)是指存放在美国以外银行的不受美国政府法令限制的美元存款或是从这些银行借到的美元贷款。由于这种境外存款、借贷业务开始于欧洲,所以称为欧洲美元。它与美国境内流通的美元是同样的货币,并具有同样的价值,它们之间的区别只是账务处理上的不同。欧洲美元早在 20 世纪 50 年代初就出现了。朝鲜战争爆发后,美国冻结了中国存放在美国银行的资金,苏联和东欧各国为了防止它们在美国的美元存款也被冻结,就把它们的美元资金转存于苏联设在巴黎和伦敦的银行以及其他国际商业银行。后来,某些持有美元的美国和其他国家的银行、公司等为了避免它们的"账外资产"被公开暴露出来,引起外汇管理当局和税务当局的追查,也不愿公开和直接地把美元存放在美国,而愿意间接地存放在西欧的各家银行,这是欧洲美元最初的由来。CME 欧洲美元期货合约同样也是采用"指数方式"报价。因欧洲美元定期存款是一种加息式证券,所以,指数 = 100-100×加息收益率。

2. 中长期利率期货

中长期利率期货是指期货合约标的的期限在一年以上的各种利率期货,即以资本市场的各类债券凭证为标的的利率期货均属于中长期利率期货,包括各种期限的中长期国库券期货和市政公债指数期货等。

美国中长期国债期货以点来报价,每点代表合约面值的 1%。如当美国长期国债期货(面值 10 万美元)在期货市场上报价为 98-22 时,其实际含义为 $98\frac{22}{32}$,表示该合约报价为:98 687.50 = $\left(98\frac{22}{32}\right)$ %×100 000,或者 98 687.50 = 98×1 000+22×31.25;当 10 年期国债期货合约报 84-165 时,其实际含义为 $84\frac{16.5}{32}$,合约价值为 84 515.625 美元。

长期国债期货行情表与国库券期货行情表格式也基本相同,只是"Change"表示 MMI 指数相对于前一交易日的结算价涨跌数,此涨跌数为 1 个点(交易单位的 1%)的 1/32 一半的倍数(刻度数)。如该期货合约每涨跌 1 个刻度,则合约总值便增减 15.625 美元(100 000×1%×1/32×1/2)。

### 三、利率期货的交易

利率期货交易跟其他品种的交易一样,也包含了套期保值交易、套利交易和投机交易,其原理与商品期货交易大致相同,但因标的不同,具体操作上存在一定的差异。

#### (一) 利率期货的套期保值

1. 套期保值比率

在对现货债务凭证进行套期保值时,可供选择的利率期货合约很多,而且不同利率期货合约标的具有不同的期限,价格敏感性也各不相同,因此,套期保值比率的确定比较复杂。

套期保值比率是指当标的现货部位的价值发生变动时,欲使期货部位的价值产生某一特定变动所需的期货合约数。用公式表示为:

$$\Delta \text{现货价格} = \Delta \text{期货价格} \times \text{套期保值比率} \qquad (6-15)$$

一般地说,利率期货的套期保值比率可由下式计算而来:

$$\text{套期保值比率}(HR) = \frac{\Delta \text{现货价格}}{\Delta \text{期货价格}} \times \text{到期日调整系数} \times \text{加权系数} \qquad (6-16)$$

(1) 在最简单的直接套期保值中:

$$\text{套期保值比率} = \frac{\Delta \text{现货价格}}{\Delta \text{期货价格}} \qquad (6-17)$$

(2) 当作为套期保值对象的现货债务凭证与作为套期保值工具的期货合约的标的物有不同的期限时,则必须用"到期日调整系数"来加以矫正。

$$\text{到期日调整系数} = \frac{\text{套期保值对象的到期日(天)}}{\text{期货合约之标的物的到期日(天)}} \qquad (6-18)$$

(3) 当作为套期保值对象的现货债务凭证与作为套期保值工具的期货合约标的物的价格敏感性不同时,则必须用"加权系数"进行调整,以尽可能提高套期保值效率,但是加权系数的确定比较复杂。

目前,理论界与实务界已提出许多决定利率期货套期保值比率的模型,比较常用的是转换因子加权法、基点价值加权法和存续期模型。

2. 买入套期保值

买入套期保值又称多头套期保值,是指持有固定利率计息债务的交易者,或未来将持有固定收益债券或债权的交易者,为了防止未来因市场利率下降而导致债务融资相对成本上升(或未来收益率下降),而在利率期货市场买入相应的合约,从而在两个市场建立盈亏相抵机制,规避因利率下降而出现损失的风险。

3. 卖出套期保值

卖出套期保值又称空头套期保值,是指持有固定收益债券或债权的交易者,或者未来将承担按固定利率计息债务的交易者,为了防止因市场利率上升而导致的债券或债权价值下跌(或收益率相对下降)或未来融资利息成本上升的风险,通过在利率期货市场卖出相应的合约,从而在两个市场建立盈亏抵制机制,规避利率上升的风险。

4. 交叉套期保值

在利率风险的管理中,作为套期保值对象的利率工具很多,但可以以自身为标的物的期货合约却并不多。因此,投资者一般采取交叉套期保值的交易策略。

所谓交叉套期保值,是指用一种金融工具的期货合约对另一种相关金融工具所实施的套期保值。在利率期货的套期保值交易中,如果投资者所持有的债券没有相应的期货合约,那么他可以选择另外一种相关的利率期货合约进行交叉套期保值。例如,在对 3 个月期的国库券进行交叉套期保值时,可以选取 6 个月期的国库券期货作为套期保值对象,也可以选取 90 天期商业票据作为套期保值对象。在决定用何种金融期货合约作为套期保值工具后,套期保值者还必须确定用多少张这样的合约才能达到预期的套期保值目标,即套期保值比率是多少,显然在这两种情况下套期保值比率是不同的。对于前一种用不同期限的同一利率工具期货进行套期保值的,可以用到期日调整系数来调整套期保值所需的合约数。对于后一种用不同利率工具期货合约进行套期保值的,需要找出两者的利率相关性来调整套期保值所需的合约数。

【例 6-2】 某投资者持有面值 1 000 万美元的欧洲债券组合,由于预期市场利率的上扬将引起债券价格下跌,于是决定通过期货市场采取必要的避险措施。因为当时没有欧洲债券期货可供避险,而美国国债期货合约的流动性好,并且与欧洲债券的价格相关性也比较高,所以该投资者决定用美国国债期货合约为其投资组合进行保值。可供选择的期货合约有美国 5 年期、10 年期和长期国债期货合约,有关数据如表 6-11 所示。

表 6-11 交叉套期保值案例

| 合约数据 | 当天 | 3 个月后 |
|---|---|---|
| 欧洲债券组合的现值 | 9 825 000 | 9 628 500 |
| 平均票面利率 | 8.75% | |
| 基点价值 | 3 890.70 | |
| 收益率 β 系数 | 0.886 | |
| 美国 5 年期国债(CTD)的价格 | 100-00 | 97-16 |
| 每 10 万美元的基点价值(BPV) | 39.10 | |
| 转换因子 | 1.058 1 | |
| 美国 10 年期国债(CTD)价格 | 97-03 | |
| 每 10 万美元的基点价值(BPV) | 62.50 | |
| 转换因子 | 1.067 5 | |
| 美国长期国债(CTD)的价格 | 97-09 | |
| 每 10 万美元的基点价值(BPV) | 99.47 | |
| 转换因子 | 1.098 6 | |
| 美国 5 年期国债期货价格 | 94-07 | 92-04 |
| 美国 10 年期国债期货价格 | 90-20 | |
| 美国长期国债期货价格 | 88-06 | |

首先,该投资者需要从 5 年期、10 年期、长期国债期货合约中挑选出最合适的期货合约来进行套期保值。为此,他可以先求出这三种期货合约的基点价值,然后将这三种期货合约的基点价值逐一与欧洲债券组合的基点价值进行对比,基点价值与欧洲债券组合的基点价值最接近的那种合约就是最理想的期货合约。

5 年期国债期货的基点价值:

$$39.10 \div 1.058\ 1 = 36.95(美元)$$

10 年期国债期货的基点价值:

$$62.50 \div 1.067\ 5 = 58.55(美元)$$

长期国债期货的基点价值:

$$99.47 \div 1.098\ 6 = 90.54(美元)$$

其中,5 年期国债期货合约每 10 万美元面值的基点价值是 36.95 美元,即每 1 000 万美元面值的基点价值是 3 695 美元,与该投资者所持有的欧洲债券组合的基点价值 3 890.70 美元最为接近,表示二者的价格敏感性最接近。所以,该投资者决定选择 5 年期国债期货合约来进行避险。

其次,根据 5 年期国债期货合约的基点价值算出所需要的期货合约数:

$$3\ 890.70 \div 36.95 = 105(手)$$

由于是交叉对冲,以上算出的保值所需要的期货合约数还应该根据收益率 $\beta$ 系数进行调整:

$$105 \times 0.886 = 93(手)$$

于是,该投资者当天以市价 100-00 卖出 93 手美国 5 年期国债期货合约。3 个月后,市场利率果然上扬,于是该投资者以 97-16 的价格将这 93 手合约买入平仓。

这次交叉套期保值操作的盈亏情况如表 6-12 所示。

表 6-12  利率期货交叉套期保值

| 时间 | 现货市场 | 期货市场 |
|------|----------|----------|
| 当天 | 持有欧洲债券总价值 9 825 000 美元 | 以 94-07 的价格卖出 93 手 5 年国债期货合约,总价值 $94\frac{7}{32} \times 1\ 000 \times 93 = 8\ 762\ 343.75$(美元) |
| 3 个月后 | 利率上扬,持有债券总价值下跌到 9 628 500 美元 | 以 92-04 的价格买入 93 手 5 年国债期货合约,总价值 $92\frac{4}{32} \times 1\ 000 \times 93 = 8\ 567\ 625$(美元) |
| 盈亏 | 9 628 500−9 825 000 = −196 500(美元) | 8 762 343.75 − 8 567 625 = 194 718.75(美元) |
| | 总盈亏 194 718.75 − 196 500 = −1 781.25(美元) | |

从盈亏分析中可以看到,通过交叉套期保值,该投资者以期货市场上的盈利大大弥补了现货市场上因利率上扬而造成的损失。尽管最终还是亏损了 1 781.25 美元,但与现货市场上的损失比较起来,损失已经是微乎其微了。

**（二）利率期货的套利交易**

利率期货套利交易也是一种较为复杂的交易行为,它与其他期货品种的套利交易相似,也分为跨期套利、跨品种套利和跨市场套利三种类型。

1. 跨期套利

利率期货的跨期套利与商品期货的跨期套利类似,不同的是其报价方式不一样,下面举例说明利率期货跨期套利交易。

【例 6-3】 在某年 3 月 10 日,国际货币市场(IMM)上的 3 个月期美国国库券期货行情如表 6-13 所示。

表 6-13　3 个月期美国国库券期货行情表(3 月 10 日)

| 合约月份 | 价格(IMM 指数) | 价差(基本点) |
|---|---|---|
| 6 月 | 90.00 | — |
| 9 月 | 91.00 | 100 |
| 12 月 | 92.20 | 120 |

到了 8 月 30 日,行情如表 6-14 所示。

表 6-14　3 个月期美国国库券期货行情表(8 月 30 日)

| 合约月份 | 价格(IMM 指数) | 价差(基本点) |
|---|---|---|
| 9 月 | 91.80 | — |
| 12 月 | 92.80 | 100 |

根据这一行情,投资者认为 9 月份合约与 12 月份合约之间的价差已超过了正常水平(100 个基本点)。因此,当价格上涨时,9 月份合约的上涨幅度将大于 12 月份合约的上涨幅度,以使价格关系恢复到正常水平。于是,该投资者进行买入跨期套利交易,即买进 9 月份期货合约,同时卖出 12 月份期货合约。

到了 8 月 30 日,正如投资者所预料的那样,9 月份期货合约和 12 月份期货合约都上涨了,且价差缩小到 100 个基本点,如果此时对冲,将获净利 500(25×20)美元。

2. 跨品种套利

利率期货与商品期货一样,跨品种套利分为买进套利和卖出套利两种。买进套利是指买进期限较短债券的期货合约,同时卖出期限较长债券的期货合约。卖出套利是指卖出期限较短债券的期货合约,同时买进期限较长债券的期货合约。

在介绍债券的"到期时间"属性时,我们知道,由于剩余期限等因素的影响,当市场利率发生变化时,长期债券的价格变动幅度都要大于较短期限债券的价格变动幅度。当投资者预期市场利率将上升时,则较长期限债券的期货合约和较短期限债券的期货合约的价格会同时下跌,且前者下跌幅度大于后者,二者价差扩大。此时进行买入套利交易将获利,且价差变化越大,获利越多。反之,当投资者预期市场利率将下跌时,则期限较长债券的期货合约和期限较短债券的期货合约的价格会同时上涨,且前者上涨幅度大于后者,二者价差缩小。此时进行卖出套利交易将获利,且价差变化越大,获利越多。

【例6-4】某投资者预期今后一段时间内市场利率可能下调。于是利用CBOT的长期国债期货与10年期国债期货进行卖出套利交易。他于7月13日按市价卖出10手9月份交割的10年期国债期货合约,同时买入10手相同月份的长期国债期货合约。8月18日将上述两个合约全部对冲平仓。有关数据如表6-15所示。

表6-15　跨品种套利

| 时间 | 10年期国债期货 | 长期国债期货 | 价差(基点) |
|---|---|---|---|
| 7月13日 | 卖价98-19 | 买价97-29 | 22 |
| 8月18日 | 买价99-20 | 卖价99-18 | 2 |
| 盈亏 | -33个基点 | +53个基点 | +20 |
| | +20个基点(盈余) | | |

8月18日,市场价格果然因利率的下调而上升,10年期国债期货和长期国债期货分别上涨了33个和53个基点,长期国债期货上涨的幅度大于10年期国债期货。从表6-15中可看出,平仓10年期国债期货亏损了33个基点,平仓长期国债期货盈利了53个基点,净盈利20个基点(即价差的变动值)。

3. 跨市套利

如果对同一货币同一标的物进行利率期货跨市套利交易比较简单,投资者一般都在期货合约价格较低的市场上买进,而在期货合约价格较高的市场上卖出,对冲平仓后赚取价差变化。当两个期货合约以不同的货币计价时,投资者既要考虑两种期货合约间的价差及其变动,又要考虑两种货币间的汇率及其变动。如果对汇率的变动估计不足或估计错误,投资者价差变动所得可能还不足以弥补汇率变动损失。可见,套利并非在任何情况下都可无风险地获利。

在我国国债期货不规范时期,全国有多家交易所开设了国债期货品种。尽管一般而言,同一期货品种在不同市场的走势是一致的,但因为各市场都有自己所在地区的一些特有因素,而且各个市场中多空实力不同,认赔者平仓时间也不同,从而导致各个市场的同种期货价格存在一定的差异。跨市套利者就是利用不同市场之间期货价格的暂时不平衡来进行的一项套利活动。同其他套利者一样,跨市套利者的交易行为也使得各个交易所的期货价格趋于一致。

(三)利率期货的投机交易

利率期货的投机交易与商品期货的投机交易是相似的,在看涨时买进期货合约(多头投机),在看跌时卖出期货合约(空头投机)。投资者的盈亏完全取决于期货市场价格的变动方向与幅度。

## 四、我国的利率期货交易

### （一）我国的国债市场

1. 国债的种类

国债的种类繁多，按国债的券面形式可分为记账式国债、凭证式国债和（电子）储蓄国债三大品种，目前我国发行的国债主要以凭证式国债和（电子）储蓄式国债为主。

（1）记账式国债又名无纸化国债，是由财政部通过无纸化方式发行的、以计算机记账方式记录债权，并可以上市交易的国债。可以记名、挂失、通过证券账户进行交易、质押贷款，不可提前兑付。记账式国债通常期限较长，同一期限的利率比凭证式国债、储蓄式国债低，投资者一般以低买高卖的方式获取价差利润。因此持有到期获取票面利率是没有风险的，如果在市场上流通交易是有一定风险的。例如，用 100 元买进年利率为 3% 的国债，半年后以 98 元的价格卖出，那就要承受这 2 元的价差损失。

（2）凭证式国债以国债收款凭单的形式作为债权证明，可以记名、挂失，不可上市流通转让，可质押贷款、提前兑付。提前兑取时除本金外，利息按实际持有天数及相应的利率档次计算，经办机构按兑付本金的 1‰ 收取手续费。凭证式国债到期一次还本付息，不计复利。凭证式国债又分为纸质凭证式国债、电子记账凭证式国债。

（3）（电子）储蓄国债是政府面向个人投资者发行、以吸收个人储蓄资金为目的，以电子方式记录债权的，满足长期储蓄性投资需求的国债品种。（电子）储蓄国债，不可流通，不可上市交易。持有半年以上可以提前兑取，但会损失利息并支付 1‰ 手续费，可以质押贷款和非交易过户。相比于凭证式国债的单利计息，多数（电子）储蓄国债按年支付利息，每年在付息日将利息拨付到投资者指定的资金账户，最后一次付息时一并偿还本金，转入资金账户的利息作为居民存款，按活期存款利率计付利息，属于复利计息。

2. 国债的流动性

记账式国债因可上市交易，故流动性最好，但不可提前兑取，可通过上市交易、低买高卖获取资本利得。

凭证式国债和（电子）储蓄国债均可以提前兑取，按当期国债规定付息、支付手续费，可以用于质押贷款，但不可上市交易。财政部对于国债提前兑取的计息方式有明确的规定，如（电子）储蓄国债提前兑取按表 6-16 计息。

表 6-16　（电子）储蓄式国债提前兑取的计息方式

| 持有期限（$N$） | 计息方式 |
| --- | --- |
| $N<6$ 个月 | 不计付利息 |
| 6 个月 ≤ $N<24$ 个月 | 按票面利率计息并扣除 180 天利息 |
| 24 个月 ≤ $N<36$ 个月 | 按票面利率计息并扣除 90 天利息 |
| 36 个月 ≤ $N<60$ 个月 | 按票面利率计息并扣除 60 天利息 |

3. 凭证式国债、（电子）储蓄国债的异同

凭证式国债、（电子）储蓄国债在交易方面存在诸多相同点和不同点，总结二者，其相同点主要包括：

（1）都是实名制，不可上市交易，但可以质押贷款。

（2）起购金额都是100元，并以100元的整倍数递增。

（3）利率都是已知的，债券到期前不会随市场利率的变化而变化。

（4）都可以提前支取，并需支付1‰的手续费。

其不同点主要包括：

（1）债券持有到期收益不同。凭证式国债到期一次性还本付息，单利计息；（电子）储蓄国债每年付息一次，到期后偿还最后一期本金和利息，复利计息。

（2）提前兑取计息方式不同。凭证式国债按持有时间分档计息；（电子）储蓄国债按照票面利率并扣除一定的天数计息。

（3）央行利率调整时国债利率的调整不同。对于凭证式国债，发行期内如遇利率调整，尚未发行的本期国债票面利率，在利率调整日按3年期、5年期银行储蓄存款利率调整的相同百分点做同向调整。也就是说，凭证式国债在发行期内如遇利率变化，已经购买的，不做调整；如果尚未购买的，按变化后的新利率计算。对于（电子）储蓄国债，国债公告日至发行开始前一日，如遇央行调整同期限存款利率，该期国债取消发行。如果调息恰逢国债发行期内，那么该期国债从调息之日起停止发行，发行剩余额度由财政部收回。也就是说，（电子）储蓄国债的利率不会随央行调整利率而变化。

**（二）5年期国债期货**

截至2021年年底，国内上市了2年期国债期货、5年期国债期货和10年期国债期货三个交易品种。

5年期国债期货是2013年9月6日在中国金融期货交易所正式上市交易的。在国内各期限的国债品种中，短期国债存量过小，并不完全适合开展国债期货。长期国债的参与机构相对比较单一，且绝大部分长期国债都存放在机构的持有至到期账户，在市场上交易量并不大，不适合开展国债期货。中期国债存量较大，又是市场上的主要交易品种，比较适合作为国债期货交易的标的。基于此，从发行量、存量、交易量、持有者结构等方面进行综合分析并借鉴国际经验，优先推出中期国债期货品种。5年期国债期货的标准合约如表6-9所示。

合约面值的设计应和银行间债券市场及交易所市场国债交易的规模相适应。同时也要考虑市场流动性，并充分发挥国债期货的利率风险规避功能。国际上，国债期货合约面值一般在60万至130万元人民币之间。在国内，商品期货的合约面值为几十万元，一般不高于100万元；股指期货合约的面值也在100万元左右。另外，合约面值的确定还需考虑现货市场的交易习惯。国内银行间市场的现券单笔成交金额在1亿至2亿元，交易所市场的现券单笔成交金额一般低于100万元。综合考虑债券市场投资者结构、机构客户参与的便利程度和市场流动性，5年期国债期货的合约面值设定为100万元。

在票面利率方面，2021年年底，2年期、5年期、10年期国债收益率分别为2.37%、2.61%、2.78%。5年期国债期货合约标的的票面利率3%的设定，参考现存中长期债券现货的发行票息利率，并参考当前和历史的利率水平，比较适合我国目前及今后一段时期内的市场状况。

5年期国债期货自上市以来，交易活跃，图6-3展示了自上市以来每年的成交情况。

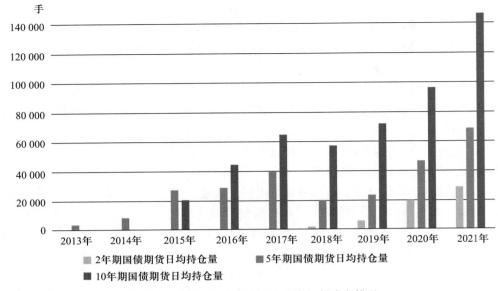

图 6-3　5 年期国债期货上市以来的年成交情况

### （三）10 年期国债期货

10 年期国债期货是 2015 年 3 月 20 日在中国金融期货交易所正式上市交易的又一国债期货品种，其标的是长期国债。表 6-17 是 10 年期国债期货的标准合约。

表 6-17　10 年期国债期货标准合约

| 合约标的 | 面值为 100 万元人民币、票面利率为 3% 的名义长期国债 |
|---|---|
| 可交割国债 | 发行期限不高于 10 年、合约到期月份首日剩余期限<br>不低于 6.5 年的记账式附息国债 |
| 报价方式 | 百元净价报价 |
| 最小变动价位 | 0.005 元 |
| 合约月份 | 最近的三个季月（3 月、6 月、9 月、12 月中的最近三个月循环） |
| 交易时间 | 9:30—11:30,13:00—15:15 |
| 最后交易日交易时间 | 9:30—11:30 |
| 每日价格最大波动限制 | 上一交易日结算价的 ±2% |
| 最低交易保证金 | 合约价值的 2% |
| 最后交易日 | 合约到期月份的第二个星期五 |
| 最后交割日 | 最后交易日后的第三个交易日 |
| 交割方式 | 实物交割 |
| 交易代码 | T |
| 上市交易所 | 中国金融期货交易所 |

除了合约标的、可交割国债、涨跌停板限制和保证金要求,10 年期国债期货的合约内容和交易规则与 5 年期国债期货合约是相同的。

10 年期国债期货自上市以来,交易活跃。截至 2021 年,10 年期国债期货日均成交 6.74 万手,日均持仓 14.73 万手,同比分别增加 0.19 万手、5.00 万手,增幅分别为 2.93%、51.34%。

# 第三节 外汇期货

外汇期货是交易双方约定在未来某一时间,依据现在约定的比例,以一种货币交换另一种货币的标准化合约的交易。外汇期货是金融期货中最早出现的品种。它以汇率为标的物,用来规避汇率风险。因此,在介绍外汇期货之前,有必要先介绍外汇和汇率的一些基本知识。

## 一、外汇基本知识

### (一)外汇的基本概念

外汇是指外币以及用外币表示的用于国际债权债务结算的各种支付手段。外汇必须具有自由兑换性,不能自由兑换成它国货币的货币不能称为外汇。

外汇有动态和静态两层含义。外汇的动态含义是指把一个国家的货币兑换成另外一个国家的货币,借以清偿国际债权债务关系的一种专门性的经营活动,它是国际汇兑的简称。外汇的静态含义是指以外国货币表示的、用于国际结算的支付手段。这种支付手段包括以外币表示的信用工具和有价证券,如银行存款、商业汇票、银行汇票、银行支票、外国政府库券及其长短期证券等。

汇率是指一国货币兑换另一国货币的比率,也就是用一国货币表示另一国货币的价格。汇率是国际贸易中的最重要的调节杠杆。因为一个国家生产的商品都是按本国货币来计算成本的,要拿到国际市场上竞争,其商品成本一定会与汇率相关。汇率的高低也就直接影响该商品在国际市场上的成本和价格,直接影响商品的国际竞争力。

汇率的种类按汇率制度不同有固定汇率和浮动汇率之分。固定汇率是指基本固定的、波动幅度限制在一定范围以内的不同货币间的汇率。浮动汇率是指可以自由变动的、听任外汇市场的供求决定的汇率。自从布雷顿森林体系解体后,大部分国家采用了浮动汇率制。

### (二)汇率的标价方法

确定两种货币之间的比价,先要确定用哪个国家的货币作为标准。依据确定的标准不同,国际上各个国家对外汇主要有两种标价方法。

1. 直接标价法

直接标价法,又叫应付标价法,是用一定单位的外国货币为标准来计算本国货币。就相当于计算购买一定单位外币所应付本币的数量,所以也叫应付标价法。在国际外汇市场上,包括中国在内的世界上绝大多数国家目前都采用直接标价法。如人民币兑美元汇率为 6.914 9,即表示 1 美元兑 6.914 9 元人民币。

在直接标价法下,若一定单位的外币折合的本币数额多于前期,则说明外币币值上升或本币币值下跌,叫作外汇汇率上升;反之,如果要用比原来较少的本币即能兑换到同一数额的外币,则说明外币币值下跌或本币币值上升,叫作外汇汇率下跌,即外币的价值与汇率的涨跌成正比。

### 2. 间接标价法

间接标价法又叫应收标价法,是以一定单位的本国货币为标准来计算应收外汇货币的数量。在国际外汇市场上,欧元、英镑、澳元等均为间接标价法。如欧元兑美元汇率为0.970 5,即表示 1 欧元兑 0.970 5 美元。

在间接标价法中,本国货币的数额保持不变,外国货币的数额随着本国货币币值的变化而变化。如果一定数额的本币能兑换的外币数额比前期少,表明外币币值上升,本币币值下降,即外汇汇率下跌;反之,如果一定数额的本币能兑换的外币数额比前期多,则说明外币币值下降,本币币值上升,即外汇汇率上升,即外汇的价值和汇率的升跌成反比。因此,直接标价法和间接标价法所表示的汇率涨跌的含义正好相反。

### (三)汇率的影响因素

一国外汇供求的变动受到许多因素的影响,这些因素既有经济的,也有非经济的,而且各个因素之间相互联系、相互制约,因此汇率变动的原因是错综复杂的。总结说来,主要有以下几个影响汇率的因素。

### 1. 国际收支状况

国际收支状况是影响汇率最重要的因素。国际收支的顺差或者逆差的状况会即刻反映在一国的外汇市场上,而这种外汇的供求关系又会影响到外汇市场上的汇率形成。如果一国国际收支为顺差,那么外汇收入会增加,外汇支出减少,导致外汇供给大于需求,进而导致外币贬值,本币升值;反之,如果一国国际收支为逆差,那么外汇收入降低,外汇支出增加,致使外汇需求大于供给,进而导致外币升值,本币贬值。

### 2. 通货膨胀

相对通货膨胀是决定汇率长期趋势的主要因素。在纸币流通制度下,一国货币的对内价值是由国内一般物价水平来反映的。通货膨胀就意味着该国货币代表的价值量下降,货币对内贬值,而货币对内贬值又会引起货币的对外贬值。一般而言,如果一国的通货膨胀率超过另一个国家,则该国货币对另一国货币的汇率就要下跌;反之,则上涨。需要指出的是,通货膨胀是通过国际收支来间接影响汇率的。当一国较另一国发生较高的通货膨胀时,其国家商品和劳务的价格就上涨,从而使出口相对减少、进口相对增加,进而国际收支出现逆差的压力,国际收支的逆差反映在外汇市场上就会对外汇产生升值的压力,对本币产生贬值的压力。

### 3. 利率

利率在一定条件下对汇率的短期影响很大。利率对汇率的影响是通过不同国家的利率差异引起资金特别是短期资金的流动而起作用的。一定条件下,高利率水平可吸引国际短期资金流入,提高本币汇率;低利率国家则会发生资本外流,进而降低本币汇率。所以,一般情况下,一国提高利率、紧缩信用会导致该国货币升值,反之,导致本国货币贬值。需要注意的是,利率水平对汇率虽有一定的影响,但从决定汇率升降趋势的基本因素看,其作用是有限的,它只是在一定的条件下,对汇率的变动起暂时的影响。

4. 经济增长率

如果一国实际经济增长率相对别国来说上升较快,其国民收入增加也较快,会使该国增加对外国商品和劳务的需求,结果会使该国对外汇的需求相对于其可得到的外汇供给来说趋于增加,导致该国货币贬值;反之会导致升值。

5. 外汇储备

一国中央银行所持有外汇储备充足与否反映了该国干预外汇市场和维持汇价稳定的能力大小,因而外汇储备的高低对该国货币稳定起主要作用。外汇储备太少,往往会影响外汇市场对该国货币稳定的信心,从而引发贬值;相反外汇储备充足,往往该国货币汇率也较坚挺。

## 二、外汇期货基础知识

### (一) 外汇期货的产生和发展

布雷顿森林体系是一种以美元为中心的固定汇率制度,即国际货币基金组织各成员国的货币金平价以黄金和美元来表示,美元直接与黄金挂钩,美国政府承担按此价格向各国政府和央行兑换黄金的义务。各成员国国家的货币按其含金量确定与美元的比价,从而间接与美元挂钩,与美元建立固定汇率关系,并规定各国货币与美元的汇率只能在上下各 1% 的范围内波动,使汇率维持在规定的范围内。这种制度实际是一种以美元为中心的金汇兑本位制度。布雷顿森林体系的建立,对第二次世界大战后西方各国经济的复兴和国际货币金融秩序的相对稳定有重要的作用。

但到了 20 世纪 60 年代以后,西方各国经济实力迅速增强,因而持有的美元逐渐增多。而美国在国际经济中所占的比重不断下降,国际收支连年出现巨额逆差,美元不断外流。同时美国军费开支不断增加。1960 年年底,美国的对外短期债务已超过其黄金储备,大量持有美元的国家对美元信心大减,开始不断向美国兑换黄金,从而引发了一次次的"美元危机"。

尽管美国政府为了挽救美元和固定汇率制度采取了许多措施,但其国际收支状况仍不见好转。1971 年 8 月 15 日,美国被迫宣布实行"新经济政策",停止其对外国政府和中央银行履行以美元兑换黄金的义务。1971 年 12 月,美国与西方各国达成《史密森协定》,规定美元对黄金比价贬值 7.89%,各国货币的汇率波动幅度从其黄金平价的上下各 1% 扩大到上下各 2.25%,企图恢复以美元为中心的固定汇率制度。但事与愿违,西方国家的货币汇率不再盯住美元,开始实行浮动汇率制度。布雷顿森林体系终于在 20 世纪 70 年代初崩溃了。

1973 年以后,浮动汇率取代固定汇率。汇率变动取决于市场的供求关系,而汇率由于受各种因素影响导致升降幅度很大,从事对外贸易及其他国际经济交往的企业、机构及个人,经常会面临外汇汇率变动的风险。国际贸易中商品和劳务的价格,一般都是以双方都能接受的货币计价的。如果计价货币贬值,则在交货付款时,出口方就会因计价货币贬值而蒙受损失。在国际借贷中,如果借贷外汇汇率大幅变动,双方就都有可能遭受损失。正是为了回避外汇市场上这种商业性汇率风险和金融性汇率风险,人们将商品期货交易的原理应用于外汇市场,产生了外汇期货交易。

世界上第一个外汇期货市场,即芝加哥商业交易所国际货币市场分部,成立于 1972 年 5 月 16 日。最初,它主要经营六种国际货币的期货合约,即英镑、加拿大元、德国马克、日元、瑞士法郎及澳大利亚元。后来,又增加了欧洲美元和欧洲货币单位的期货交易。自第一张外汇期货合约推出以来,随着国际贸易的发展和世界经济一体化进程的加快,外汇期货交易一直保持着旺盛的发展势头。目前,国际货币市场分部已发展成为一个非常活跃的外汇交易市场。

1978 年,纽约商品交易所也增加了外汇期货业务。1979 年,纽约证券交易所亦宣布,设立一个新的交易所来专门从事外币和金融期货。1981 年 2 月,芝加哥商业交易所首次开设了欧洲美元期货交易。1982 年 9 月,受美国金融期货市场繁荣的刺激,英国在伦敦设立了金融期货市场,即伦敦国际金融期货交易所,主要交易品种有英镑、瑞士法郎、德国马克、日元、美元的期货及期权合约。随后,澳大利亚、日本、加拿大、法国、新加坡等国家和地区也开设了外汇期货交易市场,从此,外汇期货市场蓬勃发展起来。

我国外汇期货的产生和发展经历了一个曲折的过程。1992 年 7 月,上海外汇调剂中心建立了中国第一个人民币期货市场,但由于各种原因被迫于 1993 年停止了人民币外汇期货交易。近年来,随着中国外汇储备节节攀高,特别是人民币在巨大的压力下持续升值,在中国开展外汇期货的呼声也逐渐高涨起来。

**(二)外汇期货合约与交易规则**

外汇期货合约是期货交易所制定的、以外汇作为交割内容的标准化合约。表 6-18 为芝加哥商业交易所国际货币市场日元期货标准合约。外汇期货合约主要包括以下几个方面的内容。

表 6-18　芝加哥商业交易所日元期货标准合约

| 交易单位 | 12 500 000 日元 |
|---|---|
| 最小变动价位 | 0.000 000 5(每张合约 6.25 美元) |
| 每日价格最大波动限制 | 开市(上午 7:20—7:35)限价为 150 点,7:35 以后无限价 |
| 交割月份 | 3 月、6 月、9 月和 12 月 |
| 交易时间 | 上午 7:20—下午 2:00(芝加哥时间),到期合约最后交易日交易截止时间为上午 9:16,市场在节假日或节假日之前将提前收盘。具体细节与交易所联系。 |
| 最后交易日 | 从合约月份第三个星期三往回数的第二个工作日上午 |
| 交割日期 | 合约月份的第三个星期三 |

(1)外汇期货合约的交易单位。每一份外汇期货合约都由交易所规定标准交易单位。例如,芝加哥商业交易所国际货币市场的英镑期货合约的交易单位为每份 62 500 英镑。

（2）交割月份和交割日期。国际货币市场所有外汇期货合约的交割月份都是一样的，均为每年的3月、6月、9月和12月。交割月的第三个星期三为该月的交割日。

（3）通用代号。在具体操作中，交易所和期货佣金商以及期货行情表都用代号来表示外汇期货。几种主要货币的外汇期货的通用代号分别是：英镑BP、加元CD、日元JY、墨西哥比索MP、瑞士法郎SF。

（4）最小价格波动幅度。国际货币市场对每一种外汇期货报价的最小波动幅度做了规定。在交易场内，经纪人所做的出价或叫价只能是最小波动幅度的倍数。几种主要外汇期货合约的最小波动价位如下：英镑0.0002美元、加元0.0001美元、日元0.0000001美元、墨西哥比索0.00001美元、瑞士法郎0.0001美元。

（5）每日涨跌停板额。每日涨跌停板额是指一份期货合约在一天之内比前一交易日的结算价格高出或低过的最大波动幅度。一旦报价超过停板额，则报价无效不予成交。

### （三）全球主要的外汇期货

外汇期货交易的主要品种有美元、欧元、英镑、日元、瑞士法郎、加拿大元、澳大利亚元等。从世界范围看，外汇期货的主要市场在美国和英国，其中又基本上集中在芝加哥商业交易所的国际货币市场（IMM）。此外，外汇期货的主要交易所还有中美洲商品交易所（MCE）和费城期货交易所（PBOT）等，每个交易所基本都有本国货币与其他主要货币交易的期货合约。

表6-19列出了目前世界上主要金融期货交易所及其交易的外汇期货品种。

表6-19　主要外汇期货一览表

| 国家 | 交易所 | 交易品种 |
|---|---|---|
| 美国 | 芝加哥商业交易所国际货币市场 | 澳大利亚元、英镑、加拿大元、德国马克、法国法郎、日元、瑞士法郎、欧洲货币单位 |
| | 费城期货交易所 | 法国法郎、英镑、加拿大元、澳大利亚元、日元、瑞士法郎、德国马克、欧洲货币单位 |
| | 中美洲商品交易所 | 英镑、加拿大元、德国马克、日元、瑞士法郎 |
| 英国 | 伦敦国际金融期货期权交易所 | 英镑、德国马克、瑞士法郎、日元、美元、欧洲货币单位、意大利里拉 |
| 新加坡 | 新加坡交易所 | 英镑、日元、人民币、美元、印度卢比、泰铢、马币、韩元 |

资料来源：作者根据相关资料整理。

### （四）外汇期货的交易行情表

外汇期货行情是每一个外汇期货交易者尤为关心的内容，外汇期货市场的报价方式与外汇现汇市场的报价方式完全不同。表6-20是某日刊载于中国香港出版的《亚洲华尔街日报》上的一则外汇期货行情表，它报道了当天加拿大元的期货行情。

**表 6-20　加拿大元期货行情表**

| CANADIAN DOLLAR(CME)～100,000dlrs； | | | | | $PerCan$ | | | | |
|---|---|---|---|---|---|---|---|---|---|
| | | | | | | Lifetime | | | |
| | Open | High | Low | Settle | Change | High | Low | Open | Interest |
| Sept | .778 8 | .781 6 | .777 0 | .781 3 | +.002 6 | .833 5 | .751 5 | 25 288 | |
| Dec | .775 2 | .779 3 | .775 0 | .779 0 | +.002 6 | .831 0 | .747 0 | 1 345 | |
| Mr94 | .773 0 | .777 0 | .773 0 | .776 6 | +.002 6 | .786 0 | .755 0 | 1 010 | |
| Est Vol 4505；Vol Thur2072；Open int 27634，+32 | | | | | | | | | |

对以上加拿大元期货行情表，做如下解释：

（1）行情表第一行中的"～100,000dlrs"是指加拿大元的合约交易单位，"$PerCan$"表示下面表中的数额是每加拿大元合多少美元，如".778 8"表示 1 加元合 0.778 8 美元。

（2）左侧第一栏的"SePt"（9 月）、"Dec"（12 月）、"Mr94"（1994 年 3 月）是指交割月份。

（3）第二栏"Open"为开盘价，即某种期货合约在当日第一笔交易的成交价格。Open下面的".778 8"，是指芝加哥商业交易所当日开盘时 9 月份交割的加元合美元的价格。

（4）第三栏和第四栏的"High""Low"是指各种外汇期货合约在当天的最高价和最低价。"High.781 6"是指 7 月 16 日交易的 9 月份交割的加元期货最高曾达 0.781 6 美元；"Low.777 0"表示该加元期货该日最低为 0.777 0 美元。

（5）第五栏的"Settle"是指结算价格，也称收盘价格，即某期货合约在当日收盘时成交的最后一笔交易的价格。"Settle.7813"表示 7 月 16 日的结算价。

（6）第六栏的"Change"是结算价格变动的净额，增加用"+"表示，减少用"−"表示。"Change+.002 6"是指同前一交易日的结算价相比，该日的结算价增加了 0.002 6。

（7）"Lifetime"下的"High"和"Low"是指不同月份的外汇期货合约在其开始交易至当天为止所达到的最高价和最低价。

（8）"Open Interest"是指某种货币特定月份未平仓合约数，也称空盘量。"Open Interest 25288"是指未平仓合约数为 25 288 份。

（9）"Est Vol"是指当日估计成交量，即 Estimated Volume of the Current Day。

（10）"Vol Thur2072"是指前一交易日的实际成交量。

（11）最后一个数字表示相对于前一交易日的未平仓合约数的增减（持仓量的增减），"+"表示增加，"−"表示减少。

## 三、外汇期货的交易

同商品期货一样，外汇期货交易也有套期保值、套利和投机三种交易方式。其原理与商品期货交易大致相同，但因标的不同，适应的范围有很大差别。

### （一）外汇期货的套期保值

汇率的大幅波动，使得外汇持有者、贸易厂商、银行、企业等均需要采用套期保值，将风险降至最低限度。所谓外汇套期保值是指在现汇市场上买进或卖出的同时,又在期货市场上卖出或买进金额大致相当的期货合约。在合约到期时,因汇率变动造成的现汇买卖盈亏可由外汇期货交易上的盈亏弥补。

外汇期货套期保值可分为买入套期保值、卖出套期保值和交叉套期保值。

1. 买入套期保值

买入套期保值又称多头套期保值,是指人们先在外汇期货市场上买进一定数量的某种外汇期货合约,而于合约到期前,在现货市场上买进所需外汇时,再卖出该合约。买入套期保值的目的是防止汇率上升带来的风险。它一般应用于在未来某日期将发生外汇支付的场合,如国际贸易中的进口商和短期负债者。

2. 卖出套期保值

卖出套期保值又称空头套期保值,是指人们在外汇期货市场上先卖出一定数量的某种外汇期货合约,而于合约到期前在现货市场收到外汇时再买进该合约。卖出套期保值的目的是防止汇率下降带来的风险。它一般应用于未来某日期取得外汇收入的场合,如国际贸易中的出口商、应收款货币市场存款等。

3. 交叉套期保值

外汇期货市场上一般有多种外汇美元的期货合约,而非美元的两种货币之间的期货合约很少。如果要防止非美元的两种货币之间的汇率风险,有时就要使用交叉套期保值。所谓交叉套期保值,是指利用相关的两种外汇期货合约为一种外汇保值。如目前外汇市场尚无日元兑换加元或加元兑换日元的期货合约,那么可以选择日元期货合约与加元期货合约实行交叉套期保值。

【例6-5】5月10日,加拿大一公司向英国出口一批货物,计价货币为英镑,价值5 000 000英镑,3个月收回货款。5月10日英镑对美元汇率为1.2美元/英镑,加元对美元汇率为2.5加元/美元,则英镑以加元套算汇率为3加元/英镑(1.2美元/英镑×2.5加元/美元)。为避免英镑对加元汇率下跌给公司带来的损失,该公司决定对英镑进行套期保值。由于不存在英镑兑加元的期货合约,该公司通过出售80手英镑期货合约和购买120手加元期货合约,达到套期保值的目的。这一交易过程归纳如表6-21所示。

表6-21 外汇期货的交叉套期保值

| 时间 | 现货汇率 | 现货市场 | 期货市场 | |
|------|----------|----------|----------|----------|
| | | | 英镑期货 | 加元期货 |
| 5月10日 | 1.2美元/英镑<br>2.5加元/美元<br>3加元/英镑 | 5 000 000英镑<br>=15 000 000加元 | 卖出80手9月期英镑期货合约,合约总值6 000 000美元 | 买入120手9月期加元期货合约,合约总值6 000 000美元 |
| 9月10日 | 1.35美元/英镑<br>1.85加元/美元<br>2.5加元/英镑 | 5 000 000英镑<br>=12 500 000加元 | 买入80手9月期英镑期货合约,合约总值6 750 000美元 | 卖出120手9月期加元期货合约,合约总值8 108 108美元 |

续表

| 时间 | 现货汇率 | 现货市场 | 期货市场 | |
|---|---|---|---|---|
| | | | 英镑期货 | 加元期货 |
| 盈亏 | | 12 500 000-<br>15 000 000<br>=-2 500 000(加元) | 按9月10日汇率计算<br>6 000 000-6 750 000<br>=-750 000(美元)<br>=-1 875 000(加元) | 按9月10日汇率计算<br>8 108 108-6 000 000<br>=2 108 108(美元)<br>=3 899 999.8(加元) |
| 期货市场盈利    -1 875 000+3 899 999.8=2 024 999.8(加元) | | | | |

### （二）外汇期货的套利交易

外汇期货套利交易是一种较为复杂的交易行为,它与商品期货套利相似,分为跨期套利、跨币种套利和跨市场套利三种类型。

1. 跨期套利

外汇跨期套利与商品期货跨期套利交易类同,只是交易标的物不同。下面以一个实例说明。

【例6-6】 某交易者基于对澳元和美元的汇率走势的判断,进行了一笔外汇期货的套利交易。该交易者在3月份分别以0.65美元/澳元的汇率买进了10手6月份的澳元期货合约,以0.68美元/澳元的汇率卖出了10手9月份澳元期货合约,每手澳元期货合约为10万澳元。到5月份的时候,他以0.75美元/澳元的汇率卖出6月份合约、以0.76美元/澳元的汇率买入9月份合约完成对冲。表6-22反映了该交易者的盈亏状况。

表6-22 跨期套利

| 时间 | 6月份澳元期货合约 | 9月份澳元期货合约 |
|---|---|---|
| 3月 | 买入10手6月份合约1澳元=0.65美元 | 卖出10手9月份合约1澳元=0.68美元 |
| 5月 | 卖出10手6月份合约1澳元=0.75美元 | 买入10手9月份合约1澳元=0.76美元 |
| 盈亏 | (0.75-0.65)×1 000 000=100 000(美元) | (0.68-0.76)×1 000 000=-80 000(美元) |
| 总盈利    20 000美元 | | |

2. 跨币种套利

跨币种套利是指交易者通过对同一交易所内交割月份相同而币种不同的期货合约的价格走势的研究,买进某一币种的期货合约,同时卖出另一币种的相同交割月份的期货合约的交易行为。在买入或卖出期货合约时,金额应保持相同。具体操作过程中,一般的原则如下:

第一,有两种货币,若一种货币对美元升值,另一种货币对美元贬值,则买入升值的货币的期货合约,同时卖出贬值的货币期货合约。

第二,两种货币都对美元升值,其中一种货币升值速度较另一种货币快,则买入升值快的货币期货合约,同时卖出升值慢的货币期货合约。

第三,两种货币都对美元贬值,其中一种货币贬值速度较另一种货币快,则卖出贬值快的货币期货合约,同时买入贬值慢的货币期货合约。

第四,两种货币,其中一种货币对美元汇率保持不变,若另一种货币对美元升值,则买入升值货币的期货合约,同时卖出汇率不变的货币的期货合约;若另一种货币对美元贬值,则卖出贬值货币期货合约,同时买入汇率不变的货币期货合约。

3. 跨市场套利

跨市场套利是指交易者根据自己对外汇期货合约价格走势的研究,在一个交易所买入外汇期货合约,同时在另外一个交易所卖出同种外汇期货合约的行为。在买入或卖出期货合约时,它们的金额应保持相同。在操作过程中,一般的原则如下:

第一,如两个市场均处于牛市状态,其中一个市场的预期涨幅高于另一个市场,则在预期涨幅大的市场买入,预期涨幅小的市场卖出。

第二,如两个市场均处于熊市状态,其中一个市场的预期跌幅大于另一个市场,则在预期跌幅大的市场卖出,预期跌幅小的市场买入。

在实际操作中,外汇期货交易与商品期货交易存在一些差别,主要表现在持仓费用不同,商品一旦购入就必须付出仓储费、保险费、利息等资金,而外汇购入后,如是借贷资金,则需付出借贷资金的利息,但不需要支付仓储费、保险费等费用,同时,外汇购入后可以存入银行获得存款利息。这一点在交易过程中是值得交易者注意的。

### (三)外汇期货的投机交易

外汇期货的投机交易与商品期货的投机交易是相似的,在看涨时买进期货合约(多头投机),在看跌时卖出期货合约(空头投机)。投机者的盈亏完全取决于期货市场价格的变动方向和幅度。

## 本章小结

1. 目前,世界期货市场上的金融期货品种主要有股指期货、利率期货和外汇期货三种。其中外汇期货是最早的金融期货品种,股指期货是全球交易量最大的金融期货品种。

2. 截至 2022 年年底,国内上市交易的金融期货有股指期货和国债期货两大门类,分别有沪深 300 股指期货、上证 50 股指期货、中证 500 股指期货、中证 1000 股指期货、2 年期国债期货、5 年期国债期货、10 年期国债期货共七个品种。其交易均较为活跃,对于提升境内期货市场话语权、促进资本市场对外开放和平稳运行都具有积极意义。

3. 股票价格指数是由证券交易所或金融服务机构编制的、运用统计学中的指数方法编制而成的、反映股市中总体价格或某类股价变动和走势的指标,是股指期货的合约标的物。交易者可以进行股指期货的套期保值、套利和投机等交易。

4. 利率期货以利率为合约标的物,主要有短期利率期货和中长期利率期货两类。交易者可以进行利率期货的套保、套利和投机等交易。

5. 外汇有直接标价法和间接标价法两种标价方式。外汇期货以外汇为合约标的物,交易者可以进行外汇期货的套期保值、套利和投机交易。

6. 金融期货的交易包括套期保值、套利和投机交易三种形式,但股指期货标准合约、国债期货标准合约及其交易机制与商品期货存在诸多不同之处。

## 本章思考题

1. 金融期货主要有哪些品种?国内上市交易的有哪些?交易状况如何?

2. 什么是股票指数?什么是股票指数期货?股票指数期货合约有哪些内容?其发展历程如何?

3. 什么是利率?什么是利率期货?利率期货合约有哪些内容?其发展历程如何?

4. 什么是外汇?什么是外汇期货?外汇期货合约有哪些内容?其发展历程如何?

5. 简述每一种金融期货品种的套期保值交易、套利交易和投机交易内容,并分别阐述其套利交易的具体形式。

## 即测即评

扫一扫,测一测。

# 第七章
# 期权交易基础知识

## 本章要点与学习目标

掌握期权交易的基本概念;了解期权交易的产生与发展历程;掌握期权的分类、期权合约、期权交易机制以及期货与期权的异同;熟悉期权定价模型;了解上证 ETF 的基础知识及上证 ETF 期权的交易规则。

## 第一节　期权交易概述

### 一、期权市场的产生和发展

期权作为一种金融衍生品,是伴随着市场经济的发展而产生并发展起来的,它是市场经济发展到高级阶段的产物,也是期货市场走向成熟的一种高级交易手段。

在许多人的心目中,期权交易是 20 世纪 70 年代后才出现的一种金融创新工具。但事实上,具有期权性质的交易可以追溯到几千年以前。早在公元前 3500 年,古罗马人和腓尼基人在货物交易的合同中就已经使用了与期权相类似的条款。不过,有史料记载的期权交易是由古希腊的哲学家萨勒斯进行的。在冬天,萨勒斯运用占星术对星象进行了研究,他预测到橄榄在来年春天会有一个好的收成。因此,他与农户进行协商,得到来年春天以特定的价格使用榨油机的权利。果然不出所料,第二年橄榄大丰收,丰收的橄榄使得榨油机供不应求。于是,萨勒斯行使自己的权利,用特定的价格获得了榨油机的使用权;然后,他以更高的价格将这种权利卖了出去,从中赚取了可观的利润。

在期权发展史上,我们不能不提到 17 世纪荷兰郁金香热中期权的广泛运用。当时,郁金香的交易商与种植者之间进行合同交易的做法十分流行。这种合同实际上是在未来某一时刻以特定的价格买入或卖出某一种郁金香的买权或卖权的合同,交易的目的是避免郁金香价格变化可能给交易双方带来的损失。具体而言,郁金香交易商买入买权,以避免价格上涨的风险;而郁金香的种植者则买入卖权,以避免到时郁金香价格下跌带来的风险。同时,郁金香交易合同的二级市场也应运而生,越来越多的投机者开始根据合同的价格波动来进行郁金香合同的交易,而不再是出于防范风险的目的。

期权交易在英格兰的流行只比荷兰晚了大约 50 年。1771 年南海公司以承担政府部分债务为条件,得到了贸易的垄断权。由于有着良好的利润预期,所以,投资者纷纷买进该公司的股票,使得其股票价格几乎直线上升。仅 1720 年一年的时间,该公司股票价格便从 130 英镑上涨到 1 720 英镑。与此同时,以该公司股票为标的资产的期权合同交易也十分活跃,这种交易主要以投机为目的。后来,南海公司的一些董事感到公司的业绩难以支撑公司如此高的股价,便开始卖出自己手中的股票,从而引发了市场对该公司股票的抛售,股票价格迅速下跌到每股 150 英镑。由于当时缺乏严格的监管体系,当股价迅速下跌时,许多卖权合同的做空者拒绝履行义务,违约事件频繁发生。

无论是在荷兰还是在英国,由于投机者的大量介入,同时监管体系近乎没有,所以,早期的期权交易非常混乱。期权的声誉也很差,仅被人们看作是一种纯粹的投机工具。

与欧洲国家一样,期权在美国也长期表现为个人的私下交易。自从纽约证券交易所成立以后,投资者便开始考虑建立有组织的期权交易场所的问题,华尔街的金融投资机构也不断提出期权交易的建议,但一直没有取得什么进展。

到了 19 世纪后期,期权的店头交易市场才开始出现。当时,铁路大投机商萨奇对期权交易策略很有研究,他被后人称为"期权之父"。他所提出的"转换"和"逆转换"的期权交易策略,至今仍被人们广泛运用。萨奇的做法是:当投资者要从萨奇那里借钱时,萨奇要求他们以股票作为交换,因此,萨奇在借出钱的同时,做多了股票。然后,萨奇立即买入以该股票为标的的卖权合同,同时向其他投资者出售该股票的买权合同。不过,在这一阶段,期权市场的规模仍然很小。而且,期权大多被用来作为套利工具,它在公众心目中树立的形象并不是很好。

进入 20 世纪以后,期权的声誉不但没有改进,反而因为投机者的滥用而更加不佳。在 20 世纪 20 年代,一些证券经纪商从上市公司那里得到股票期权,作为交换,它们要将这些公司的股票推荐给客户。许多中小投资者因此就成为这种私下交易的牺牲品。1929 年的股灾发生以后,为加强对证券业的监管,防止股市崩溃,根据美国《1934 年投资证券法》,美国证券交易委员会(SEC)正式成立。此后,SEC 开始对期权市场进行调查。当时,一名叫费尔特的期权交易商曾被请去参加国会有关期权作用的一次听证会。费尔特回忆说,由于国会听证委员会仅从投机的角度去审查期权,因此,会上的气氛对期权十分不利。在听证会上,委员会提出了一项议案。该议案声称,"由于无法区分好期权与坏期权之间的差别,为方便起见,我们只能将它们通通予以禁止"。同时,还对到期作废的期权合同数目表示了关注,认为大量期权到期作废意味着投资者在期权投资中损失巨大。面对委员会的质询,费尔特就期权的积极作用进行了辩解。当听证委员会问费尔特:"如果只有 12.5% 的合同执行,这岂不是说其他 87.5% 买了期权的投资者将钱扔到了水里?"费尔特回答说:"不对,假设你为自己的房屋购买了火灾保险,但以后火灾并没有发生,显然你不能说你把保险费扔进了水里。"费尔特的努力最终取得了成功,他使听证委员会相信期权的存在的确有其经济价值。结果,在加强监管的前提下,美国的期权业得以继续生存和发展。

1968 年,美国经济出现前所未有的萧条,商品期货市场的交易量也随之大幅度减少。

为了扭转这种不利的局面,原先主要进行粮食期货交易的芝加哥期货交易所急于开拓新的业务领域。由于 1935 年芝加哥期货交易所作为股票交易所在美国证券交易所委员会进行了注册,所以,它可以开展证券交易。于是,芝加哥期货交易所在 1969 年聘请了一家咨询公司,对开展股票期权交易的可行性进行了论证,然后正式向美国证券交易所委员会提出了建立芝加哥期权交易所(CBOE)的申请,并很快获得了批准。

1973 年 4 月,芝加哥期权交易所正式宣告成立,这意味着期权市场的发展进入了一个新的历史时期。与传统的店头交易市场相比,芝加哥期权交易所主要做了以下两方面的开拓性工作:一是对上市交易的期权合同进行了标准化设计。如规定了各种期权的到期月份及最后到期日;规定了合同执行价格的设置方法等。期权合同的标准化为投资者进行期权交易提供了最大的方便,从而极大地促进了二级市场的发展。二是成立了期权清算公司这样一个中介组织,专门来处理期权交易的清算和交割事宜,从而为期权的交易和执行提供了便利和可靠的保障。

在最初的一段日子里,芝加哥期权交易所的规模非常小,可供交易的期权品种也仅有 16 种股票的买权,所用的交易室是芝加哥期货交易所的一个吸烟室。当初美国纽约证券交易所也曾经考虑过是否要开设期权交易所,不过考虑到期权这一衍生交易工具对于大多数的中小投资者来说过于复杂,因此这一计划最终胎死腹中。当时,众多的华尔街人士对作为粮食期货交易商的芝加哥期货交易所能否成功经营期权交易所这一新生事物普遍持怀疑的态度。但事实证明这一怀疑是多余的。同年,著名的布莱克-斯科尔斯(Black-Scholes)期权定价模型被交易所采用。由于该模型很好地解决了期权的定价问题,从而使期权交易量迅速增大,期权交易在美国得到迅猛发展,使得美国成为世界期权交易中心。

由于芝加哥期权交易所的成立满足了广大机构和投资者的迫切需求,从而得到了迅速的发展和壮大。交易所席位的价格从原来的 1 万美元不断上涨,最高时曾经创下 46.5 万美元的天价。1975 年,股票卖权开始上市交易。到 1980 年,在芝加哥期权交易所交易的股票期权品种已经达到了 120 多种。

1983 年,芝加哥期权交易所推出了以标准普尔 100 指数为标的资产的股指期权(简称 OXE),这是期权交易市场发展过程中的又一大创新。由于股指期权的巨大成功,芝加哥期权交易所后来又推出了以标准普尔 500 指数为标的资产的股指期权(简称 SPX)。由于芝加哥期权交易所期权所取得的巨大成功,其他交易所也纷纷效仿,推出种种股指期权,如美国股票交易所推出了主要市场指数期权,纽约证券交易所推出了 NYSE 综合指数期权。到了 20 世纪 80 年代,货币期权、利率期权等期权新品种也陆续在各期权交易所挂牌上市交易。20 世纪 90 年代以后,为了满足投资者的需求,芝加哥期权交易所又推出了长期股票期权,其到期日在 3 年以上。后来,以股指为标的物的长期期权也相继上市交易。

美国期权交易的迅速崛起和成功,带动了世界各国期权交易的形成和发展。1978年,荷兰阿姆斯特丹期权交易所(AEX)开业,并迅速与蒙特利尔、芝加哥、悉尼等地的期权交易所、证券交易所实现了 24 小时连续运转的交易体制,统一了合约式样,成立了期权结算中心;1989 年,大阪证券交易所开始交易日经指数期权;1993 年,香港期货交易所推出恒生指数期权;1997 年,韩国股票交易所(KSE)推出了韩国股票交易所 200 种股票指数期权;1998 年,大阪证券交易所又推出了行业指数期权;2004 年,伦敦国际金融期货期权交易所开始了欧洲美元期货期权交易。

2000年以来,全球期权交易的发展更为迅猛。美国期货业协会的统计数据表明,2001年至今,全球期权交易量均超过期货交易量,2003年全球期权交易量达到51亿手,增长率为32%,期权市场呈现出良好的发展态势和前景。全球期权交易量增长的一个巨大推动力是股票期权交易的大增。从近几年的成交情况来看,股指、利率、股票与农产品的期货和期权交易量非常大,期权市场无论是从品种上还是地域上都获得了长足的发展。目前,期权交易已成为世界衍生品市场的最重要组成部分。

## 二、世界主要期权交易所及其交易品种

期权交易已逐步成为现代投资中的一个重要领域。期权交易已逐步成为现代投资中的一个重要领域,截至2022年,全球共有包括中国、印度、美国、英国、德国、韩国、日本、澳大利亚、法国、巴西、瑞士、荷兰、加拿大在内的20多个国家和地区开展了期权交易。交易的品种包括权益类期权(股票期权、股票指数期权)、外汇期权、利率期权、商品期货期权等。

为了便于清晰了解期权交易所及主要期权交易品种,现根据交易量以及在期权市场的影响程度,将世界上主要的期权交易所及相应的主要上市品种列表如表7-1所示。

表7-1 世界主要期权交易所与主要的上市期权品种

| 交易所名称 | 主要期权品种 |
|---|---|
| 韩国股票交易所(KSE) | 权益类期权 |
| 芝加哥期权交易所(CBOE) | 权益类期权;利率期权 |
| 芝加哥商业交易所(CME) | 权益类期权;利率期货期权;外汇期货期权;畜产品期货期权;农产品期货期权;能源期货期权;金属期货期权 |
| 芝加哥期货交易所(CBOT) | 权益类期权;债券期货期权;农产品期货期权;利率期货期权 |
| 费城股票交易所(PHLX) | 权益类期权;外汇期权 |
| 美国股票交易所(AMEX) | 权益类期权 |
| 伦敦国际金融期货期权交易所(LIFFE) | 权益类期权;利率期货期权;外汇期货期权;商品期货期权 |
| 欧洲期货交易所(Eurex) | 权益类期权;外汇期货期权;利率期货期权;金属期货期权 |
| 泛欧洲期货交易所(Euronext) | 权益类期权;利率期货期权;商品期货期权;农产品期货期权 |
| 香港交易所(HKEX) | 权益类期权 |
| 大阪证券交易所(OSE) | 权益类期权 |
| 东京国际金融期货交易所(TIFFE) | 利率期货期权; |
| 新加坡交易所(SGX) | 权益类期权;外汇期货期权;农产品期货期权;金属期货期权 |

| 交易所名称 | 主要期权品种 |
|---|---|
| 悉尼期货交易所(SFE) | 权益类期权;利率期货期权;商品期货期权 |
| 巴西商品与期货交易所(BM&F) | 权益类期权;商品期货期权;外汇期货期权;利率期权 |
| 印度国家证券交易所(NSE) | 权益类期权;外汇期货期权;金属期货期权 |
| 孟买证券交易所(BSE) | 权益类期权;外汇期货期权 |
| 约翰内斯堡证券交易所(JSE) | 权益类期权;外汇期货期权;农产品期货期权 |
| 莫斯科交易所(MOEX) | 权益类期权;外汇期货期权;金属期货期权 |
| 特拉维夫证券交易所(TASE) | 权益类期权;外汇期货期权 |
| 巴西证券期货交易所(B3) | 权益类期权;外汇期货期权;利率期货期权;<br>农产品期货期权 |
| 北美衍生品交易所(Nadex) | 权益类期权;外汇期货期权;能源期货期权;金属期货期权 |
| 伊斯坦布尔证交所(BIST) | 外汇期货期权 |
| 布达佩斯证券交易所(BUX) | 外汇期货期权 |
| 欧洲洲际期货交易所(ICE EU) | 权益类期权;利率期货期权;农产品期货期权;<br>能源期货期权 |
| 纳斯达克交易所北欧市场(NASDAQ) | 权益类期权;利率期货期权 |
| 澳大利亚证券交易所(ASX) | 权益类期权;利率期货期权;能源期货期权 |
| 加拿大蒙特利尔交易所(MX) | 权益类期权;利率期货期权 |
| 纽交所集团群岛交易所(NYSE Arca) | 权益类期权 |
| 波士顿期权交易所(BOX) | 权益类期权 |
| 中国台湾期货交易所(TAIFEX) | 权益类期权 |
| 意大利衍生品市场(IDEM) | 权益类期权 |
| 泰国期货交易所(TFEX) | 权益类期权 |
| 墨西哥衍生品交易所(MEXDER) | 权益类期权 |
| 华沙证券交易所(WSE) | 权益类期权 |
| 雅典衍生品交易所(ADEX) | 权益类期权 |
| 美国洲际交易所(ICE) | 农产品期货期权;能源期货期权 |
| 明尼阿波利斯谷物交易所(MGE) | 农产品期货期权 |
| 欧洲能源交易所(EEX) | 能源期货期权 |
| 伦敦金属交易所(LME) | 金属期货期权 |

资料来源:作者根据相关资料整理。

# 第二节　期权交易的基本概念

## 一、期权的定义及特点

### （一）期权的定义

期权（Options）是一种选择权，期权的买方向卖方支付一定数额的权利金后，就获得这种权利，即拥有在一定时间内以一定的价格（执行价格）出售或购买一定数量的标的物（实物商品、证券或期货合约）的权利。期权的买方行使权利时，卖方必须按期权合约规定的内容履行义务。相反，买方可以放弃行使权利，此时买方只是损失权利金，同时，卖方则赚取权利金。总之，期权的买方拥有执行期权的权利，无执行的义务；而期权的卖方只有履行期权的义务。

根据标的资产的不同可对期权分类如图 7-1 所示。

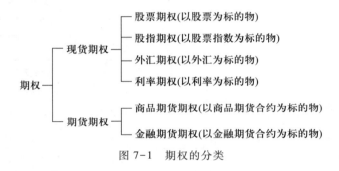

图 7-1　期权的分类

在对具体的某种期权进行介绍时，如果是现货期权，"现货"二字将不再提及，如股票、外汇、利率的现货期权直接称之为股票期权、外汇期权、利率期权；如果是期货期权，"期货"二字予以保留，如小麦期货期权、股票指数期货期权等。

应该注意的是，期权的概念是从买方的角度来定义的，相关的概念都是从买方角度来定义的，如看涨期权与看跌期权、实值期权与虚值期权等（看涨期权、看跌期权、实值期权与虚值期权的概念将在本章第三节具体介绍）。

### （二）期权的特点

期权作为一种金融商品具有几个显著特点：第一，期权的交易对象是一种权利，即买进或卖出特定标的物的权利，但并不承担一定要买进或卖出的义务；第二，这种权利具有很强的时间性，超过规定的有效期限不行使，期权即自动失效；第三，期权具有以小博大的杠杆效应，期权合约的买者和卖者的权利和义务是不对称的。这表现在买者拥有履约权利而不负担义务以及风险与收益的不对称上。对买者来说，他在价格有利的情况下行使期权可能取得无限的收益，而他所承担的最大风险只是为购买期权所支付的权利金；对卖者则相反。这意味着期权投资者能以支付有限的权利金为代价，而购买到可能无限盈利的机会。

## 二、期权的交易双方

### （一）期权的买方

期权买方是指买进期权合约的一方,是支付一定数额的权利金而持有期权合约者,故期权买方也称期权持有者。买进期权即为期权的多头。

需要注意的是,期权买方只是买进期权合约的一方,而不一定就是买进标的资产的一方。执行看涨期权,期权买方就会买进相应数量的标的资产;而执行看跌期权,期权买方就是卖出一定数量的标的资产。

当投资者支付权利金买进期权建立多头头寸后,就享有了买进或卖出标的资产的权利。因为他并不负有义务,所以他仅以其投入的权利金承担有限的风险,但是却掌握了巨大的获利潜力。

### （二）期权的卖方

期权卖方是指卖出期权合约的一方,从期权买方那里收取权利金,在买方执行期权时承担履约的义务。期权卖方也称期权出售者。卖出期权即为期权的空头。

同样,期权卖方只是卖出期权合约的一方,而不一定就是卖出标的资产的一方。执行看涨期权,期权卖方就必须卖出相应数量的标的资产;而执行看跌期权,期权卖方就必须买进一定数量的标的资产。

如果期权买方在事先约定好的期限内没有执行其权利,那么该期权就会自动失效,卖方不必承担任何责任。对于现货期权,执行时就是买卖相应的金融产品;而对于期货期权来说,执行合约时就是按相应的执行价格买入或卖出相应期货合约。

## 三、权利金

权利金即期权的价格,是期权买方为了获取权利而必须向期权卖方支付的费用,是期权卖方承担相应义务的报酬。

在实际交易中,权利金是买卖双方竞价的结果。权利金的大小取决于期权的价值,而期权的价值取决于期权到期月份、所选择的执行价格、标的资产的波动性以及利率等因素,投资者在竞价时会考虑这些因素对期权价值的影响。而期权价值的确定,也就是期权的定价,是十分复杂的,它是整个期权理论的核心。权利金的重要意义在于:对于期权的买方来说,可以把可能遭受的损失控制在权利金金额的限度内;对于卖方来说,卖出一份期权立即可以获得一笔权利金收入,而并不需要马上进行标的物的买卖。

## 四、执行价格

执行价格又称敲定价格、履约价格、行权价格,是期权合约中事先确定的买卖标的资产的价格,即期权买方在执行期权时,进行标的资产买卖所依据的价格。

执行价格在期权合约中都有明确的规定,通常是由交易所按一定标准以渐增的形式给出,故同一标的的期权有若干个不同的执行价格。如芝加哥期货交易所的小麦期货期权,规定前两个月执行价格间距为 5 美分/蒲式耳[1],其余月份为 10 美分/蒲式耳。根据执行价格间距,前两个月其执行价格可能是 240 美分/蒲式耳、245 美分/蒲式耳、250 美分/蒲式耳等,后两个月其执行价格可能是 240 美分/蒲式耳、250 美分/蒲式耳、260 美分/蒲式耳等。

　　一般来说,在某种期权刚开始交易时,每一种期权合约都会按照一定的间距(如上面芝加哥期货交易所的小麦期货期权的间距为 10 美分/蒲式耳)给出几个不同的执行价格,然后根据标的资产价格的变动适时增加。至于每种期权具体有多少个执行价格,取决于该标的资产的价格波动情况。比如芝加哥期货交易所的小麦期货期权合约规定:在交易开始时,公布 1 个平值期权、5 个实值期权和 5 个虚值期权(平值、实值、虚值期权概念在本章第三节具体介绍)。

　　如上所述,每一种期权有几个不同的执行价格,投资者在期权投资时必须对执行价格进行选择。一般的原则是,选择在标的资产价格附近交易活跃的执行价格。当然,可以根据自己不同的交易策略来选择执行价格。

## 第三节　期权的分类

　　依据不同的分类标准,期权有多种分类方式。按照期权所赋予的权利,可分为看涨期权和看跌期权;按照期权执行价格与标的资产市场价格的关系,可分为实值期权、平值期权和虚值期权;按照交易场所不同,可分为交易所交易期权和柜台交易期权;按照期权交易执行日期划分,可分为欧式期权和美式期权。

### 一、看涨期权与看跌期权

　　将期权分为看涨期权、看跌期权是最基本的期权分类,也是期权交易者在进行期权交易时一定要选择的。

#### (一)看涨期权

　　看涨期权又称买权、延买权、买入选择权、认购期权、多头期权,是指期权的买方在交付一定的权利金后,拥有在未来规定时间内以期权合约上规定的执行价格向期权的卖方购买一定数量的标的资产的权利。看涨期权的买方之所以要购买这一权利,是因为期权的买方对标的资产的价格看涨(看涨期权的名称来源于此),故向期权的卖方支付一定的权利金,以获得按执行价格买入该种标的资产的权利。如果有关标的资产市场价格的变化与预测一致,即标的资产的市场价格高于执行价格,看涨期权买方就可以用期权合约上约定的执行价格购买标的资产获得收益,这种收益可能是无限的。如果市场价格的变化与其预测相反,即标的资产市场价格小于或等于执行价格,看涨期权的买方也可以放弃购买权利,最大损失为其支付的权利金。

　　值得注意的是,看涨期权有买方,也有卖方。任何一种标的资产有看涨的,也会有看跌的。如果投资者一致看涨,权利金的价格将上涨,在较高的权利金下,买入看涨期权和

---

[1]　美制 1 蒲式耳合 35.24 升。

卖出看涨期权将处于均衡。下面举例说明看涨期权的买方和看涨期权的卖方的盈亏。

【例7-1】某投资者购买了一份3个月期微软公司股票的看涨期权,到期的执行价格是100美元,权利金为10美元,目前股票市场价格为100美元。对买方来说,拥有这样一份期权的盈亏取决于到期时微软公司股票的价格。以下是几种可能的情况(不考虑手续费):

(1)如果微软公司股票的价格在到期日低于100美元,那么买方就不会执行期权,这样他将损失权利金10美元,无论微软公司股票的市场价格下跌多少,他只损失10美元。

(2)如果微软公司股票的价格在到期日为100美元,买方无论是否执行期权,仍要损失10美元。

(3)如果微软公司股票的价格在到期日高于100美元但低于110美元,买方将执行期权,买入股票,然后在现货市场再售出,这样,虽然他仍有损失,但损失小于10美元。

(4)如果微软公司股票的价格在到期日为110美元,买方执行期权,然后在现货市场再售出,他将不赔不赚。

(5)如果微软公司股票的价格在到期日高于110美元,买方执行期权,买入股票,然后在现货市场再售出,他将获得收益。

图7-2显示了上述结论。

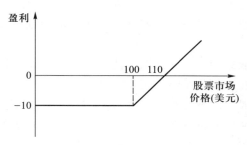

图7-2　看涨期权的买方盈亏

卖出看涨期权,即期权的卖方的盈亏结果与看涨期权的买方的盈亏结果正好相反。这就是说,在到期日,出售看涨期权的卖方得到的利润(或损失)恰好等于看涨期权的买方的损失(或利润)。出售看涨期权的最大利润是所得到的期权价格,而最大损失则没有下限。图7-3说明了这一情况。

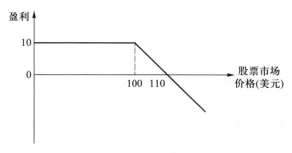

图7-3　看涨期权的卖方盈亏

（二）看跌期权

看跌期权又称延卖权、卖权、卖出选择权、认沽期权、空头期权，是指买方在交付一定的权利金后，拥有在未来规定时间内以期权合约规定的执行价格向期权的卖方卖出一定数量的标的资产的权利。看跌期权的买方一般对相关的标的资产的市场价格看跌（看跌期权的名称来源于此），所以买入看跌期权。如果在未来规定的时间内市场价格与其预测一致时，即标的资产的市场价格低于执行价格，他就可以按期权合约约定的执行价格出售标的资产，期权的卖方必须买入。值得注意的是：看跌期权的买方是卖出标的资产，而相应的看跌期权的卖方则买入标的资产。如果标的资产的市场价格与其预测相反时，即标的资产的市场价格上涨，看跌期权买方有不卖出标的资产的权利。同样，看跌期权有买方，也有卖方。与看涨期权一样，用一个具体例子说明看跌期权买方与卖方的盈亏（不考虑手续费）。

【例7-2】某投资者购买了一份3个月期看跌期权的微软公司股票，执行价格为100美元，权利金为10美元。微软公司股票的市场价格为100美元。对买方来说，拥有这样一份期权的盈亏取决于微软公司股票的市场价格变化情况。有以下几种可能的情况：

（1）微软公司股票的价格在到期日高于100美元，那么买方就不会执行期权，这样他将损失权利金10美元，无论微软公司股票的价格上涨多少，他只损失10美元。

（2）如果微软公司股票的价格在到期日为100美元，买方不管是否执行期权，仍要损失10美元。

（3）如果微软公司股票的价格在到期日低于100美元但高于90美元，买方将执行期权，这样虽然他仍有损失，但损失小于10美元。

（4）如果微软公司股票的价格在到期日为90美元，买方执行期权，他将不赔不赚。

（5）如果微软公司股票的价格在到期日低于90美元，买方执行期权，他将获得收益。

图7-4显示了上述结论。

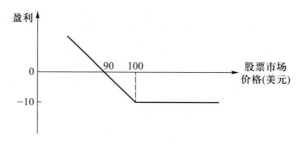

图7-4　看跌期权买方盈亏

卖出看跌期权的结果与买入看跌期权的结果正好相反。这就是说，在到期日，卖出看跌期权的投资者得到的利润（或损失）恰好等于期权卖方的损失（或利润）。卖出看跌期权的最大利润是所得到的期权价格，而最大损失为资产价格为0时的损失。图7-5说明了这一情况。

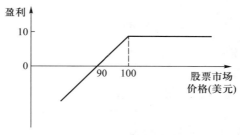

图 7-5　看跌期权卖方的盈亏

## 二、实值期权、平值期权、虚值期权

按期权执行价格与标的资产市场价格的关系,可将期权分为实值期权、平值期权、虚值期权三种。

**（一）实值期权**

实值期权是指如果期权立即执行,买方能够获利时的期权。当看涨期权标的资产的市场价格大于执行价格,或看跌期权的标的资产市场价格小于执行价格,如果买方决定执行期权,均会获利,此时期权为实值期权(不计交易成本)。当股票市场价格为 105 美元时,若期权执行价格为 100 美元,则该期权为实值期权。

**（二）虚值期权**

虚值期权是指如果期权立即执行,买方发生亏损时的期权。当看涨期权标的资产的市场价格小于执行价格,或看跌期权标的资产的市场价格大于执行价格,如果买方决定执行期权,则会发生亏损,此时的期权称为虚值期权(不计交易成本)。当股票市场价格为 95 美元时,若期权执行价格为 100 美元,则该期权为虚值期权。

**（三）平值期权**

平值期权又称两平期权,是指期权标的资产的市场价格等于期权的执行价格时的期权。当看涨期权或看跌期权的执行价格与标的资产的市场价格相等时,该期权表现为平值期权。当股票市场价格为 100 美元时,若期权执行价格为 100 美元,则该期权为平值期权。

实值期权、平值期权、虚值期权与看涨、看跌期权的关系见表 7-2。

表 7-2　实值期权、平值期权、虚值期权与看涨、看跌期权的对应关系

| 期权种类 | 看涨期权 | 看跌期权 |
| --- | --- | --- |
| 实值期权 | 市场价格>执行价格 | 市场价格<执行价格 |
| 平值期权 | 市场价格=执行价格 | 市场价格=执行价格 |
| 虚值期权 | 市场价格<执行价格 | 市场价格>执行价格 |

实值、平值、虚值描述的是期权在有效期内某个时点的状态,随着时间的变化,标的资产价格会不断变化,同一期权的状态也会不断变化。有时是实值期权,有时是平值期权,有时会变成虚值期权。

### 三、交易所交易期权和柜台交易期权

按交易场所,期权可分为交易所交易期权和柜台交易期权。

#### （一）交易所交易期权

交易所交易期权也叫场内交易期权、上市期权,一般在交易所的交易大厅内以固定的程序和方式进行公开交易,所交易的是标准化期权合约,即由交易所预先制定每一份合约的交易单位、执行价格、到期日、交易时间等。

交易所交易期权采用类似股票交易所的做市商制度,某一确定的期权由指定的做市商负责,做市商大都是实力较雄厚的机构。做市商对投资者同时报出买入价和卖出价。做市商从买价与卖价之间的差价中获利。为了限制做市商的利润,交易所通常规定买卖价差的上限。芝加哥期权交易所规定若权利金低于 5 美元,期权买卖价差不得超过 0.25 美元;权利金在 5 美元和 10 美元之间,期权买卖价差不得超过 0.50 美元;权利金在 10 美元和 20 美元之间,买卖价差不得超过 0.75 美元;权利金超过 20 美元,买卖价差不得超过 1 美元。做市商的存在能够确保买卖指令可在某一价格立即执行,因此做市商增加了期权市场的流动性。

交易所内的期权交易的清算一般由独立的期权清算公司来完成,如伦敦清算所负责伦敦所有期权、期货交易的清算。但有的期权清算公司隶属于其交易所,如芝加哥商业交易所的清算公司便隶属于其交易所。

#### （二）柜台交易期权

柜台交易期权又称场外期权、零售期权,是指不在交易所上市交易的期权。柜台交易期权与交易所交易期权有很大的不同,具体表现在以下几个方面:

（1）非标准化的合约。柜台交易的合约是非标准化的,而推出非标准化合约是有其内在原因的,因为交易所标准合约一般是单只股票或是股票指数(该指数与基金所选定股票的结构及权重很难一致);另外,交易所标准合约到期日与基金管理者所需要的避险时间不吻合。所以基金根据自己所持有的资产(主要对股票而言)进行套期保值而设计一些与自己股票组合一致的合约。非标准合约能满足基金特定的要求,且给投资者提供多种期权选择渠道,从而受到市场欢迎。

（2）缺乏流动性。交易所内的期权交易由于有做市商作为中介,只要满足做市商报价要求,投资者发出的任何交易或平仓指令均能成交。而柜台交易由于缺乏做市商,某些交易或平仓指令由于缺乏交易对手而无法成交,因而其流动性较差。

（3）违约风险大,但交易方便。交易所的期权交易是交易所或做市商作为合约交易对手,清算所作为结算的对手,因而违约风险较小。而柜台期权合约的履行,主要依靠交易双方的信用,缺乏交易所内交易期权的内在制度约束,因而风险大。正因为如此,柜台交易对参与者的信用要求比较高,特别是对卖方的声誉有较高的要求,这样就排斥了大量的无法达到其信用要求的中小投资者。柜台交易正因为不需要专门的交易所及结算公司,其交易是买卖双方直接接触,这样交易及结算程序就大大简化了。

（4）信息不公开。由于柜台交易是买卖双方私下达成的,有关交易信息是不公开的,所以除了交易双方,其他人无法确切掌握交易有关信息。从竞争战略和商业秘密的角度

来讲,这一点对于大的基金管理人具有极为重要的意义,这也正是柜台交易具有强大生命力的原因之一。

### 四、欧式期权、美式期权及其他形式的期权

按照期权交易执行日期划分,又可分为欧式期权、美式期权,另外由此衍生出了其他形式的期权。

欧式期权是指期权的购买方只有在期权合约期满日(即到期日)到来之时才能执行其权利,既不能提前,也不能推迟。若提前,期权出售者可拒绝履约;而若推迟,则期权将被作废。

美式期权是指期权购买方可于合约有效期内任何一天执行其权利的期权形式。当然,超过到期日,美式期权也作废。由此可见,美式期权与欧式期权相比,在权利的执行日期上有较高的弹性。因此,美式期权的价格也较欧式期权高。

欧式期权和美式期权并没有任何地理位置上的含义,在欧洲国家的期权市场上也交易美式期权,而在美国的期权市场上也同样交易着欧式期权。目前,在世界各主要的期权市场上,美式期权的交易量远大于欧式期权的交易量。不难看出,相对于欧式期权来说,买进美式期权后,持有者可在期权有效期内根据市场行情的变动和自己的实际需要比较灵活而主动地选择有利的履约时间;相反,对期权出售者来说,美式期权比欧式期权使他承担着更大的风险,他必须随时为履约做好准备。就目前来说,美式期权因具有更大的灵活性,故发展相对迅速。

美式期权权利的行使是如此不确定,欧式期权权利的行使又如此严格,为满足某些中间地带交易者的需要,产生了百慕大式期权,其权利可以在期权有效期内某些规定的日期行使,多为到期日以前若干天。百慕大式期权至今仍只限于小范围的交易,基本属于场外交易,交易量有限。

除了大量较正式的期权外,还有一些期权主要满足局部地域的需要,被称为外来期权。外来期权多采取场外交易的形式,下面选取较为重要的几种略做说明。

(1)亚洲买方期权。亚洲买方期权的内在价值不是以期权执行时标的资产的市场价格减掉执行价格而定,而是等于标的资产在期权全部有效期内截止期权执行时的平均市场价格减掉执行价格。

(2)或有期权。或有期权的持有者如果期权在到期时处于实值状态,还可以得到退还的权利金;而如果期权在到期时处于虚值状态,则一无所获,不但权利金不退还,期权本身也一文不值。

(3)障碍期权。障碍期权是指事先规定一种期权有效或失效的标准(障碍),期权是否起作用不仅仅取决于标的资产的市场价值与执行价格的对比情况,还取决于是否达到了有效或失效的标准。

如果规定一旦达到了标准,期权就开始有效,则称为有效障碍期权。有效障碍期权又可分为四种,假定以标的资产市场价格达到 100 为标准,则其包括:标的资产市场价格上升到 100 及以上时开始生效的买方期权;标的资产市场价格下降到 100 及以下时开始生效的买方期权;标的资产市场价格上升到 100 及以上时开始生效的卖方期权;标的资产市

场价格下降到 100 及以下时开始生效的卖方期权。

如果规定一旦达到了标准,期权就失效,则称为无效障碍期权。无效障碍期权也可分为四种,同样假定以标的物市场价格达到 100 为标准,则其包括:标的资产市场价格上升到 100 及以上即无效的买方期权;标的资产市场价格下降到 100 及以下即无效的买方期权;标的资产市场价格上升到 100 及以上即无效的卖方期权;标的资产市场价格下降到 100 及以下即无效的卖方期权。

## 五、标的物不同的期权

按期权的标的资产,期权可分为股票期权、股票指数期权、外汇期权、利率期权、商品期货期权、金融期货期权。其中股票期权、股票指数期权、外汇期权、利率期权是金融现货期权,它们都是在证券交易所进行交易,而商品期货期权、上述金融产品的期货期权在期货交易所进行交易。

### (一)股票期权

股票期权是指买方在交付了权利金后即取得在合约规定的到期日或到期日以前按协议价买入或卖出一定数量相关股票的权利。

股票期权一般是指经理股票期权,即企业在与经理人签订合同时,授予经理人未来以签订合同时约定的价格购买一定数量公司普通股的选择权,经理人有权在一定时期后出售这些股票,获得股票市价和行权价之间的差价,但在合同期内,期权不可转让,也不能得到股息。在这种情况下,经理人的个人利益就同公司股价表现紧密地联系起来。股票期权制度是上市公司的股东以股票期权方式来激励公司经理人员实现预定经营目标的一套制度。股票期权的行使会增加公司的所有者权益。它是由持有者向公司购买未发行在外的流通股,即直接从公司购买而非从二级市场购买。

股票期权可分为限制性股票期权、合格的股票期权、不合格的股票期权和激励性股票期权四种类型。限制性股票期权一般是公司以奖励的形式直接向经营者赠送股份,而经营者并不需要向公司支付什么,其限制条件在于当行权者在奖励规定的时限到期前离开公司,公司将会收回这些奖励股份。合格的股票期权一般享有税收方面的优惠,当行权者以低于市场价的价格购买公司股票时,他不需要对差价部分所享有的利益交税;当行权者出售股票时,他所获取的"超额利润"(购买价与市场价之差加上因股票升值所获利之和)只需按长期资本收益交税,而在欧美这种税率最高不超过 20%。不合格的股票期权与合格的股票期权的区别在于,它要对购买价与市场价之差的部分在当期按当时税率缴纳所得税。激励性股票期权是为了向经营者提供激励,其形式不仅有着多样性,而且支付和行权方式也因企业不同而不同。但它一般具有税收优惠的特点,从而与合格的股票期权有某些相似性。

### (二)股票指数期权

股票指数期货是股票投资者用来降低股票投资的系统性风险的一种常用的套期保值手段,而股票指数期权则是在股票指数期货合约的基础上产生的一种派生证券。股票指数期权是指以股票指数为标的物,买方在支付了权利金后即取得在合约有效期内或到期时以协议指数与市场实际指数进行盈亏结算的权利。

股票指数期权赋予持有人在特定日（欧式）或在特定日或之前（美式），以指定价格买入或卖出特定股票指数的权利，但这并非一项责任。股票指数期权买家需为此项权利缴付期权费，股票指数期权卖家则可收取期权费，但有责任在期权买家行使权利时，履行买入或者卖出特定股票指数的义务。

世界上第一份普通股指期权合约于 1983 年 3 月在芝加哥期权交易所出现，该期权的标的物是标准普尔 100 种股票指数。随后，美国证券交易所和纽约证券交易所迅速引进了指数期权交易。

股票指数期权以普通股股价指数作为标的，其价值决定于作为标的的股价指数的价值及其变化。股指期权必须用现金交割。清算的现金额度等于指数现值与敲定价格之差与该期权的乘数之积。

股指期权与股指期货的不同点主要表现为：① 权利义务不同。股指期货赋予持有人的权利与义务是对等的，即合约到期时，持有人必须按照约定价格买入或卖出指数；而股指期权则不同，股指期权的多头只有权利而不承担义务，股指期权的空头只有义务而不享有权利。② 杠杆效应不同。股指期货的杠杆效应主要体现为，利用较低保证金交易较大数额的合约；而期权的杠杆效应则体现为期权本身定价所具有的杠杆性。

### （三）利率期权

利率期权是指买方在支付了权利金后即取得在合约有效期内或到期时以一定的利率（价格）买入或卖出一定面额的利率工具的权利。利率期权合约通常以政府短期、中期、长期债券，欧洲美元债券，大面额可转让存单等利率工具为标的物。

利率期权是一项规避短期利率风险的有效工具。借款人通过买入一项利率期权，可以在利率水平向不利方向变化时得到保护，而在利率水平向有利方向变化时得益。利率期权有多种形式，常见的主要有利率上限、利率下限和利率上下限。

利率上限是客户与银行达成一项协议，双方确定一个利率上限水平，在此基础上，利率上限的卖方向买方承诺：在规定的期限内，如果市场参考利率高于协定的利率上限，则卖方向买方支付市场利率高于协定利率上限的差额部分；如果市场利率低于或等于协定的利率上限，卖方无任何支付义务。同时，买方由于获得了上述权利，必须向卖方支付一定数额的期权手续费。

利率下限是指客户与银行达成一个协议，双方规定一个利率下限，卖方向买方承诺：在规定的有效期内，如果市场参考利率低于协定的利率下限，则卖方向买方支付市场参考利率低于协定的利率下限的差额部分；若市场参考利率大于或等于协定的利率下限，则卖方没有任何支付义务。作为补偿，卖方向买方收取一定数额的手续费。

利率上下限是指将利率上限和利率下限两种金融工具结合使用。具体地说，购买一个利率上下限，是指在买进一个利率上限的同时，卖出一个利率下限，以收入的期权费来部分抵消需要支出的期权费，从而达到既防范利率风险又降低费用成本的目的。而卖出一个利率上下限，则是指在卖出一个利率上限的同时，买入一个利率下限。

### （四）外汇期权

外汇期权也称为货币期权，是指合约购买方在向出售方支付一定权利金后，所获得的在未来约定日期或一定时间内，按照规定汇率买进或者卖出一定数量外汇资产的选择权。

相对于股票期权、指数期权等其他种类的期权来说,外汇期权买卖的是外汇,即期权买方在向期权卖方支付一定数额的权利金后,有权在约定的到期日按照双方事先约定的协定汇率和金额同期权卖方买卖约定的货币,同时权利的买方也有权不执行上述买卖合约。

外汇期权买卖是近年来兴起的一种交易方式,它是原有的几种外汇保值方式的发展和补充。它既为客户提供了外汇保值的方法,又为客户提供了从汇率变动中获利的机会,具有较大的灵活性。

### (五)期货期权

期货期权是对期货合约买卖权的交易,在未来某特定时间以特定价格买入或卖出一定数量的某种期货合约的权利。一般所说的期权通常是指现货期权,而期货期权则是指"期货合约的期权"。期货期权合约表示在到期日或之前,以协议价格购买或卖出一定数量的特定商品或资产期货合同。期货期权的基础是商品期货合约,期货期权合约实施时要求交易的不是期货合约所代表的商品,而是期货合约本身。

期货期权是继 20 世纪 70 年代金融期货之后在 80 年代的又一次期货革命。1984 年10 月,美国芝加哥期货交易所首次成功地将期权交易方式应用于政府长期国库券期货合约的买卖,从此产生了期货期权。相对于商品期货为现货商提供了规避风险的工具,期权交易则为期货商提供了规避风险的工具。目前,国际期货市场上的大部分期货交易品种都引进了期权交易。

与现货期权相比,期货期权具有以下优点:

(1)资金使用效益高。由于交易商品是期货,因此在建立头寸时,是以差额支付保证金,在清算时是以差额结账,从这个意义上讲,期货期权可以较少的资金完成交易,因而也就提高了资金的使用效益。

(2)交易方便。由于期货期权的交易商品已经标准化、统一化,具有较高的流动性,因此便于进行交易。

(3)信用风险小。由于期货期权交易通常是在交易所进行的,交易的对方是交易所清算机构,因而信用风险小。

与现货期权相比,期货期权也有明显的缺点,其最大缺点是由于是在交易所进行交易,上市的商品种类有限,因而协议价格、期限等方面的交易条件不能自由决定。就优势而言,交易者可以在期货市场上做保值交易或投资交易时,配合使用期货期权交易,在降低期货市场的风险性的同时提高现货市场套期保值的成功率,而且还能增加盈利机会。

## 第四节 期权合约

当进行某种期权交易时,期权合约的条款实质上就是期权买卖双方所要遵守的游戏规则。以芝加哥期货交易所小麦期货期权合约为例,对期权合约的条款予以详细说明(见表 7-3)。

表 7-3 芝加哥期货交易所小麦期货期权合约

| 交易代码 | 公开叫价:看涨期权 WY;看跌期权 WZ<br>电子交易:OZW |
|---|---|
| 交易单位 | 一张芝加哥期货交易所 5 000 蒲式耳的小麦期货合约 |
| 最小变动价位 | 每蒲式耳 1/8 美分(每张合约 6.25 美元) |
| 执行价格间距 | 前两个月份为 5 美分/蒲式耳;其他月份为 10 美分/蒲式耳;<br>在交易开始时,公布一个平值期权和 5 个实值期权、5 个虚值期权 |
| 每日价格波动幅度限制 | 每蒲式耳不高于或低于上一交易日权利金结算价 30 美分<br>(每张合约 1 500 美元) |
| 合约月份 | 3 月、5 月、7 月、9 月、12 月 |
| 交易时间 | 公开叫价:周一至周五上午 9:30—下午 1:15<br>电子交易:周六至周五下午 8:30—上午 6:00。 |
| 最后交易日 | 距相应小麦期货合约第一通知日至少 2 个工作日之前的最后一个星期五 |
| 履约日 | 期货期权的买方可在到期日之前的任一工作日执行合约,<br>但需在芝加哥时间下午 6:00 向芝加哥清算公司提出<br>最后交易日处于实值状态的期权头寸将被自动执行 |
| 合约到期日 | 最后交易日后的第一个星期六上午 10:00(芝加哥时间) |

资料来源:芝加哥期货交易所官网。

## 一、交易代码

交易代码是每个期权合约的具体代号,通常以一些英文字母来表示,每个代码代表一类具体的期权合约。例如,芝加哥期货交易所"WY"代表小麦期货看涨期权,"WZ"代表小麦期货看跌期权,而电子交易的代码为"OZW"。

## 二、标的资产

标的资产是指经批准允许进入期权市场交易的金融工具和期货合约。期权的标的资产非常广泛,常见的有股票期权、股票指数期权、外汇期权、利率期权、商品期货期权、金融期货期权等。以芝加哥期货交易所小麦期货期权为例,其标的资产是一张 5 000 蒲式耳的小麦期货合约。

## 三、交易单位

交易单位是指每张期权合约所代表的要交易的标的资产的数量。如一张芝加哥期货交易所小麦期货期权合约的交易单位是 5 000 蒲式耳。

## 四、最小变动价位

最小变动价位是指每张期权合约或每一交易单位标的资产报价时所允许价格变动的最小值。如芝加哥期货交易所小麦期货期权的最小变动价位是每蒲式耳 1/8 美分(6.25

美元/张）。

对于股票期权而言，根据不同的股票市场价格，其最小变动价位不同。股票的价格越高，最小的变动价位越大。芝加哥期权交易所股票期权（每张合约 100 股）的最小变动价位是：当股票价格在 5 美元到 25 美元之间时，最小变动价位为 2.5 美元；当股票价格在 25 美元到 200 美元之间时，最小变动价位为 5 美元；当股票价格高于 200 美元时，最小变动价位为 10 美元。

## 五、每日价格波动幅度限制

每日价格波动幅度限制是指期权合约的权利金每日波动幅度高于或低于上一个交易日权利金结算价的限度。如果达到涨跌停板就暂停交易，以防止价格暴涨暴跌。如芝加哥期货交易所交易的小麦期货期权每日价格波动幅度限制是每蒲式耳不超过上一交易日权利金结算价±30 美分。

值得注意的是，有的期权合约没有涨跌停板限制，如韩国股票交易所的 200 种股票指数期权没有涨跌停板限制。从世界期权交易来看，目前期权交易市场上有以下三种基本做法：① 期权标的资产交易本身就不设涨跌停板，从而相应的期权交易也没有涨跌停板，如伦敦金属交易所的金属期货交易、伦敦国际石油交易所的能源期货交易等。② 期权标的资产交易有涨跌停板，但相应的期权交易没有涨跌停板。如纽约商品期货交易所的铜期货交易和原油期货交易。③ 期权标的资产交易和期权本身交易都有涨跌停板。比如芝加哥期货交易所的大豆、豆油、小麦期货等，期货期权的每日价格波动幅度限制与期货的每日价格波动幅度限制相同。

## 六、执行价格

执行价格是指在期权合约中事先约定的在履行合约时期权买方买入或卖出标的资产的价格。执行价格接近标的资产的市场价格。通常对于同一标的资产的期权合约来说，会设置几个不同的执行价格，而且随着市场的变动会设置新的执行价格。当然，执行价格不同，期权合约的权利金也不一样。

## 七、合约月份

合约月份是指期权买卖双方交付标的资产执行期权合约的月份。期权交易的月份分为季度周期性月份、非季度周期性月份和循环月份。普通期权合约月份一般是季度周期性月份的 3 月、6 月、9 月、12 月；芝加哥期货交易所玉米期货期权、堪萨斯城交易所的小麦期货期权、纽约商品期货交易所的高级铜等商品期货期权交易月份是非季度周期性月份 3 月、5 月、7 月、9 月、12 月。股票期权及股票指数期权交易月份通常是循环月份，它们是在 1 月、2 月或 3 月的基础上的循环，也就是在其基础上，再加 3 个月。1 月的循环包括 1 月、4 月、7 月和 10 月这 4 个月份；2 月的循环包括 2 月、5 月、8 月和 11 月这 4 个月份；3 月的循环包括 3 月、6 月、9 月和 12 月这 4 个月份。

## 八、最后交易日

最后交易日是指期权合约的最终有效日期。在到期日之前,期权买方任何时候均享有合同规定的权利,而若超过这一天期权合约自动作废。对多数美国的股票期权来说,期权合约的最后交易日精确的到期时间是到期月第三个星期五之后的星期六的美国中部时间的晚上11:59。一般情况下是该月的第三个星期六,但也有例外。如果该月的第一天是星期六,那么第三个星期五之后的星期六则是该月的第四个星期六。

每个交易所在进行期权合约设计时,可能会根据本交易所的具体情况在合约中增加或减少部分内容。

# 第五节 期权交易机制

## 一、期权交易指令

交易指令是期权交易客户向经纪公司发出的要求买入或卖出一份或多份期权合约的要约。它一经发出,客户就应当承担其相应的法律责任和义务,同时,经纪公司接收指令后就会迅速将其传递给交易所大厅以便执行。与期货交易相同,当前期权交易一般也是通过电子交易来完成的。

期权交易指令的内容包括:买入或卖出;合约编号;标的资产;合约到期月份;执行价格;权利金限额(如果有的话);期权种类(看涨期权或看跌期权);有保护或无保护(如果卖空);客户的身份证明。此外,指令还必须说明这是第一次开仓交易还是平仓交易。

## 二、期权交易的保证金制度

如前所述,在进行期权交易时,期权买方必须全额支付权利金,而期权卖方则必须在保证金账户上存入相应的履约保证金。许多金融市场都已采用了保证金制度,最普遍的是期货交易市场采用的保证金制度。与我国股票市场不同,在国外的股票市场上也采用保证金制度,通常要求投资者购买股票时,必须存入初始保证金,初始保证金一般为股票价值的50%~90%。但是,期权交易的保证金制度与期货交易和股票交易的保证金制度有很大的不同。

在购买看涨期权和看跌期权时,投资者必须支付全额期权权利金,不允许投资者用保证金方式购买期权。这是由于期权实际上已经包含了一定的杠杆率。权利金只是交易标的资产面值的很小比例,如果再按保证金方式购买期权将使这一杠杆比率太大。当投资者出售期权时,必须在保证金账户中保持一定数额的资金,这是由于经纪公司和交易所需要确保当期权执行时,出售该期权的投资者不会违约。保证金的多少取决于当时的交易情况。

目前,国外期权交易的保证金制度虽然多种多样,但仔细研究,仍可将其分为三类:Delta制度、传统制度和标准组合风险分析系统。所谓Delta是标的资产价格变动1元,权利金所变动的数值。在Delta制度下,保证金大部分决定于该期权的Delta系数乘以期货的保证金,也就是把期权当作相当期货数目来处理。保证金大小为:保证金=权利金+Delta×期货保证金。传统制度和标准组合风险分析系统用得最多,但标准组合风险分析系统原理过于复杂,不过使用时只需在计算机上输入标的资产数量、日期执行价格等影响保证水平相应的变量,计算机会立即自动给出保证金的数值。

期权交易有四种基本的交易方式:买入看涨期权、卖出看涨期权、买入看跌期权、卖出看跌期权。对于这四种不同的交易方式,有不同的期权保证金要求,由于期权买方不履约不会对经纪公司或交易所带来任何风险(已交纳了权利金),只有卖方不履约时才会给经纪公司或交易所带来风险,所以主要讨论对期权卖方的保证金的要求。

在美国,对于期权的卖方,美联储规定了保证金的下限,但各交易所在具体执行时,一般会在其基础上有所增加。同样,各经纪公司对客户的保证金要求也可能会在美联储和有关期权交易所要求的金额之上再有所增加。此外期权经纪公司通常的做法是对不同信誉的客户收取不同标准的保证金;同时对于不同的标的资产收取不同水平的保证金。下面介绍股票期权卖方的保证金的收取基本原则。

### (一) 无保护期权卖方保证金

无保护期权又叫裸期权,是指期权卖方本身并未持有期权标的资产的期权,如股票看涨期权卖方本身并没有持有期权相应的股票。对于无保护期权,其初始保证金是取下面两个计算结果中的较大的那个:

① 出售期权的所有收入加上股票期权标的股票的20%减去期权于虚值状态的数额(执行价格与市场价格之差)。

② 出售期权的所有收入加上股票期权标的股票的10%。

对于做空股票指数期权,保证金则视标的股指的不同而有所不同。如果标的股指变化幅度大的话,保证金的要求与卖出的股票期权相同,即等于出售期权的所有收入加上期权的标的股指市值的20%减去期权于虚值状态的数额(如果有这一项的话)。如果标的股指的变化幅度小的话,保证金等于出售股票指数期权的所有收入加上期权标的股指市值的15%减去期权于虚值状态的数额(如果有这一项的话)。与股票期权一样,保证金最低不能少于出售期权的所有收入加上期权的标的股指市值的10%。

【例7-3】某一投资者出售了5份无保护的看涨期权(每个100股)。权利金为5美元,执行价格为42美元,股票价格为40美元。由于期权处于虚值状态,期权的虚值为2美元。

按以上第一种计算方法得出:

$$500(5+0.2\times40-2)=5\ 500(美元)$$

按以上第二种计算方法得出:

$$500(5+0.1\times40)=4\ 500(美元)$$

因此,保证金为5 500美元。

注意:如果本例中是一个看跌期权的话,它处于实值状态,实值为2美元,要求的保证金将是:

$$500(5+0.2\times40)=6\ 500(美元)$$

保证金的计算每天都重复进行。当计算结果表明要求的保证金金额大于保证金账户的现有金额时,则需要客户追加保证金,此时,交易所或经纪公司将发出保证金催付通知。

### (二)有保护看涨期权卖方保证金

出售有保护看涨期权,以股票期权为例,是指股票期权卖方出售股票看涨期权时已持有该股票。有保护看涨期权的风险远远低于无保护看涨期权,如果看涨期权的卖方在经纪公司存入的相应股票的数量不少于看涨期权所需的股数,则对于经纪公司来讲,无任何风险可言,因而不需缴纳保证金。在实际交易中,期权经纪公司并不要求期权卖方以标的股票的全价作为保证金事先存入经纪公司的账户,而通常只是上述价值的某一比率。

## 三、持仓与履约限额制度

以股票期权为例来说明,其他期权可以借鉴。

对于任何一个公司的股票而言,可创造的期权合约的数量是十分巨大的。假设某公司发行并出售了5 000万股,而期权合约的投资者创造了60万份该股票的看涨期权合约。由于每份看涨期权合约代表100股,这60万份合约将代表6 000万股股票,大大超过了实际存在的股票。如果这些合约都要求执行,其结果肯定是一团糟。这也许太极端了而不可能发生,那就让我们看看很可能发生的情形。如市场上的投机者想迫使某种股票价格上涨。于是,他们在一段时间里买进了代表200万股标的股票的看涨期权2万份。在某个价位,他们要求履约。如果合约都将由无保护的卖出者来履行,这样卖方将不得不到股票市场去购买这种股票用于交割。大量购买该种股票的压力势必造成该股票价格大幅上升,这样给执行看涨期权的上述投机者带来丰厚的利润。为了防范这种操纵市场的行为,交易所设置了持仓与履约限额制度。

### (一)持仓限额制度

基于对上述行为的制止,美国证券交易委员会颁布了规定,限制市场参与者可能持有的期权合约的最大数量。其规定如下:"任何采取一致行动的个体和组织不得在同一标的证券市场中单边持有超过8 000张期权合约。"个体是任意一个实体,如个人、公司、合伙组织或信托机构等。一个"行动一致"的团体则可以定义为统一以相同方式进行交易或由统一顾问控制和操纵其账户的个体的集合。市场上存在两种交易方向:买入(多头)和卖出(空头)。需要注意的是,这里的"多头""空头"是指期权执行后标的头寸的买卖方向。即:多头持仓=买入看涨期权的持仓+卖出看跌期权的持仓;空头持仓=买入看跌期权的持仓+卖出看涨期权的持仓。

任何同种证券的期权头寸,都不得在任何方向上超过8 000张合约。例如,某投资者持有微软公司股票期权,下列持仓量没有违反该项规则:

| 多头 | 空头 |
|---|---|
| 买入看涨期权3 000张 | 买入看跌期权3 000张 |
| 卖出看跌期权5 000张 | 卖出看涨期权5 000张 |
| 共计8 000张 | 共计8 000张 |

虽然其全部交易量为16 000份合约,但其在任何一个方向上均未超过允许的8 000张合约的限制。

而下列持仓量则违反了这项规则:

|多头|空头|
|---|---|
|买入看涨期权 5 000 张|买入看跌期权 3 000 张|
|卖出看跌期权 5 000 张|卖出看涨期权 3 000 张|
|共计 10 000 张|共计 6 000 张|

同样地，其全部交易量为 16 000 张，但这次有 10 000 张合约在同一方向上，这就违反了该项规则。

8 000 张的合约限额适用于交易最活跃的股票。对于那些交易不活跃的股票，限额为同一方向 5 000 张，甚至 3 000 张。

**（二）执行限额制度**

美国证券交易委员会还有另外一项规定，任何个体或采取统一行动的组织在任何 5 个连续交易日内，不得执行超过 8 000 张同一标的证券的期权合约。如某人在星期一早上执行了 8 000 张某股票的看涨期权，则该投资者在下星期一之前将不能再执行额外的该股票看涨期权。

和持仓量限额一样，8 000 张合约的执行限额仅适用于最活跃的股票，对于交易量较小的股票，合约的执行限额则减少为 5 000 张或 3 000 张。

需要注意的是，当发生股票拆细或配送股时，期权合约将作出修改，这时的持仓量和执行量限额将不受 8 000 张的限制。

## 四、期权交易的了结

期权都有期限，到期之后期权就会变得没有任何价值，那么在期权到期时或到期之前，投资者如何处理自己的期权头寸，实现原来的目的，就是投资者需要考虑的十分重要的问题。

期权了结的方式有三种：对冲平仓、执行期权和自动失效。

**（一）对冲平仓**

对冲平仓是在期权到期之前，交易一个与初始交易头寸相反的期权头寸。例如，某投资者在 11 月 17 日买入了一个"IBMLP"期权合约，即建立了一个看涨期权多头头寸，如果他在 12 月的第三个星期五之前又卖出了一个"IBMLP"期权合约，那么他的这种操作就实现了对冲平仓。

大多数期权的买方和卖方在期权到期时或到期前选择对冲平仓的方法来了结期权头寸。随着到期日的临近，期权的买方和卖方都会更准确地判断市场价格和期权的价值，从而决定是否发出一个相反的指令（卖出或买进期权）来执行期权。

**（二）执行期权**

如果期权到期日之前，交易者尚未对冲平仓手中的期权，则意味着交易者准备执行期权。当某一期权多头持有人要执行其期权时，就通知其经纪人，经纪人随即通知负责该期权交易的结算公司会员，该会员接着把执行指令转发至其结算公司。结算公司随机地选择某个持有相同期权空头的会员。该会员按程序选出某个相同期权空头的持有人，然后买卖双方进行期权交割。一般来说，期权交易者很少采用这种方式来了结持有的期权头寸。

如果期权的标的资产是期货合约，那么期权多头执行期权以后，就以期权合约规定的执行价格获得一个相应的期货头寸。看涨期权的多头和空头分别取得了多头和空头期货头寸,而看跌期权的多头和空头情况却相反,即分别取得了空头和多头期货头寸。

如上述看跌期权的买方选择以 400 美元/盎司的价格买入一张 8 月份黄金期货合约。期权执行后,该期权买方拥有了一份 8 月份黄金期货合约的空头头寸。所以期权的买方若选择执行合约,对于期货期权来说,经过期权清算所的清算,买卖双方将在期货市场处于表 7-4 中所示的头寸。

表 7-4　期货期权履约后期权买方、卖方在期货市场所处头寸

| 分类 | 看涨期权 | 看跌期权 |
| --- | --- | --- |
| 期权买方 | 获得多头期货头寸 | 获得空头期货头寸 |
| 期权卖方 | 获得空头期货头寸 | 获得多头期货头寸 |

### (三)自动失效

期权买方对冲平仓和执行期权与否,完全取决于是否有利可图。当期权到期时,期权本身没有内涵价值,或内涵价值小于执行期权时所需要支付的交易费用时,期权买入者将会放弃该期权,让其过期作废。一般来说,放弃权利不需要提出申请。

买方放弃权利,意味着他的全部权利金已完全损失,当然这也是他的最大损失;而此时卖方则得到全部权利金,权利金收入也是卖方的最大收益。

到期日,如果期权没有价值,买方放弃期权,则买方的权利消失,卖方的义务消失,双方的期权头寸自动从计算机中消失。

一般来说,期权在到期之前都含有时间价值,所以在交易所上市的期权交易,只有很少部分的期权合约到期执行或让其自动失效,大部分合约都是通过对冲平仓来了结。

## 五、期权交易手续费

手续费对投资者来说是非常重要的。期货和股票的手续费都是按张数计算,但期权的手续费计算稍微复杂一些,而且不同的经纪公司所收取的手续费不一样。手续费通常包括固定成本加上交易金额的一定百分比。表 7-5 是某经纪公司给出的手续费收取标准。但买卖一个合约总是收取 30 美元(因为对第一个合约,最大和最小的手续费都是 30 美元)。

表 7-5　某经纪公司的手续费收取标准

| 交易金额(美元) | 手续费额(美元) |
| --- | --- |
| <2 500 | 20+交易金额×0.02 |
| 2 500～10 000 | 45+交易金额×0.01 |
| >10 000 | 120+交易金额×0.002 5 |

如果需要平仓,必须再支付一次手续费。如果执行期权,则该投资者支付的手续费通常为交易单位的 1%～2%,这个比例是较高的。之所以收这么高的手续费,是因为交易所

希望投资者平仓,限制期权的执行。

【例7-4】某投资者购买了一个执行价格为60美元,股票价格为58美元的看涨期权。假设期权价格是8美元,所以一个合约(100股)的成本是800美元,购买该期权时所支付的手续费为30美元。

假设股票价格上升了,当它达到80美元时,投资者执行了该期权。假设投资者为股票交易支付了2%的手续费,则应付的手续费为:

$$0.02×80×100＝160(美元)$$

因此,支付的总手续费为190美元(160+30)。

假设:该投资者平仓期权而不是执行期权,支付的总手续费为60美元(由于出售一个期权的应付手续费只有30美元)。所以,一般来说,手续费制度倾向于让投资者平仓期权而不是执行期权。

# 第六节　期权与期货交易的比较

## 一、期权与期货交易的相同之处

作为金融衍生工具的两个重要品种,期权与期货交易有许多相似之处。

(1)都是在有组织的场所,即期货交易所或期权交易所内进行交易。由交易所制定有关的交易规则、合约内容,由交易所对交易时间、过程进行规范化管理。

(2)场内交易都采用标准化合约方式。由交易所统一制定其交易数量、最小变动价位、涨跌停板、交易单位、合约月份等标准。

(3)都由统一的清算机构负责清算,清算机构对交易起担保作用。清算所都是会员制,清算体系采用分级清算的方式,即清算所只负责对会员名下的交易进行清算,而由会员负责其客户的清算。有的期权由相应的期权交易所进行清算。

(4)都具有杠杆作用。交易时只需交相当于合约总额的很小比例的资金(保证金和权利金),能使投资者以小博大,因而成为投资和风险管理的有效工具。

## 二、期权与期货交易的区别

期权与期货交易也存在许多不同之处,主要可归纳如下:

(1)期权的标准化合约与期货的标准化合约有所不同。在期货合约中,买卖的载体是标的资产,唯一的变量是期货合约的价格;而在相应的期权合约中,载体是期货合约,所以期货合约的价格(即执行价格)是已定的,唯一变量是权利金。

(2)买卖双方的权利与义务不同。在期货交易中,期货合约的买卖双方都有相应的权利和义务,在期货合约到期时双方都有义务履行平仓或交割,且大多数交易所是采用卖方申请交割的方式,即卖方决定在哪个注册仓库交割,买方在货物交割地点的决定上没有选择权。而在期权交易中,期权的买方有权决定是执行权利还是放弃权利;卖方只有义务按买方的要求去履约,买方放弃此权利时卖方才不执行合约。

(3)履约保证金规定不同。期货交易的买卖双方都要交付保证金。期权的买方成交时支付了权利金,他的最大损失就是权利金,所以他不必缴纳保证金;而期权的卖方收取权利金,出卖了权利,他的损失可能会很大,所以期权的卖方要支付保证金,且随价格的变化,有可能要追加保证金。

（4）两种交易的风险和收益有所不同。期货交易的买卖双方风险和收益结构对称,而期权交易的买卖双方风险和收益结构不对称。

图7-6是期货的风险和收益结构,若成交价为 $F$,则随着市场上期货价格的上升,多头盈利增加,空头亏损等量增加,随着市场上期货价格下降,多头亏损增加,空头盈利也等量增加,买方和卖方的风险和收益结构是对称的。

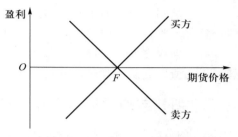

图7-6　期货买方与卖方的风险和收益结构

图7-7(a)和(b)是以期货为标的资本的看涨期权的风险和收益结构,期权执行价格 $f_1$。期权买方最大的损失是权利金 $c$,因为期货价格比执行价格低时多头会放弃权利,随着期货价格上升,买方履行合约盈利是无限的。当期货合约的价格为 $f_2$ 时,期权买卖双方的盈亏均为0,我们把 $f_2$ 称为平衡点价格。当期货价格处于 $f_1$ 与 $f_2$ 之间时,如买方执行合约,其盈利将部分抵销先前支付的权利金。

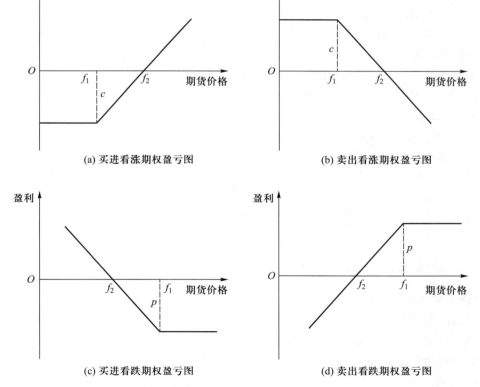

图7-7　期货期权买卖双方风险与收益结构图

看涨期权卖方的情形正好相反。他的盈利是有限的,即权利金 $c$,而随着期货价格上升,他的风险也加大。当期货价格在 $f_1$ 与 $f_2$ 之间时,空头处于盈利逐步减少的状态;而当期货价格超过 $f_2$ 时,卖方开始亏损,并且亏损是无限的。

同理,从图 7-7(c) 和(d) 可看出,看跌期权的买方的最大亏损就是权利金 $p$,随着期货价格下降,收益不断增加;卖方正好相反,最大盈利是权利金 $p$,而其损失则可能很大。

因此,期权交易中,风险和收益结构是不对称的。买方最大的亏损是权利金,而卖方风险很大,所以交易所只对卖方收取保证金,而不对买方收取保证金。

### 三、期权与期货交易选择策略

以上的分析启示投资者,在选择投资和保值工具时,可以考虑以下几点:

(1)假定投资者非常确信今后的价格走势将上升(或下降),应该选择期货交易方式,而不应做期权交易,否则将白白损失支付的权利金。

(2)如果投资者非常肯定价格基本持稳,则可通过卖出期权获取权利金。此时做期货可能无利可图。

(3)如果投资者相信价格将上涨,但同时又担心价格会不变甚至下降,则最好买入看涨期权,以充分利用期权的杠杆作用;同理,如果相信价格将下跌,但同时又担心价格会不变甚至上涨,则最好买入看跌期权。

(4)如果投资者确信价格会大幅度上下波动,但不知道价格波动方向,则最佳策略是同时买入看涨期权和看跌期权。

(5)投资者可用期权作为期货头寸的跟踪止损措施,如期货多头成交价为 60 美元,当期货价上升为 65 美元时,他可以买进一执行价为 65 美元的看跌期权作为止损措施,若期货价格继续上涨,他可以将先前的看跌期权平仓,买进另一更高执行价格的看跌期权,如此就可实现跟踪止损。若期货价格上涨,投资者可放心地等待获大利,因为他不必担心价格下降,即使下降,他也可以以较高看跌期权执行价格将期货平仓。

总之,期货交易策略最好在牛市、熊市中采用,在市场整理阶段则难以操作。而期权在任何市场条件下均可采用,在牛市、熊市、持稳市场、略有上扬及略有下跌的市场中都可选择不同的期权投资方式。另外,如上所述,期权还可以用来控制期货投资的风险。

## 第七节　期权的定价

### 一、影响期权价值的因素

#### (一)期权价值的构成

根据持有成本理论,期货理论价格是由标的资产价格(现货价格)和持有成本决定的。期权执行价格与当前标的资产价格的关系用内涵价值来表示,与未来标的资产价格的关系用时间价值表示。所以,期权价值由内涵价值和时间价值两部分构成。

1.内涵价值

内涵价值是期权买方立即履行合约时可获取的收益,它等于期权合约执行价格与标的资产市场价格之间的差值。对看涨期权而言,内涵价值＝标的资产市场价格－合约执行价格;对看跌期权而言,内涵价值＝合约执行价格－标的资产市场价格。如果计算结果小于零,则内涵价值等于零。实值期权的内涵价值大于零,虚值期权和平值期权的内涵价值等于零。

内涵价值是期权价值的重要组成部分,一般来说,实值期权的价格最高,平值期权与虚值期权没有内涵价值,期权价格由时间价值决定。

2. 时间价值

时间价值对期权卖方来说反映了期权交易期间的时间风险,对期权买方来说反映了期权内涵价值在未来增值的可能性。可以这样理解,期权买方希望随着时间的延长,标的资产价格波动可能使期权增值,因而愿意支付高于内涵价值的权利金,期权卖方由于要冒时间风险,也要求高于内涵价值的权利金。

所以,期权合约剩余有效时间越长,即离到期日越远,期权的时间价值越大。期权时间价值的大小与期权有效长度正相关,且在其他条件不变的情况下,期权临近到期日时,时间价值加速减少;到了到期日,期权的时间价值减为零。期权的时间价值与有效期之间的关系如图7-8所示,从图中可以看出离到期日较远时,时间价值随时间的变化较为缓慢。

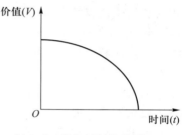

图7-8 期权时间价值图

**(二)影响期权价格的因素**

在一般情况下,市场价格是围绕理论价值上下波动的,也就是说期权市场价格与其理论价值是有区别的。期权的市场价格满足价格形成的基本原理。期权需求量大,期权价格上涨;反之,期权价格下跌。

影响期权价格的因素主要有:标的资产市场价格($S$)、执行价格($X$)、距离到期日前剩余的时间($T-t$,其中$T$为期权到期时间,$t$为当前时间)、标的资产价格波动幅度($V$)、无风险利率($r$)、股票分红(只对股票期权有影响)。

1. 标的资产市场价格($S$)

对期权价格影响最大的是标的资产的市场价格,市场价格的高低决定标的资产执行价格的高低,而期权价格的重要组成部分内涵价值是由标的资产市场价格与执行价格差值决定。另外,标的资产市场价格的波动大小直接影响期权价格,当标的资产价格变化大时,买方获利机会多,且盈利较大,而卖方被迫执行期权合约履约风险,即亏损就越大,相应卖方期权价格就定得较高。

2. 执行价格($X$)

执行价格主要影响期权的内涵价值来影响期权价格。比如,当玉米期货市场价格为110美元/吨时,在其他条件相同的情况下,执行价格为115美元/吨的看涨期权的权利金比执行价格为105美元/吨的看涨期权的权利金肯定要低。因为前者是虚值期权,后者是实值期权。有时,执行价格也影响到期权的时间价值,如同一品种、相同到期日,但不同执行价格的两份期权合约,则通常平值期权的时间价值较大。对平值期权来说,期权向实值还是向虚值转化,方向难以确定。转为实值时则买方盈利,转为虚值则卖方盈利(收取权利金而无任何其他损害）。所以平值期权的时间价值最大。对于虚值期权来说,若市场价格离执行价格很远,人们会认为其转为实值的可能性很小,其时间价值也会很小,甚至为0;对实值期权而言,若市场价格偏离执行价格很远（市场价格偏离更远的可能性已很小,因为市场价格不可能无限上涨或下跌）,则期权的杠杆作用减弱了（因为内涵价值已经很大,在权利金中占绝大部分）,此时时间价值也很小。

3. 标的资产价格波动幅度（$V$）

标的资产价格的波动幅度是影响期权价格水平的重要因素之一。标的资产价格波动从幅度和频率两方面来影响期权价格。就标的资产价格波动幅度来说,当波幅较小时,期权价格较低;当波幅较大时,期权卖方由于买方履约带来较大的亏损,从而要求较高的权利金。高的权利金一方面弥补亏损,另一方面减少买方需求,减少买方履约可能性。标的资产价格波动频率高,期权向实值方向变动可能性加大,期权权利金相应增加,期权买方也愿意接受期权卖方权利金增加的要求。

4. 无风险利率（$r$）

无风险利率反映了投资者的资金成本。一般将短期国库券的利率作为无风险利率。既然有资金成本,交易者交易时,自然会把无风险利率考虑进去。一般来说,由于权利金较标的资产面值小得多,加之无风险利率低,无风险利率对期权时间价值影响十分有限。对于股票期权及股指期权而言,无风险利率变动会引起其他利率变化,从而影响股票价格及股指的变化,自然就使期权的内涵价值发生改变,其变化大小与标的资产对利率敏感度有关。

5. 距离到期日前剩余时间（$T-t$）

距离到期日前剩余时间通过时间价值来影响期权的价格,对期权的价格影响较大。在其他因素不变情况下,剩余时间越多,期权价格越高,因为剩余时间越多,期权对买方而言,向有利方向变动的可能性增加。

6. 股票分红

如果是股票期权,股票分红影响其期权价格。一般来说,红利支付对股票价格产生影响,股票价格会下跌。因此,对看涨期权而言,在其他条件相同时,标的股票红利越大,分红除权后,股价下降得越大,看涨期权的内涵价值越小,从而使期权价格下降幅度越大。另外,分红的预期也会对股价产生影响,从而对期权价格产生影响。

## 二、布莱克-斯科尔斯（Black-Scholes）期权定价模型

### （一）Black-Scholes 微分方程的推导

Black-Scholes 微分方程的假设条件:

（1）股票价格遵循几何布朗过程。

（2）股票不付红利。

（3）存在股票卖空机制。

（4）买卖股票或期权没有交易费用和税收。

（5）在有效期内无风险利率 $r$ 为常数。

（6）证券交易是连续的,价格变动也是连续的。

（7）不存在无风险套利机会。

因为，股票价格 $S$ 遵循几何布朗运动，所以 $S$ 遵循日本学者伊藤清（Ito）提出的 ITO 过程：

$$dS = \mu S dt + \sigma S dz \tag{7-1}$$

式中：$\mu$ 是以连续复利计算的年预期收益率，可取为常数；

$\mu S$ 是价格瞬时期望漂移率；

$\sigma$ 是股票价格波动标准差，可取为常数；

$\sigma S$ 是价格的瞬时方差率的平方根；

$dz$ 是维纳过程，$z$ 为维纳过程的变量，取极限情形，则有 $dz \in \sqrt{dt}$；

$\in$ 是标准正态分布（即均值为 0，标准差为 1 的正态分布）中取得一个随机值；

$t$ 是时间。

假设 $f$ 是依赖于 $S$ 的衍生证券（比如期权）的价格。则变量 $f$ 一定是 $S$ 和 $t$ 的某种函数。从 ITO 过程得到 $f$ 遵循的过程为：

$$df = \left( \frac{\partial f}{\partial S} \mu S + \frac{\partial f}{\partial t} + \frac{1}{2} \frac{\partial^2 f}{\partial S^2} \sigma^2 S^2 \right) dt + \frac{\partial f}{\partial S} \sigma S dz \tag{7-2}$$

式（7-1）和式（7-2）的离散形式分别为：

$$\Delta S = \mu S \Delta t + \sigma S \Delta z \tag{7-3}$$

$$\Delta f = \left( \frac{\partial f}{\partial S} \mu S + \frac{\partial f}{\partial t} + \frac{1}{2} \frac{\partial^2 f}{\partial S^2} \sigma^2 S^2 \right) \Delta t + \frac{\partial f}{\partial S} \sigma S \Delta z \tag{7-4}$$

其中，$f$ 和 $S$ 遵循的维纳过程相同，即两式中的 $\Delta z$ 相同，所以选择某种股票和衍生证券的投资组合可以消除维纳过程。设某投资者卖出其 1 份衍生证券，同时买入数量为 $\frac{\partial f}{\partial S}$ 的股票，则定义证券组合的价值为 $\Pi$：

$$\Pi = -f + \frac{\partial f}{\partial S} S \tag{7-5}$$

$\Delta t$ 时间后，投资组合的价值变化为 $\Delta \Pi$：

$$\Delta \Pi = -\Delta f + \frac{\partial f}{\partial S} \Delta S \tag{7-6}$$

将式（7-3）和（7-4）代入式（7-6），可得

$$\Delta \Pi = \left( -\frac{\partial f}{\partial t} - \frac{1}{2} \frac{\partial^2 f}{\partial S^2} \sigma^2 S^2 \right) \Delta t \tag{7-7}$$

因为这个方程不含 $\Delta z$，经过 $\Delta t$ 时间后，投资组合的价值必定没有风险。当 $\Delta t$ 无限短时，该投资组合的瞬时收益率与其他短期无风险证券收益率相同。当不存在无风险套利机会时，应该存在下列等式：

$$\Delta \Pi = r \Pi \Delta t$$

式中：$r$ 为无风险利率。将式（7-5）和式（7-7）代入此式并化简可得：

$$\frac{\partial f}{\partial t} + rS \frac{\partial f}{\partial t} + \frac{1}{2} \sigma^2 S^2 \frac{\partial^2 f}{\partial S^2} = rf \tag{7-8}$$

这就是著名的 Black-Scholes 微分方程,它适用于股票和其他价格取决于标的证券价格的所有衍生证券的定价。

**(二)风险中性定价原理**

式(7-8)中的变量为股票价格 $S$、时间 $t$、股票价格波动标准差 $\sigma$ 和无风险利率 $r$,这些都是不受投资者风险偏好影响的变量,方程中不包含受投资者主观风险收益偏好影响的股票预期收益率,这意味着风险偏好对 $f$ 不产生影响。Black-Scholes 微分方程的这一特征大大简化了我们对衍生证券定价的研究。在对衍生证券定价时,可以认为所有投资者都是风险中性的。这就是风险中性定价原理。

要理解风险中性定价原理应该注意的是:Black-Scholes 微分方程对衍生证券定价公式中不包括与风险偏好有关的变量。为了简化问题,假设投资者都是风险中性,但风险中性这一假设推导出来任何结论对于投资者是风险厌恶和风险偏好的情况同样适用。

为了更好理解风险中性定价原理,我们可以举一个简单的例子来说明。

【例 7-5】假设一种不支付红利股票目前的市场价格为 10 美元,如果在 6 个月后,该股票价格要么是 12 美元,要么是 8 美元。求 6 个月期执行价格为 11 美元的该股票欧式看涨期权的价格。

由于欧式期权不会提前执行,其价值取决于 6 个月后股票的市场价格。若 6 个月后该股票价格等于 12 美元,执行期权则该期权价值为 1 美元(不计交易费用),若 6 个月后该股票价格等于 8 美元,则该期权价值为 0。

根据 Black-Scholes 模型的思想,为了求出期权的价值,构造一个投资组合,使该组合的价值处于无风险状态。为了找出该期权的价值,我们可构建一个由一单位看涨期权空头和 $\Delta$ 单位的标的股票多头组成的组合。若 6 个月后该股票价格等于 12 美元,该组合价值等于($12\Delta-1$);若 6 个月后该股票价格等于 8 美元,该组合价值等于 $8\Delta$。为了使该组合价值处于无风险状态,必须满足:

$$12\Delta-1 = 8\Delta$$
$$\Delta = 0.25$$

因此,一个无风险组合应包括一份看涨期权空头和 0.25 股股票多头。无论 6 个月后股票价格等于 12 美元还是 8 美元,该组合价值都将等于 2 美元。假设现在的无风险年利率等于 10%,则该组合的现值应为:

$$2e^{-0.1\times0.25} = 2\times0.975 = 1.95(美元)$$

由于该组合中有一单位看涨期权空头和 0.25 单位股票多头,而目前股票市场为 10 美元,因此:

$$10\times0.25-f = 1.95$$
$$f = 0.55 \text{ 美元}$$

这就是说,该看涨期权的价值应为 0.55 美元,否则就会存在无风险套利机会。

从该例子可以看出,在确定期权价值时,我们并不需要知道股票价格上涨到 12 美元的概率和下降到 8 美元的概率,也无须知道投资者厌恶风险程度,该期权的价值都等于 0.55。

### （三）Black-Scholes 期权定价公式

从上面风险中性定价原理可知：期权的价值与投资者风险厌恶程度无关。所以，风险中立就成为 Black-Scholes 期权定价公式的重要假设条件。下面分别讨论无收益和有收益期权的定价。

1. 无收益资产期权定价

（1）看涨期权的定价。在风险中性世界里，欧式看涨期权到期日的期望价值为：

$$\hat{E}[\max(S_T-X,0)]$$

式中：$\hat{E}$ 为风险中性的期望值；$S_T$ 为 $T$ 时刻股票的价格；$T$ 为期权的到期时间。

欧式看涨期权的价格是期望值 $\hat{E}$ 以无风险利率贴现的结果，即有：

$$c = e^{-r(T-t)}\hat{E}[\max(S_T-X,0)] \tag{7-9}$$

假定股票价格运动是几何布朗运动，运用数学上随机变量函数的一些定理，可以得出股票的自然对数 $\ln S_T$ 服从正态分布，具有下列概率分布：

$$\ln S_T \sim \varphi\left[\ln S+\left(r-\frac{\sigma^2}{2}\right)(T-t),\sigma\sqrt{T-t}\right] \tag{7-10}$$

通过积分过程对式（7-9）的右边求值，可得出：

$$c = SN(d_1)-Xe^{-r(T-t)}N(d_2) \tag{7-11}$$

式中：

$$d_1 = \frac{\ln(S/X)+(r+\sigma^2/2)(T-t)}{\sigma\sqrt{T-t}}$$

$$d_2 = \frac{\ln(S/X)+(r-\sigma^2/2)(T-t)}{\sigma\sqrt{T-t}} = d_1-\sigma\sqrt{T-t}$$

$N(x)$ 为标准正态分布变量的累计概率分布函数（即这个变量小于 $X$ 的概率），根据标准正态分布函数特性，则有 $N(-x)=1-N(x)$。

式（7-11）就是无收益资产欧式看涨期权的定价公式。即著名 Black-Scholes 期权定价公式。

在标的资产无收益情况下，由于无收益美式看涨期权价值 $C$ 与无收益欧式看涨期权价值 $c$ 相同，即 $C=c$，因此式（7-11）也给出了无收益资产美式看涨期权的价值。

（2）看跌期权的定价。以上讨论的是无收益看涨期权定价，对于看跌期权，只讨论欧式看跌期权定价。

为了得出无收益看跌期权定价公式，首先讨论欧式看涨与看跌股票期权之间的平价关系。

设 $p$ 和 $c$ 分别表示欧式看跌、看涨股票期权的价格，考虑以下两个组合：

组合 A：一个欧式股票看涨期权加上金额为 $Xe^{-r(T-t)}$ 的现金；

组合 B：一个欧式股票看跌期权加一股股票。

在期权到期时，组合 A 的价值为：

$$\max(S_T-X,0)+X = \max(S_T,X) \tag{7-12}$$

组合 B 的价值为：

$$\max(X-S_T,0)+S_T=\max(X,S_T) \tag{7-13}$$

因此期权到期日两个组合的价值相等。由于是欧式期权,所以到期日 $T$ 时刻才能执行,所以现在组合必然具有相等的价值,即有:

$$c+Xe^{-r(T-t)}=p+S \tag{7-14}$$

这个关系式即所谓的欧式看涨与看跌股票期权的平价关系。

由于欧式看涨期权和看跌期权之间存在平价关系,因此把式(7-11)代入式(7-14)可以得到无收益资产欧式看跌期权的定价公式:

$$p=Xe^{-r(T-t)}N(-d_2)-SN(-d_1) \tag{7-15}$$

对于无收益欧式看涨期权及看跌期权的计算公式,在其包含的变量中,股价波动率 $\sigma$ 可以通过历史数据进行估算, $N(d_1)$ 和 $N(d_2)$ 概率分布函数值可以通过查表求得,这样我们就可以算出无风险利率为 $r$ 时的不支付红利股票欧式看涨期权及欧式看跌期权的价值,下面举例说明。

【例7-6】考虑一种期权还有 6 个月的有效期,股票现价为 42 美元,期权的执行价格为 40 美元,无风险利率为每年 10%,波动率为每年 20%。即 $S=42$, $X=40$, $r=0.10$, $\sigma=0.20$, $T-t=0.5$。

$$d_1=\frac{\ln\dfrac{42}{40}+\left(0.1+\dfrac{0.2^2}{2}\right)0.5}{0.2\sqrt{0.5}}=\frac{\ln 1.05+0.12\times 0.5}{0.2\sqrt{0.5}}=0.769\,3$$

$$d_2=\frac{\ln\dfrac{42}{40}+\left(0.1-\dfrac{0.2^2}{2}\right)0.5}{0.2\sqrt{0.5}}=\frac{\ln 1.05+0.08\times 0.5}{0.2\sqrt{0.5}}=0.627\,8$$

并且

$$Xe^{-r(T-t)}=40e^{-0.05}=38.049$$

因此,若该期权为欧式看涨期权,它的价值 $c$ 为:

$$c=42N(0.769\,3)-38.049N(0.627\,8)$$

若该期权为欧式看跌期权,它的价值 $p$ 为:

$$p=38.049N(-0.627\,8)-42N(-0.769\,3)$$

通过查表算出:

$$c=4.76, p=0.81$$

美式看跌期权的定价还没有得到一个精确的解析公式,但可以用蒙特卡罗模拟、二叉树和有限差分三种数值方法以及解析近似方法求出。

2. 有收益资产期权定价

到现在为止,我们一直假设期权的标的资产没有现金收益,但实际上,很多资产在期权有效期内都是有收益的,如股票有红利收益,其他证券大都有固定收益率。那么,对于有收益资产,其期权定价公式如何确定呢? 实际上,如果收益可以准确地预测到,或者是已知的,可利用无收益资产欧式期权的定价公式很容易推导出来。对于股票期权而言,我们假设在期权有效期期间支付的红利可以确定地预测,由于典型的可交易期权持续时间只有半年多,因此这个假设可以成立。同时假设支付红利的股票遵循维纳过程。在股权除权这一时点,股票价格将下降,下降幅度是每股支付的红利的数量。因为税收的因素,股票价格下降的程度比每股红利的现金数额要小一些。

为了分析欧式期权,我们假设股票价格是以下两个部分的总和:用来在期权的有效期中支付已知红利的无风险部分和一个有风险部分。任意给定时刻的无风险部分是在期权有效期中所有的红利以无风险利率从除权日贴现到当前时间的现值 $I$。期权到期时由红利决定的无风险部分就会消失。所以如果令 $S$ 等于风险部分股票价格,$\sigma$ 等于风险部分遵循随机过程的波动率,Black-Scholes 期权定价公式仍是适用的。也就是说,利用股票价格 $S$ 减掉期权有效期中所有红利按无风险利率从除权日开始贴现的现值 $I$,即 $S-I$ 代替方程式(7-11)和式(7-15)中的 $S$ 就可得到支付红利股票的期权定价公式:

$$c=(S-I)N(d_1)-Xe^{-r(T-t)}N(d_2) \qquad (7-16)$$

$$p=Xe^{-r(T-t)}N(-d_2)-(S-I)N(-d_1) \qquad (7-17)$$

其中:

$$d_1=\frac{\ln(S-I)/X+(r-q+\sigma^2/2)(T-t)}{\sigma\sqrt{T-t}}$$

$$d_2=\frac{\ln(S-I)/X+(r-q-\sigma^2/2)(T-t)}{\sigma\sqrt{T-t}}$$

式中,$q$ 为证券收益按连续复利计算的固定收益率。如果标的资产收益只有固定收益率 $q$ 时,我们只要将 $Se^{-q(T-t)}$ 代替式(7-11)和式(7-15)中的 $S$ 就可求出支付连续复利收益率证券的欧式看涨期权和看跌期权的价值。

美式期权较为复杂,在这里不做介绍。

### 三、二叉树期权定价模型

二叉树期权定价模型是由科克斯(J.Cox)、罗斯(S.Ross)和鲁宾斯坦(M.Rubinstein)于 1979 年首先提出的。二叉树期权定价模型与 Black-Scholes 期权定价模型有许多相似之处,但前者更形象一些。二叉树期权定价模型可用来对典型的不支付红利的欧式期权定价,也可以将该模型修改后对美式期权及支付红利期权定价。

#### (一) 一期二叉树期权定价模型

为了了解一期二叉树期权定价模型的定价机理,先来看一个简单的欧式股票看涨期权的定价。

【例 7-7】 执行价格为 20 美元,到期时间为 3 个月的欧式股票看涨期权,标的股票当前价格为 18 美元,3 个月后,标的股票的价格将有可能上升到 25 美元或下降到 15 美元(见图 7-9)。

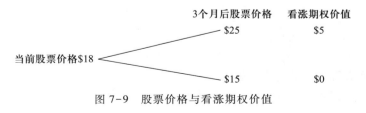

图 7-9　股票价格与看涨期权价值

投资看涨期权有一定的风险。采用投资组合来管理这种风险,是为了得到看涨期权的价值,按合适的比例买进股票同时卖出看涨期权。那么在股票上的盈余(亏损)可能正好被看涨期权上的亏损(盈余)所抵消,投资组合的价值是确定的。假定买进 $\Delta$ 股股票的同时卖出 1 个看涨期权。

如果股票价格上升为 25 美元,那么该组合的价值为($25\Delta-5$);如果股票价格下降为 15 美元,那么该组合的价值为 $15\Delta$。为了使投资组合处于无风险状态,必须满足 $25\Delta-5=15\Delta$,$\Delta=0.5$,即:买进 0.5 股股票,同时卖出 1 个看涨期权。假设无风险年利率为 10%,而设投资组合的到期价值为 $15\times0.5=7.5$ 美元,故该组合的现值应为 $7.5e^{-0.1\times0.25}=7.5\times0.975=7.3$ 美元。

而该投资组合中期初价值应为 $18\Delta-c$,所以 $18\Delta-c=7.3$

$$c=18\Delta-7.3=18\times0.5-7.3=1.7(\text{美元})$$

$c$ 就是这个看涨期权的确切价格。从这个例子可以推出一般的期权计算公式。

假设以 $S$ 代表股票的当前价格,$f$ 代表期权(看涨或看跌期权)的价值,$\Delta$ 代表购进股票股数,$T$ 代表一期的时间,这一过程的二叉树如图 7-10 所示。

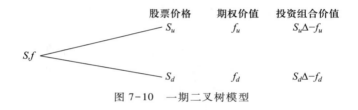

| 股票价格 | 期权价值 | 投资组合价值 |
|---|---|---|

图 7-10　一期二叉树模型

根据上面的例子,可推出:

$$S_u\Delta-f_u=S_d\Delta-f_d \tag{7-18}$$

从而

$$\Delta=\frac{f_u-f_d}{S_u-S_d} \tag{7-19}$$

同时这一投资组合的现值为:$S\Delta-f$,根据无套利原理,应该有:

$$S\Delta-f=(S_u\Delta-f_u)e^{-rT}=(S_d\Delta-f_d)e^{-rT} \tag{7-20}$$

把 $\Delta$ 代入上式整理得:

$$f=e^{-rT}\left[pf_u+(1-p)f_d\right] \tag{7-21}$$

式中:$p=\dfrac{e^{rT}-d}{u-d}$,$u$ 和 $d$ 的数值分别代表股票上升和下降的倍数。

在上面的例子中:

$$u=\frac{25}{18}=1.44,d=\frac{15}{18}=0.83$$

式(7-21)就是一期二叉树期权定价模型数学表达式。

如果把例子中的数据代入式(7-21)计算出来的 $f=c=1.7$。

**(二)两期二叉树期权定价模型**

在了解一期二叉树期权定价模型的推导思路以后,就可以用倒推法推出期初期权 $f_0$

的价值。如果知道第二期期末最后股票价格为 $f_{ud}$，股票
有可能上升到 $f_{uu}$，也可能下降到 $f_{dd}$，如图 7-11 所示。

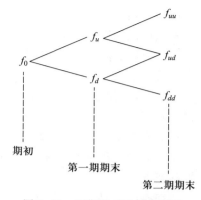

推出第一期期末 $f_u$，$f_d$ 为：

$$f_u = e^{-rT}[pf_{uu}+(1-p)f_{ud}] \qquad (7-22)$$

$$f_d = e^{-rT}[pf_{ud}+(1-p)f_{dd}] \qquad (7-23)$$

得到第一期期初期权价值：

$$f_0 = e^{-rT}[pf_u+(1-p)f_d] \qquad (7-24)$$

把式（7-22）及式（7-23）代入式（7-24）得：

$$f_0 = e^{-2rT}[p^2 f_{uu}+2p(1-p)f_{ud}+(1-p)^2 f_{dd}] \quad (7-25)$$

式（7-25）就是两期二叉树期权定价模型的公式。

图 7-11　两期的二叉树模型图

### （三）多期二叉树期权定价模型

根据一期和两期模型的推导思路，我们可以推导出多期的二叉树期权定价模型。

假设一种股票每隔一定的时期就上升为原来的 $u$ 倍，或下降为原来的 $d$ 倍，该股票上的一个欧式看涨期权执行价格为 $X$，其到期期限包括 $n$ 个这样的时期。在一期模型中，期权的到期内涵价值有 2 个；在两期模型中，期权的到期内涵价值有 3 个；因此，可以推断：在 $n$ 期模型中，期权的到期内涵价值有 $n+1$ 个。

在期权到期期限所包括的 $n$ 个时期中，股票价格不是上升就是下降，没有其他情况。因此，如以 $j$ 表示上升的次数，则下降的次数为 $n-j$。以 $S$ 表示股票当前价格，则任意一个到期可能价格就是 $Su^j d^{n-j}$。从而任意一个看涨期权到期的内涵价值可以表示为 $\max(Su^j d^{n-j}-X,0)$。

以 $p$ 表示上升一次的概率，则 $1-p$ 表示下降一次的概率。所以上升 $j$ 次，下降 $n-j$ 的概率为 $p^j(1-p)^{n-j}$。又因为除了 $n$ 次全部上升和 $n$ 次全部下降的情况外，其他的情况下路径都不止一条，其路径数等于 $n$ 次中选取 $j$ 次上升的组合数，即 $\dfrac{n!}{j!(n-j)!}$。所以，上述看涨期权到期价值出现的总概率为 $\dfrac{n!}{j!(n-j)!}p^j(1-p)^{n-j}$。

综上所述，看涨期权到期期望价值为：$\sum\limits_{j=0}^{n}\dfrac{n!}{j!(n-j)!}p^j(1-p)^{n-j}\max(Su^j d^{n-j}-X,0)$。故可推出看涨期权的 $n$ 期模型定价公式：

$$c = \left[ e^{-nrt}\sum_{j=0}^{n}\frac{n!}{j!(n-j)!}p^j(1-p)^{n-j}\max(Su^j d^{n-j}-X,0)\right] \qquad (7-26)$$

根据以上所推导的看涨期权的二叉树模型，可以推出看跌期权的模型，其原理和看涨期权模型一样，只不过看跌期权到期的内涵价值为 $\max(X-Su^j d^{n-j},0)$。因此，根据上面的推导过程，看跌期权的 $n$ 期模型为：

$$p = e^{-nrt}\left[ \sum_{j=0}^{n}\frac{n!}{j!(n-j)!}p^j(1-p)^{n-j}\max(X-Su^j d^{n-j},0)\right] \qquad (7-27)$$

多期的二叉树期权定价模型可以使求得的股票期权价位更接近现实。因为二叉树的一个最直观的不足是每一期的结果只有两种可能性，而现实中股票到期价格往往有多种

可能性。利用 $n$ 期二叉树模型定价思路,完全可以通过缩短每期的时间长度,增加期数,以增加可能的股票价格与期权价值数,使模型的描述更接近于现实。

如果以 $t$ 表示期权的有效期,如果把这一有效期划分为 $n$ 期,则每一期时间长度为 $t/n$。假定 $t=1$ 年,如果 $n=12$,则 $t/n=1$ 个月;如果 $n=52$,则 $t/n=1$ 星期;如果 $n=252$,则 $t/n=1$ 天(1 个交易日):如此等等。然而,随着每一期时间长度的缩短和期数的增加,必须重新慎重考虑原来模型中的变量。其中,最为重要的是 $u$ 和 $d$ 的确定。既然 $u$ 和 $d$ 在期权的有效期内不变,那么,随着期数的增加,$u$ 和 $d$ 的偏差会被成倍扩大。所以,新确定的 $u$ 和 $d$ 必须保证经过无数次的升降之后,在期权的有效期末,使股票和期权价格符合预期的情况。

在实际中,应用二叉树模型辅助投资决策,往往把期权的有效期划分为 30 个或更多的价格变动时期。正如上面指出的,这将意味着要考虑 31 种以上的股票价格与期权价值的可能数值,通往这些结果的路径至少有 $2^{30}$ 即 1 073 741 824 条。

# 第八节　我国的股票期权

## 一、股票期权的推出及其意义

2015 年 2 月 9 日,上证 50ETF 期权在上海证券交易所上市。这不仅宣告了期权时代的到来,也意味着我国已拥有全套主流金融衍生品,从金融大国向金融强国又迈出了坚实的一步。

### (一)上证 50ETF 期权标的的选择

股票期权包括个股期权和 ETF 期权,即以单只股票(个股)和以跟踪股票指数的 ETF 为标的的期权。个股和 ETF 均是国际市场股票期权的重要标的。

相较 ETF 期权而言,由于单只股票的价格波动相对较大,个股期权的价格波动也较大。股票还存在除权、除息、停牌等多种特殊情形,使得个股期权的运行管理较为复杂。相比个股期权,ETF 期权无法满足投资者对单只股票的风险管理需求,但总体上看,当前率先推出 ETF 期权相对个股期权具有以下优势:

(1)ETF 由一篮子股票构成,价格波动通常小于单只股票,因此,ETF 期权的价格波动风险也相对较小,率先推出 ETF 期权更有利于投资者快速熟悉期权产品。

(2)ETF 具有内在的套利机制,其交易价格很难被操纵,因此 ETF 期权的价格操纵风险也较小。

(3)ETF 本质上是一篮子股票,因而能够有效避免内幕交易风险。

(4)我国 ETF 从未出现过多日连续涨跌停的现象,因此更有利于交易所、期权经营机构对客户保证金、强行平仓、违约处置等风险的管理。

(5)ETF 较少发生类似股票的除权、除息、停牌等情形,交易运行管理相对简单。

(6)我国自 2005 年推出首只 ETF 以来,ETF 市场发展迅速,已成为投资者尤其是机构投资者资产配置的重要工具。因此,ETF 期权能更好地满足保险、社保等专业机构投资者的资产配置和多元化风险管理需求。

上证 50ETF 是我国证券市场第一只 ETF 产品,也是目前我国规模最大、流动性最好的单市场 ETF。该 ETF 跟踪上海市场有代表性的 50 只大盘蓝筹股,代表的总市值约为 11.55 万亿元,约占沪市总市值的 47.1%。因此,从规模、流动性、代表性来看,上证 50ETF 适合作为期权交易试点的首个标的。

### (二)股票期权上市的意义

股票期权是国际资本市场成熟且基础的金融衍生产品,是精细化的风险管理工具,在风险管理方面具有其他金融工具无法替代的作用,是多层次资本市场的重要组成部分。在我国上市上证 50ETF 期权,具有以下积极意义:

(1)股票期权可以丰富资本市场的风险管理工具和交易方式。期权作为基础性的衍生产品,是资本市场风险管理的重要工具。使用期权进行套期保值等同于为现货买了"保险"。例如,投资者在买入看跌期权规避市场下行风险的同时,还可保留标的资产上涨时带来的盈利。同时,股票期权结合其标的现货可以形成多种不同风险收益特征的投资策略和组合,投资者可以使用这些投资策略和组合来满足其多元化需求。

(2)股票期权有助于稳定现货市场,减少波动性。期权的价格发现功能可以提高现货市场的定价效率,在市场出现大幅波动时,投资者可以通过期权避免在现货市场的恐慌性买卖,从而减少"追涨杀跌"等不理性交易行为,稳定现货市场,降低市场波动,引导市场价值投资,促进我国资本市场健康发展。

(3)股票期权有助于活跃股票现货市场。股票期权采用实物交割方式,投资者必须备齐期权标的现货才可提出行权或完成交割义务。普通投资者在应用期权与标的现货相结合的投资策略和组合时,也会有更多的现货交易需求。而专业机构在期权市场从事做市、无风险套利时,也需要结合期权标的现货来实现,从而带来更多的现货交易。

(4)股票期权的推出有利于推动行业的创新发展,尤其有助于证券期货经营机构在经纪、自营、做市等业务上的业务创新和产品创新,提升行业竞争力;证券期货经营机构通过股票期权可以更好地满足实体经济对于资本市场的需求,对于提高资本市场服务实体经济的能力,提升我国资本市场的国际竞争力具有重要意义。

境外成熟市场的多项权威研究报告均对期权的风险管理功能和对市场的积极影响给予充分肯定,认为推出期权有利于增加标的流动性,降低现货市场波动率,不会分流现货市场资金并且有助于培养更加理性的个人投资者群体。

## 二、上证 50ETF 期权合约与交易规则

表 7-6 是上证 50ETF 期权的合约,针对其合约内容和证监会、上海证券交易所的相关规定,对上证 50ETF 期权交易规则加以具体说明。

表 7-6 上证 50ETF 期权合约

| 合约标的 | 上证 50 交易型开放式指数证券投资基金(50ETF) |
|---|---|
| 合约类型 | 认购期权和认沽期权 |
| 合约单位 | 10 000 份 |

| | |
|---|---|
| 合约到期月份 | 当月、下月及随后两个季月 |
| 行权价格 | 5 个(1 个平值合约、2 个虚值合约、2 个实值合约) |
| 行权价格间距 | 3 元或以下为 0.05 元,3 元至 5 元(含)为 0.1 元,5 元至 10 元(含)为 0.25 元,10 元至 20 元(含)为 0.5 元,20 元至 50 元(含)为 1 元,50 元至 100 元(含)为 2.5 元,100 元以上为 5 元 |
| 行权方式 | 到期日行权(欧式) |
| 交割方式 | 实物交割(业务规则另有规定的除外) |
| 到期日 | 到期月份的第四个星期三(遇法定节假日顺延) |
| 行权日 | 同合约到期日,行权指令提交时间为 9:15—9:25,9:30—11:30,13:00—15:30 |
| 交收日 | 行权日次一交易日 |
| 交易时间 | 上午 9:15—9:25,9:30—11:30(9:15—9:25 为开盘集合竞价时间)<br>下午 13:00—15:00(14:57—15:00 为收盘集合竞价时间) |
| 委托类型 | 普通限价委托、市价剩余转限价委托、市价剩余撤销委托、全额即时限价委托、全额即时市价委托以及业务规则规定的其他委托类型 |
| 买卖类型 | 买入开仓、买入平仓、卖出开仓、卖出平仓、备兑开仓、备兑平仓以及业务规则规定的其他买卖类型 |
| 最小报价单位 | 0.000 1 元 |
| 申报单位 | 1 张或其整数倍 |
| 涨跌幅限制 | 认购期权最大涨幅 = max{合约标的前收盘价×0.5%,min[(2×合约标的前收盘价−行权价格),合约标的前收盘价]×10%}<br>认购期权最大跌幅 = 合约标的前收盘价×10%<br>认沽期权最大涨幅 = max{行权价格×0.5%,min[(2×行权价格−合约标的前收盘价),合约标的前收盘价]×10%}<br>认沽期权最大跌幅 = 合约标的前收盘价×10% |
| 熔断机制 | 连续竞价期间,期权合约盘中交易价格较最近参考价格涨跌幅度达到或者超过 50%且价格涨跌绝对值达到或者超过 5 个最小报价单位时,期权合约进入 3 分钟的集合竞价交易阶段 |
| 开仓保证金最低标准 | 认购期权义务仓开仓保证金 = [合约前结算价+max(12%×合约标的前收盘价−认购期权虚值,7%×合约标的前收盘价)]×合约单位<br>认沽期权义务仓开仓保证金 = min[合约前结算价+max(12%×合约标的前收盘价−认沽期权虚值,7%×行权价格),行权价格]×合约单位 |
| 维持保证金最低标准 | 认购期权义务仓维持保证金 = [合约结算价+max(12%×合约标的的收盘价−认购期权虚值,7%×合约标的的收盘价)]×合约单位<br>认沽期权义务仓维持保证金 = min[合约结算价+max(12%×合约标的的收盘价−认沽期权虚值,7%×行权价格),行权价格]×合约单位 |

（一）合约标的

上证50ETF期权的合约标的是上证50ETF（上证50交易型开放式指数证券投资基金）。作为上海市场最具代表性的蓝筹指数之一，上证50指数是境内首只交易型开放式指数证券投资基金（ETF）的跟踪标的。上证50ETF是一种创新型基金。其基金类型是交易型开放式，存续期限为永久存续。每份基金份额面值为1.00元人民币。上证50ETF及其成分股都具有较好的流动性。以2022年数据为例，2022年华夏上证50ETF成交总额为4 744.97亿元，日均成交约为19.61亿元，而上证50ETF成分股在2022年的日均成交总额约为678.83亿元。

（二）合约简称与代码

上证50ETF期权合约简称按以下顺序编写（无分隔符或空格）：① 合约标的简称，直接取合约标的的证券简称：50ETF；②"购"（认购期权）或"沽"（认沽期权）；③ 到期月份；④ 行权价格，不超过5位，合约简称中的价格为ETF期权行权价格的1 000倍。

例如，2022年的"50ETF购2月2600"表示2022年2月到期的行权价格为2.600元的上证50ETF认购期权。若合约首次调整，修改为50ETF购2月2600A，第二次调整，修改为50ETF购2月2600B。

期权合约代码按以下顺序编写（无分隔符或空格）：第1至第6位为数字，取标的证券代码，如50ETF取"510050"；第7位为C（Call）或者P（Put），分别表示认购期权或者认沽期权；第8、9位表示到期年份；第10、11位表示到期月份；第12位期初设为"M"，表示月份合约，当合约首次调整后"M"修改为"A"，以表示该合约被调整过一次，如再次发生调整则"A"修改为"B"，以此类推；第13至17位表示期权行权价格，ETF期权对应三位小数。因此，2023年3月到期的行权价格为2.400元的上证50ETF认购期权的合约代码为：510050C2303M02400。

（三）买卖类型

与期货类似，上证50ETF期权账户与股票账户独立；当天卖出股票/期权所得现金不能买入期权/股票。

上证50ETF期权交易的买卖类型包括买入开仓、买入平仓（成交后释放保证金）、卖出开仓、卖出平仓、备兑开仓（持有标的证券并卖出认购期权，标的证券冻结）以及备兑平仓（释放被冻结的标的证券）。

（四）委托类型

上证50ETF期权交易的委托类型包括普通限价委托、市价剩余转限价委托、市价剩余撤销委托、全额即时限价委托、全额即时市价委托等。

（五）平仓优先

连续竞价交易时段，以涨跌停价格进行的申报，按照平仓优先、时间优先的原则撮合成交。平仓优先的原则为：以涨停价格进行的申报，买入平仓（含备兑平仓）申报优先于买入开仓申报；以跌停价格进行的申报，卖出平仓申报优先于卖出开仓申报。

（六）熔断机制

连续竞价交易期间，合约盘中交易价格较最近参考价格上涨、下跌达到或者超过50%，且价格涨跌绝对值达到或者超过该合约最小报价单位5倍的，该合约进入3分钟的集合竞价交易阶段。集合竞价交易结束后,合约继续进行连续竞价交易。

**（七）涨跌停限制**

在正常交易日内,上证50ETF期权合约价格有涨跌幅限制。期权合约的最后交易日,合约价格不设涨跌停限制。

期权的杠杆倍数＝（标的资产前收盘价/期权前收盘价）×Δ。Δ的绝对值小于1,因此,"标的资产前收盘/期权前收盘"是期权的理论杠杆倍数上限。

期权合约跌幅限制为（标的资产前收盘价/期权前收盘价）×10%。实值期权合约涨幅限制为（标的资产前收盘价/期权前收盘价）×10%。虚值期权合约涨幅限制为（标的资产前收盘价/期权前收盘价）×$L$。如图7-12所示,涨幅乘数$L$在0.5%至10%之间;期权合约越接近虚值,$L$越小。

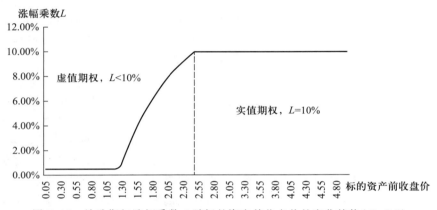

图7-12　认购期权涨幅乘数$L$随标的资产前收盘价的变化趋势（$K$=2.5）

相比于实值期权,虚值期权的杠杆倍数更高。因此,交易所设定更低的涨幅乘数$L$,以控制虚值期权的涨幅。

**（八）交易保证金**

允许特定投资者保证金交易,保证金计算取相同合约标的净头寸。与期货交易相比,期权交易更加复杂,保证金的种类包括了开仓保证金、维持保证金等。关于保证金的具体要求详见表7-6。

当客户保证金不足维持保证金或高于公司盘后平仓线,且未能补足时,证券公司应在下个交易日约定时间对客户进行强行平仓。

由于后一交易日的平仓价格可能高于今日结算价。因此,对于认购与认沽期权,维持保证金的额度都高于期权的今日结算价。

对于虚值期权,期权被行权的概率较低,对于期权卖方允许缴纳较少的保证金。因此,维持保证金随期权虚值的增加而下降,但设有下限。

对于认沽期权,其最大义务是支付$K$买入标的资产。因此,其维持保证金上限为$K$。

**（九）强行平仓**

每个交易日日终,若出现如下情况,证券公司将在下个交易日对客户进行强行平仓:

① 保证金金额小于维持保证金，且未能在规定时间内补足或者自行平仓；② 备兑证券数量不足，且未能在规定时间内补足备兑证券或自行平仓；③ 合约账户持仓数量超出上交所规定持仓限额规定，期权经营机构未及时按经纪合同约定或交易所要求进行强平；④ 存在违规、违约行为，期权交易出现重大异常。

**（十）持仓限额**

期权交易实行持仓限额制度。持仓限额包括：

（1）单个合约品种：权利仓持仓限额、总持仓限额、单日买入开仓限额。

（2）个人投资者：单个合约品种限额、持有的权利仓对应的总成交金额限额。对个人投资者的限购设定具体是，持有权利仓对应的总成交金额不得超过以下两金额的高者：① 账户证券市值以及资金账户可用余额（不含两融）的 10%；② 该投资者证券账户过去 6 个月日均持有沪市证券市值的 20%。

（3）合约品种的限开仓设定：相同到期月份的未平仓认购期权（含备兑开仓），所对应的合约标的总数达到或者超过该交易所交易基金流通总量（以上交所交易系统数据为准）的 75%，自次一交易日起暂停该合约品种相应到期月份认购期权的买入开仓和卖出开仓（备兑开仓除外）。该比例下降至 70% 以下的，自次一交易日起可以买入开仓和卖出开仓。

**（十一）期权的行权**

期权买方于行权日委托期权经营机构向上交所申报。当日买入的期权合约，当日可以行权。当日行权申报指令，当日有效，当日可以撤销。期权合约行权交收日为行权日的次一交易日。

在交易所规定的情形下，期权需要以现金形式交割。ETF 期权的现金结算价为 ETF 前一交易日的单位净值×（1+对应指数当日涨跌幅）。

投资者在行权交割中出现应交付的合约标的不足，其合约账户持有未到期备兑开仓的，相应备兑证券将被用于当日的行权交割，并于次一交易日规定时间内补足备兑证券数量。

投资者出现行权资金交收违约、行权证券交割违约的，期权经营机构有权按照期权经纪合同约定的标准向其收取相应违约金。

## 三、上证 50ETF 期权的运行情况

上证 50ETF 期权合约品种在上海证券交易所上市交易，意味着境内资本市场进入了期权时代。上证 50ETF 期权上市交易以来，运行平稳，市场成交情况符合预期，投资者参与理性。截至 2022 年年底，上证 50ETF 期权成交量已经突破 4 502 万张（2015 年至 2022 年年底的月度交易情况详见图 7-13）。从上市以来的表现看，上证 50ETF 期权定价合理，市场对上证 50ETF 期权总体认可，表明我国股票期权的推出与成熟市场推出股票期权情况相似，对提升证券市场流动性和投资者信心具有积极意义。

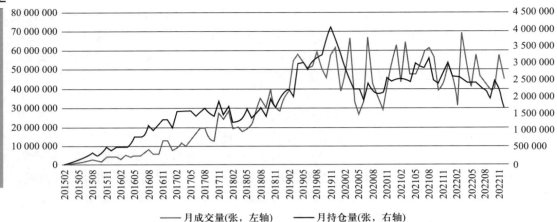

图 7-13　上市至 2022 年 12 月上证 50ETF 期权交易情况

## 本章小结

1. 期权作为一种金融衍生品,是伴随着市场经济的发展而产生并发展起来的。它是市场经济发展到高级阶段的产物,也是期货市场走向成熟的一种高级交易手段。

2. 期权是一种选择权,期权的买方向卖方支付一定数额的权利金后,就获得这种权利,即拥有在一定时间内以一定的执行价格出售或购买一定数量的标的物的权利。期权的买方拥有执行期权的权利;期权的卖方具有履行期权的义务。

3. 按照期权所赋予的权利,期权可分为看涨期权和看跌期权;按照期权执行价格与标的资产市场价格的关系,期权可分为实值期权、平值期权和虚值期权;按照交易场所不同,期权可分为交易所交易期权和柜台交易期权;按照期权交易执行日期划分,期权可分为欧式期权和美式期权。

4. 期权合约包括交易代码、标的资产、交易单位、最小变动价位、每日价格波动幅度限制、执行价格、合约月份、最后交易日等内容。

5. 期权交易也采用保证金制度,采用持仓与履约限额制度。期权交易的了结方式包括对冲平仓、执行合约和自动失效三种。

6. 期权交易和期货交易互有联系又各有不同,要针对不同的市场状况选择不同的交易方式。

7. Black-Scholes 期权定价模型和二叉树期权定价模型是应用最广泛的期权定价模型。

8. 上证 50ETF 期权市场运行平稳,对提升证券市场流动性和投资者信心具有积极意义。

**本章思考题**

1. 什么是期权交易？ 与期货交易相比,它有什么特点?
2. 简单描述不同价格下看涨期权和看跌期权对买方和买方造成的盈亏状况。
3. 期权合约包括哪些条款内容?
4. 为了维持期权交易市场的稳定,期权交易应遵循哪些基本制度?
5. Black-Scholes 期权定价模型和二叉树期权定价模型的原理是什么?
6. 什么是上证 50ETF 期权? 上证 50ETF 期权的交易合约内容和交易机制是怎样的?

**即测即评**

扫一扫,测一测。

# 第八章
# 期权交易策略

## 本章要点与学习目标

掌握买进看涨期权、卖出看涨期权、买进看跌期权、卖出看跌期权四种期权基本交易策略；了解价差期权交易策略、组合期权交易策略及合成期权交易策略。

# 第一节 期权的基本交易策略

期权的基本交易策略包括买进看涨期权、卖出看涨期权、买进看跌期权以及卖出看跌期权四种。

## 一、买进看涨期权

### (一)买进看涨期权盈亏状况

考虑如下投资情形：买进执行价格为 $X$ 的看涨期权，在支付一笔权利金 $C$ 后，便享有在执行价买入或不买入相关标的资产的权利。如果市场价格 $S$ 上涨，则看涨期权买方既可通过平仓也可通过执行期权获利；当市场价格的上涨刚好等于支付的权利金时，达到盈亏平衡；若市场价格跌至执行价格或以下，期权买方可以放弃期权，其最大损失仅限于权利金。由此可见，买进看涨期权有以下几种盈亏状况：

（1）$S>X+C$：盈利＝市场价格－执行价格－权利金。

（2）$S=X+C$：盈亏平衡价位＝执行价格+权利金。

（3）$X<S<X+C$：亏损＝市场价格－执行价格－权利金。

（4）$S\leqslant X$：最大亏损＝权利金。

根据以上的分析，可以画出买入看涨期权盈亏结构图，如图 8-1 所示。

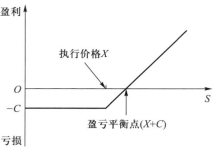

图 8-1 买进看涨期权盈亏状态图

**【例 8-1】** 某日芝加哥期货交易所 12 月小麦期货合约价格为 380 美分/蒲式耳,某投资者买进一份执行价格为 390 美分/蒲式耳小麦期货的看涨期权,权利金为 6.5 美分/蒲式耳,其盈亏状况如下:

若期权到期时期货价格($S$)高于 396.5(390+6.5)美分/蒲式耳,执行期权,则投资者获利,数额为($S$−396.5)美分/蒲式耳。

若期权到期时期货价格为 396.5 美分/蒲式耳,该投资者达到盈亏平衡。

若期权到期时期货价格介于 390~396.5 美分/蒲式耳,投资者将亏损($S$−396.5)美分/蒲式耳。

若期权到期时期货价格低于 390 美分/蒲式耳,则该看涨期权价值为 0,投资者将放弃期权,损失为支付的权利金 6.5 美分/蒲式耳。

当然,投资者可以在期权到期之前将期权合约平仓,其盈亏情况较为简单,即期权买入价与卖出价之间的差额就是其盈亏。这里不再详细分析,本章也不再讨论平仓时的盈亏状况。

**(二)买进看涨期权的应用**

1. 赚取权利金

当市场出现重大利多,或者技术反转,预期后市价格将要大涨时,是买入看涨期权最合适的时机,投资者可以用较少的资金买进看涨期权,等待获利。一旦价格上涨,则权利金也会上涨,投资者可以在市场以更高的权利金价格卖出该期权合约。即使市场价格下跌,买方的最大损失也只是支付的权利金。

2. 为空头头寸套期保值

如果投资者已经卖出了标的物,拥有空头头寸,为了控制标的物上涨的风险,可以买进看涨期权为空头头寸套期保值,如果标的物价格上涨,则以看涨期权规定的执行价格平仓,这样事先控制了风险,控制风险的成本是支出的少量的权利金。

3. 维持心理平衡

买进看涨期权后,不管标的物价格下跌到什么水平,投资者承受的最大损失为权利金,心里较为平衡。这点对于股票投资来说,尤其明显。买进了股票,如果价格大幅下跌,则投资者的心理必然会受到打击。如果投资者持有看涨期权而非股票,其最大损失是权利金,这样就不会因承受不住损失而"割肉出场",则会安心地等待股票上涨获利。

## 二、卖出看涨期权

**(一)卖出看涨期权盈亏状况**

考虑如下投资情形:以执行价格 $X$ 卖出看涨期权,可以得到权利金 $C$ 的收入。卖出看涨期权的目的是赚取权利金,其最大收益也仅仅是权利金。当到期时标的物市场价格 $S$ 低于执行价格 $X$ 时,买方不履行合约,卖方将稳赚权利金;当标的物市场价格在执行价格与平衡点之间时,因买方可能履约,故卖方只能赚取部分权利金;当市场价格上涨至平衡点以上时,卖方面临的风险则是无限的。其盈亏状况有如下几种:

(1) $S \leqslant X$:最大盈利 = 权利金。

(2) $X < S < X + C$:盈利 = 执行价格 + 权利金 − 市场价格。

235

（3）$S=X+C$：盈亏平衡价位＝执行价格＋权利金。

（4）$S>X+C$：亏损＝执行价格＋权利金－市场价格。

其盈亏状态如图 8-2 所示。

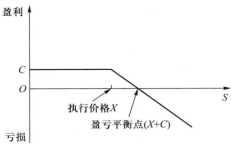

图 8-2　卖出看涨期权盈亏状态图

**【例 8-2】** 某日芝加哥期货交易所 12 月小麦期货合约价格为 370 美分/蒲式耳，某投资者卖出了一份执行价格为 380 美分/蒲式耳小麦期货的看涨期权，权利金为 13 美分/蒲式耳。其盈亏状况如下：

若期权到期时期货价格（$S$）低于 380 美分/蒲式耳，则期权不会被执行，该投资者获得全部权利金收入 13 美分/蒲式耳。

若期权到期时期货价格介于 380~393（380+13）美分/蒲式耳，投资者的盈利为（380+13-$S$）美分/蒲式耳。

若期权到期时期货价格达到 393 美分/蒲式耳，则投资者盈亏平衡。

若期权到期时期货价格超过 393 美分/蒲式耳，该投资者将遭受损失，损失为：（380+13-$S$）美分/蒲式耳。

**（二）卖出看涨期权的应用**

1. 赚取权利金

如果标的物价格不会有很大的变动，也就是说，即使上涨，其涨幅也很小，甚至价格有很大可能会下跌，这时是卖出看涨期权的好时机。卖出看涨期权收取一定数额的权利金，即使市场价格有小幅度上涨使投资者受到损失，但损失是小于权利金收入的。从实际交易经验看，卖出看涨期权的收益率并不低，但对于资金有限的投资者应避免卖出无保护性的看涨期权。

2. 各种策略的需要

卖出看涨期权在实际操作中一般是结合多种策略一起使用，特别在套利交易中常使用卖出看涨期权策略。例如，投资者持有资产多头的同时卖出看涨期权，在资产价格没有上涨的时段内，仍可获得权利金收益；也可通过期权构建跨式组合。

## 三、买进看跌期权

**（一）买进看跌期权盈亏状况**

考虑如下投资情形：以执行价格 $X$ 支付一定权利金 $P$ 获得看跌期权多头部位后，买方就锁定了自己的风险，而其获利空间很大。因此，买进看跌期权是风险有限而获利潜力很大的策略。看跌期权的买方预测标的物价格将下跌，当下跌至平衡点以下时，将获利；而如果标的物价格与预测相反，他的最大损失也仅限于权利金。买进看跌期权盈亏有以下几种状况：

（1）$S=0$：最大盈利＝执行价格－权利金。

（2）$0<S<X-P$：盈利＝执行价格－权利金－市场价格。

（3）$S=X-P$：盈亏平衡价位＝执行价格－权利金。

（4）$X-P<S<X$：亏损＝执行价格－权利金－市场价格。

（5）$S\geq X$：最大亏损＝权利金。

其盈亏状态如图8-3所示。

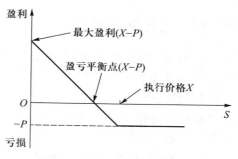

图8-3　看跌期权盈亏状况

【例8-3】 某投资者于某日买进芝加哥期货交易所12月小麦期货看跌期权，执行价格为380美分/蒲式耳，权利金为4.5美分/蒲式耳，其盈亏状况如下：

若期权到期时期货价格为0，投资者将执行期权，该投资者盈利最大，为375.5美分/蒲式耳。当然这只是理论上的推算，在通常情况下，期货价格不可能为0。

若期权到期时期货价格低于375.5（380－4.5）美分/蒲式耳，该投资者获利为（380－4.5－$S$）美分/蒲式耳。

若期权到期时期货价格等于375.5美分/蒲式耳，该投资者达到盈亏平衡。

若期权到期时期货价格介于380～375.5美分/蒲式耳，投资者将亏损（380－4.5－$S$）美分/蒲式耳。

若期权到期时期货价格高于380美分/蒲式耳，则该看跌期权价值为0，投资者将放弃期权，最大损失为支付的权利金4.5美分/蒲式耳。

**（二）买进看跌期权的运用**

1. 赚取权利金

如果市场出现重大利空，或者技术面转空，投资者认为标的物价格将要大跌，投资者就可以用较少的资金买进看跌期权，等待获利；如果价格上涨，将不执行权利，最大损失是支付的权利金。

2. 为多头头寸套期保值

投资者已经买进了标的物，为防止价格下跌，可买进看跌期权，锁定价格下跌的风险。如果标的物价格下跌，则可以看跌期权规定的执行价格平仓，这样事先控制了风险，控制风险的成本是支出的少量的权利金。

3. 保持心理平衡

期权交易使投资者的心态更稳定，因为毕竟买方的风险是有限的。对于一些进行期货交易心态不稳定或心理素质不好的投资者来说，买进看跌期权比卖出期货在心态调节上更为有利。

4. 各种策略的需要

期权的很多策略都不是孤立的。买进看跌期权毕竟有权利金支出，而有时权利金也是很高的，所以将各种策略综合使用，则更利于降低成本，扩大利润。在套利交易中，常用到买入看跌期权。

### 四、卖出看跌期权

#### （一）卖出看跌期权的几种盈亏状况

卖出看跌期权是收益有限却风险很大的策略，其损益与买进看跌期权正好相反。当标的物价格上涨或基本持平时，能获取权利金；如果标的物价格逐渐下跌，发生的损失将会冲抵权利金收入；当价格跌至平衡点以下时，看跌卖方开始出现完全的净损失，但其最大损失是执行价格与权利金之差。卖出看跌期权盈亏的几种状况如下：

（1）$S \geqslant X$：最大盈利＝权利金。

（2）$X-P<S<X$：盈利＝市场价格＋权利金－执行价格。

（3）$S=X-P$：盈亏平衡价位＝执行价格－权利金。

（4）$0<S<X-P$：亏损＝市场价格＋权利金－执行价格。

（5）$S=0$：最大亏损＝执行价格－权利金。

其盈亏状态如图 8-4 所示。

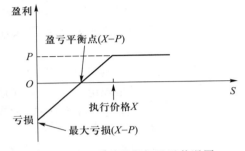

图 8-4　卖出看跌期权盈亏状况图

**【例 8-4】** 某投资者于某日卖出一份芝加哥期货交易所 12 月小麦期货看跌期权合约，执行价格为 390 美分/蒲式耳，权利金为 8 美分/蒲式耳，到期其盈亏状况如下：

若期权到期时期货价格高于 390 美分/蒲式耳，则期权到期价值为 0，期权不会被执行，投资者获得最大收益为权利金 8 美分/蒲式耳。

若期权到期时期货价格介于 390～382（390-8）美分/蒲式耳，如果对方执行期权，投资者盈利为（$S+8-390$）美分/蒲式耳。

若期权到期时期货价格为 382 美分/蒲式耳，投资者达到盈亏平衡。

若期权到期时期货价格低于 382 美分/蒲式耳，投资者发生亏损，其亏损为（$S+8-390$）美分/蒲式耳。

若期权到期时期货价格为 0，投资者亏损最大，为 382 美分/蒲式耳。当然这只是理论上的推算，在实际操作中，期货价格不可能为 0。

#### （二）卖出看跌期权的应用

1. 赚取权利金

如果市场价格不会有很大的变动，也就是说，即使下跌，其跌幅也很小，则可卖出看跌期权，并收取一定数额的权利金。即使相关市场价格有小幅度下跌，会使投资者遭受一点损失，但这点损失可以由收取的权利金来弥补。

2. 获得标的物

一般来说，期权被执行都是对卖方不利。但如果投资者想获得标的物，则卖出适当的执行价格的看跌期权，一旦期权被执行，可以按执行价格获得标的物。如果期权未被执行，则权利金可降低现货的买进成本。

3. 各种策略的需要

卖出看跌期权与卖出看涨期权一样，并不因为风险巨大而无人买进，很多组合策略都会使用卖出看跌期权。

# 第二节　期权价差交易策略

期权价差交易策略就是利用期权价差的套利策略,是指期权的交易者同时买入和卖出同一种类型的期权,但期权的执行价格或到期期限不同。期权价差交易策略分为价格价差期权交易策略和时间价差期权交易策略。

## 一、价格价差期权交易策略

在西方金融报刊上,习惯的做法是期权的月份按水平排列,而期权的执行价格垂直排列。因为价格价差期权策略除执行价格外其余都是相同的,而执行价格及其反映的权利金在期权行情表上是垂直排列的,所以价格价差期权交易策略又称垂直价差期权交易策略。采用这种交易策略,可将风险和收益限定在一定范围内。它的交易方式表现为按照不同的执行价格同时买进和卖出同一到期月份的看涨期权或看跌期权。价格价差期权主要有牛市价格价差期权与熊市价格价差期权。

### (一)牛市价格价差期权

牛市价格价差期权可通过购买一个确定执行价格的看涨期权和卖出一个相同标的资产的较高执行价格的看涨期权而得到。两个期权的到期日相同。假定 $X_1$ 为买进看涨期权的执行价格,$X_2$ 为卖出看涨期权的执行价格,且 $X_2>X_1$,$S$ 为期权到期日标的资产价格。该策略盈亏如图 8-5 所示。在图 8-5 中,两条虚线分别表示两个单个期权头寸的盈亏状态。整个策略的盈亏为两个虚线表示的盈亏之和,在图中用实线表示。很明显,只有当标的资产价格上涨时,该策略的投资者才会盈利,因此投资者只有在对未来市场看好时,即市场为牛市时才会采用该策略,故该策略被称为牛市价差期权策略。

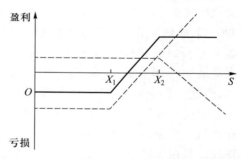

图 8-5　利用看涨期权构造牛市价差期权

如果标的资产价格上涨并高于较高的那个执行价格,则盈利为两个执行价格之差 $X_2-X_1$。如果到期日标的资产价格在两个执行价格之间,盈利为 $S-X_1$。如果到期日股票价格低于较小的那个执行价格,则盈利为 0。以上盈亏计算时,不包括初始权利金。

由于随着执行价格的上升,看涨期权的价格通常将随之下降,卖出的执行价格较高的期权价值总是小于购买的执行价格较低的期权价值。因此,用看涨期权组成的牛市价差期权时,购买该牛市价差期权需要初始权利金,其投资量为( $C_1-C_2$ ),$C_1$ 与 $C_2$ 分别表示执行价格为 $X_1$ 和 $X_2$ 的期权权利金。考虑权利金则该策略的盈亏状况为:

(1)最大盈利=高执行价格-低执行价格-初始权利金。

(2)盈亏平衡点=低执行价格+初始权利金。

(3)最大亏损=初始权利金=低执行价格期权权利金-高执行价格期权权利金。

最大盈利和最大亏损都是有限的,由此可知,牛市价差期权策略限制了投资者当标的资产价格上升时的潜在收益,同时该策略也限制了标的资产市价下降时的损失。

【例8-5】某日投资者买进一份执行价格为380美分/蒲式耳的芝加哥期货交易所12月小麦期货看涨期权,权利金为13美分/蒲式耳。卖出执行价格为390美分/蒲耳的芝加哥期货交易所12月小麦期货看涨期权,权利金为6.5美分/蒲式耳。

由题可知,该投资者构造了一个牛市价差期权策略,其到期时的盈亏状况可分为以下几种情况:

(1)当期权到期时,小麦价格高于390美分/蒲式耳,我们假定为400美分/蒲式耳,看涨期权到期时都有内涵价值,投资者将执行其买进的执行价格为380美分/蒲式耳的看涨期权,盈利为:400-380-13=7美分/蒲式耳;同时,该投资者卖出的执行价格为390美分/蒲式耳的看涨期权也将被执行,他的盈亏为:390+6.5-400=-3.5美分/蒲式耳,即亏损3.5美分/蒲式耳。这样,该投资者总盈利为:7+(-3.5)=3.5美分/蒲式耳,也就是该投资策略的最大盈利。

按照前面的结论,最大盈利=高执行价格-执行价格-初始权利金=390-380-(13-6.5)=3.5美分/蒲式耳,与上述分析结果相符。

(2)小麦价格低于380美分/蒲式耳,假定为370美分/蒲式耳,这时看涨期权价值都为0,期权不会被执行,投资者损失了支付的初始权利金,即损失为:13-6.5=6.5美分/蒲式耳,这就是该策略的最大损失。

(3)如果小麦价格介于380~390美分/蒲式耳,该策略可能盈利,也可能损失。投资者会执行其买进的执行价格为380美分/蒲式耳的看涨期权,他在这个看涨期权上的盈利为$S-380-13$;而他卖出的期权不会被执行,他将获得权利金收入6.5美分/蒲式耳。这样,他的总盈利为$S-380-13+6.5=S-386.5$。显然,当到期小麦价格$S=386.5$美分/蒲式耳时,他达到盈亏平衡,即盈亏平衡点为386.5美分/蒲式耳。

通过购买较低执行价格的看跌期权和出售较高执行价格的看跌期权也可以建立牛市价差期权。与用看涨期权建立的牛市价差期权不同,用看跌期权建立的牛市价差期权的最终收益一般低于用看涨期权建立的牛市价差期权的最终收益,如图8-6所示。

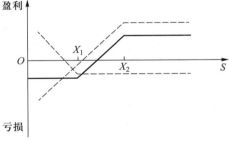

图8-6　利用看跌期权构造牛市价差期权

**（二）熊市价格价差期权**

持有牛市价差期权的投资者预期标的资产价格上升,与此相反,持有熊市价差期权的投资者预期标的资产价格下降。与牛市价差期权类似,熊市价差期权策略可通过购买某一执行价格的看涨期权并出售另一执行价格的看涨期权来构造。然而,在熊市价差期权策略中,所购买的期权的执行价格高于所卖出的期权的执行价格,如图8-7所示。图8-7中的实线为熊市价差期

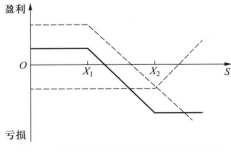

图8-7　利用看涨期权构造熊市价差期权

权的盈亏曲线。利用看涨期权构造的熊市价差期权可以获得一个初始的现金流入(忽略保证金的要求),这是因为出售低执行价格看涨期权的价格高于购买高执行价格看涨期权的价格。

假定执行价格为 $X_1$ 和 $X_2$,且 $X_1<X_2$。如果标的资产价格高于 $X_2$,收益为负,即为 $-(X_2-X_1)$;如果标的资产价格低于 $X_1$,收益为 0。如果标的资产价格在 $X_2$ 和 $X_1$ 之间,收益为 $-(S-X_1)$,以上盈亏的计算没有考虑初始权利金。计算实际的盈利时,加上了初始权利金,该策略的盈亏状况为:

(1)最大盈利=初始权利金=低执行价格期权权利金-高执行价格期权权利金。

(2)盈亏平衡点=低执行价格+初始权利金。

(3)最大亏损=高执行价格-低执行价格-初始权利金。

【例 8-6】某日投资者在芝加哥期货交易所购买了一份 12 月期的执行价格为 390 美分/蒲式耳的小麦期货看涨期权,权利金为 6.5 美分/蒲式耳;同时卖出了一份执行价格为 380 美分/蒲式耳的看涨期权,权利金为 13 美分/蒲式耳。其到期时的盈亏状况如下:

(1)若到期时,小麦价格低于 380 美分/蒲式耳,期权到期价值为 0,两份期权合约都不会执行,投资者获得初始权利金收入:13-6.5 = 6.5 美分/蒲式耳,也就是该策略的最大盈利。

(2)若到期价格介于 380~390 美分/蒲式耳,该投资者可能获利也可能亏损。这时,投资者卖出的 380 美分/蒲式耳的看涨期权将会被执行,其盈亏为 380+13-S 美分/蒲式耳。与此同时,投资者买进的执行价格为 390 美分/蒲式耳的看涨期权价值为 0,损失了期初支付的权利金 6.5 美分/蒲式耳。这样,他的总盈亏为:(380+13-S)-6.5 = (386.5-S) 美分/蒲式耳。显然,小麦到期价格为 386.5 美分/蒲式耳时,投资者达到盈亏平衡,低于 386.5 则获利,高于 386.5 就亏损。

(3)若到期价格高于 390 美分/蒲式耳,则两份期权都将被执行。该投资者在执行买进的 390 美分/蒲式耳看涨期权后获利为 $S-390-6.5$ 美分/蒲式耳。而在卖出的那份执行价格为 380 美分/蒲式耳的看涨期权中将亏损 380+13-S 美分/蒲式耳。所以其总的盈亏为:$(S-390-6.5)+(380+13-S) = -3.5$ 美分/蒲式耳。这是该策略的最大损失。

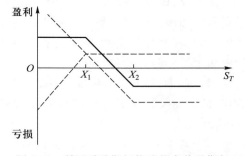

与牛市价差期权类似,熊市价差期权同时限制了标的资产市价向有利方向变动时的潜在盈利和标的资产市价向不利方向变动时的损失。熊市价差期权也可仅用看跌期权来构造。投资者购买执行价格较高的看跌期权并出售执行价格较低的看跌期权,如图 8-8 所示。

图 8-8　利用看跌期权构造熊市价差期权

## 二、时间价差期权

到目前为止,我们一直都假定构造价差期权的所有期权到期日相同。现在我们讨论时间价差期权,它涉及的期权执行价格相同,但到期日不同。

**（一）日历价差期权**

日历价差期权是将相同品种、相同执行价格,但到期日不同的期权进行组合,其构造方式有如下两种。

第一种:卖出期限 $T_1$ 的看涨期权+买入期限 $T_2$ 的看涨期权(其中 $T_1<T_2$);

第二种:卖出期限 $T_1$ 的看跌期权+买入期限 $T_2$ 的看跌期权(其中 $T_1<T_2$)。

我们来讨论第一种构造方式,如图 8-9 所示。由于两个期权执行价格相同,内涵价值也相同,而到期日长的期权时间价值会更大,因此,该组合需要一定的初始投资,相当于两期权的时间价值之差。通常情况下,短期期权的时间价值衰减会更快,投资者可以从中对冲获利。

当短期期权临近到期时,若标的资产市价远低于执行价格,则两期权都只剩下时间价值,短期期权价值为 0,而长期期权价值接近于 0,投资者从中的收益微乎其微,只能略微抵消初始权利

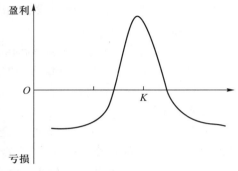

图 8-9 利用看涨期权构造日历价差期权

金投资;当短期期权临近到期时,若标的资产市价远高于执行价格,则两期权包含了很大的内涵价值,其时间价值的差异会很小,两相抵消,投资者从中获利也微乎其微,也只能略微抵消初始投资;当短期期权临近到期时,若标的资产市价与执行价格接近,则短期期权内涵价值和时间价值均很小,长期期权虽然内涵价值很小,但时间价值会很大,这时若对冲会获得较大利润。

【**例 8-7**】某投资者于 2019 年 11 月 10 日在芝加哥期货交易所购买了一份 2020 年 3 月到期的小麦期货看涨期权,执行价格为 390 美分/蒲式耳,权利金为 37.5 美分/蒲式耳;同时卖出一份相同执行价格的 2019 年 12 月到期的小麦期货看涨期权,权利金为 6.5 美分/蒲式耳。当天小麦期货价格为 389 美分/蒲式耳。

很明显,该投资者构造了一个日历价差期权策略。因为两份期权的到期日不同,所以投资者使用该策略时一般不是到期执行期权,而是利用不同期限的期权的时间价值衰减速度不同,在临近短期期权到期时,对期权进行平仓来获取时间差价。在本例中,我们来分析两个不同时点的盈亏状况。

（1）在 11 月 10 日,该投资者支付了 37.5 美分/蒲式耳的权利金来购买长期限的看涨期权,同时他又收取了卖出的短期限看涨期权的权利金 6.5 美分/蒲式耳,净支出 31 美分/蒲式耳。

（2）到了 11 月 28 日,短期限的看涨期权因临近到期日,权利金价格下跌为 2.5 美分/蒲式耳,而长期限的期权权利金下降到 35 美分/蒲式耳。这时,投资者如果买进短期限的看涨期权和卖出长期限的看涨期权来对整个头寸平仓,投资者支付 2.5 美分/蒲式耳的同时收入 35 美分/蒲式耳,净收入 32.5 美分/蒲式耳。这样投资者的净收入减去期初的净支出为 32.5-31＝1.5 美分/蒲式耳,即投资者盈利为 1.5 美分/蒲式耳。

第二种情况,看跌期权构造的日历价差期权,其盈亏状态与第一种情形类似,如图 8-10 所示,这里不再具体分析。需注意的是,这里分析时用到了以前学过的知识,即平值

期权的时间价值最大,而虚值或实值很大的期权时间价值小,甚至为 0。而且随着期权到期日的临近,期权时间价值是加速衰减的。

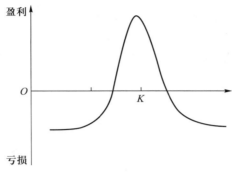

图 8-10 利用看跌期权构造日历价差期权

### (二)逆日历价差期权

逆日历价差期权的构造方式与日历价差期权正好相反。具体构造方式有如下两种。

第一种:买入期限 $T_1$ 的看涨期权+卖出期限 $T_2$ 的看涨期权($T_1 < T_2$)。

第二种:买入期限 $T_1$ 的看跌期权+卖出期限 $T_2$ 的看跌期权($T_1 < T_2$)。

【例 8-8】某投资者投资于执行价格为 390 美分/蒲式耳的小麦期货看涨期权,如果他买进了 12 月期的看涨期权,卖出了第二年 3 月期的看涨期权,他的策略就构成了逆日历价差期权。

逆日历价差期权的盈亏状态与日历价差期权刚好相反。当短期期权到期时,如果标的资产市价远高于或远低于执行价格,可获少量利润;当标的资产市价与执行价格接近时,会有一定损失。当然,这种策略可获取少量初始权利金收入。

## 三、价差期权策略的运用

### (一)风险与收益有限

从对以上价差期权交易策略的分析可知,这种策略是对两期权权利金价差进行投资,利用价差的变化来获利。其风险比单向买卖的风险小得多,但也因此而放弃了单向买卖的高额潜在利润。

### (二)价差交易策略运用于两类市场状况

价差交易策略实际上分为两大类,不同策略适宜于不同市场状况,交易者应根据对市场的判断灵活运用。其中价格价差期权是适合市场方向性较强时的策略(如较强的牛市或较强的熊市);而时间价差期权则是适合市场趋于中性的策略。

### (三)正确预测权利金的变化

交易者若想利用价差盈利,还必须对组成价差期权的原期权的权利金的变化进行较为正确的预测。对于时间价差套利者来说,其组成的各原期权的执行价格相同,因而内涵价值也相同,所以预期的重点就在于各期权时间价值的变化;对于价格价差期权而言,其组成的各原期权的到期日相同但执行价格不同,因而预期的重点是各期权内涵价值的变化。

### （四）时间价值衰减于己有利

运用价差期权策略的时候必须注意以下几点：

（1）短期期权时间价值的衰减速度快于长期期权。

（2）平值、虚值、实值期权的时间价值衰减率不一样。一般而言，平值期权或近似平值期权的时间价值的衰减是加速的，而虚值期权和实值期权时间价值基本上是呈线性衰减，如图8-11和图8-12所示。

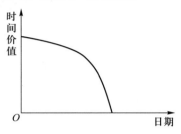

图 8-11　平值期权时间价值衰减图

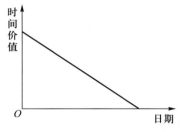

图 8-12　实值、虚值期权时间价值衰减图

（3）虚值很大或实值很大的期权，时间价值几乎接近于0。因此，一般说来，交易者应卖出期限短的期权，买进期限长的期权；应卖出平值期权，买进实值期权或虚值期权。这样可以使时间价值的衰减有利于自己。

## 第三节　组合期权交易策略

组合期权是将多头期权和空头期权以不同方式组合而成的期权应用策略。该期权策略中包括同一种标的资产的看涨期权和看跌期权。组合期权的种类有很多，我们主要介绍最常用的两种类型：跨式期权、宽跨式期权。

### 一、跨式期权交易策略

组合期权策略中非常普遍使用的是跨式期权策略，同时买入和卖出具有相同执行价格、相同到期日、同种标的资产的看涨期权和看跌期权就可以构造该策略。根据投资者买卖的方向不同有买入跨式期权和卖出跨式期权两种策略。

#### （一）买入跨式期权交易策略

买入跨式期权也称底部跨式期权，是指同时买入相同执行价格 $X$、相同到期日、同种标的资产的看涨期权和看跌期权。

图8-13是买入跨式期权的盈亏状况。当标的资产市价 $S$ 大于期权执行价格 $X$ 时，该组合的盈亏为 $S-X-C-P$（$C$、$P$ 分别表示看涨期权权利金和看跌期权权利金）；当标的资产市价小于期权执行价格 $X$ 时，该组合盈亏为 $X-S-C-P$。由

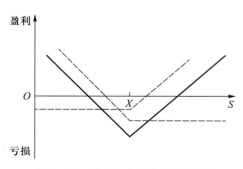

图 8-13　买入跨式期权盈亏状况

此可以看出,该组合最大盈利无限,有两个盈亏平衡点,最大亏损有限。

(1)最大亏损=总权利金=看涨期权权利金+看跌期权权利金。

(2)盈亏平衡点 $P_1$ =执行价格-总权利金。

(3)盈亏平衡点 $P_2$ =执行价格+总权利金。

该策略的特点是要付出初始投资,即买入两个期权的权利金。若标的资产价格波动很小,投资者就会亏损,最大亏损就是权利金;而若标的资产价格大幅度波动时,其盈利潜力很大。因此,对于投资者认为后市会做大幅度波动时,该策略是很合适的。

【例 8-9】某投资者某日买进了一份执行价格为 390 美分/蒲式耳的 12 月小麦期货看涨期权,权利金为 6.5 美分/蒲式耳,同时他又买进了一份具有相同执行价格的 12 月看跌期权,权利金为 8.5 美分/蒲式耳。

这是一个典型买入跨式期权,具体盈亏状况分析如下:

(1)当到期时小麦期货价格低于 390 美分/蒲式耳,则看涨期权没有内涵价值,不会执行,投资者损失权利金 6.5 美分/蒲式耳,而看跌期权有内涵价值,投资者执行期权,盈亏为 $390-8.5-S$ ,所以总的盈亏为:$(381.5-S)-6.5=(375-S)$ 美分/蒲式耳;当价格为 375 美分/蒲式耳时,达到盈亏平衡;价格低于 375 就盈利,高于 375 就亏损;价格达到 390,亏损最大,为 15(6.5+8.5)美分/蒲式耳。

(2)若到期价格高于 390 美分/蒲式耳,则看跌期权没有内涵价值,放弃执行,损失权利金 8.5 美分/蒲式耳,而看涨期权将会执行,投资者盈亏为 $S-390-6.5$ 美分/蒲式耳。总的盈亏为:$(S-390-6.5)-8.5=(S-405)$ 美分/蒲式耳;当价格为 405 美分/蒲式耳时,该策略有另一个盈亏平衡点;价格高于 405 则盈利,低于 405 就亏损。

综上所述,在期权到期时小麦价格低于 375 或高于 405 美分/蒲式耳,该策略就会盈利;在 375 到 405 美分/蒲式耳之间,该策略会有亏损;当价格为 390 美分/蒲式耳时亏损最大,为 15 美分/蒲式耳。该策略有两个盈亏平衡点,375 美分/蒲式耳和 405 美分/蒲式耳。

**(二)卖出跨式期权交易策略**

卖出跨式期权也称为顶部跨式期权,是指同时卖出相同执行价格 $X$ 、相同到期日、同种标的资产的看涨期权和看跌期权。

图 8-14 是卖出跨式期权的盈亏状况。当标的资产市价 $S$ 大于期权执行价格 $X$ 时,该组合的盈亏为 $X-S+C+P$($C$、$P$ 分别表示看涨期权权利金和看跌期权权利金);当标的资产市价小于期权执行价格 $X$ 时,该组合盈亏为 $S-X+C+P$。由此可以看出,该组合最大亏损无限,有两个盈亏平衡点,最大盈利有限。

(1)最大盈利=总权利金=看涨期权权利金+看跌期权权利金。

(2)盈亏平衡点 $P_1$ =执行价格-总权利金。

(3)盈亏平衡点 $P_2$ =执行价格+总权利金。

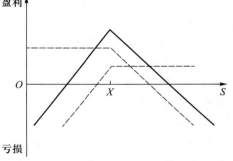

图 8-14 卖出跨式期权盈亏状况

卖出跨式期权策略与上述情况刚好相反,可获得两个期权的初始权利金收入。当标的资产价格小幅度波动时,会有一定的盈利;而价格大幅度波动时,其损失可能会很大。因此,当预测未来标的资产价格变动很少或没有变动时使用该策略。

## 二、宽跨式期权交易策略

宽跨式期权是投资者同时买进或卖出相同的标的物、相同到期日但不同执行价格的看涨期权和看跌期权。宽跨式期权比跨式期权交易的成本低,但需要在更大波动率条件下才能盈利。根据投资者买卖的方向不同,宽跨式期权可分为买入宽跨式期权与卖出宽跨式期权两种,但两种期权都必须满足看跌期权执行价格小于看涨期权执行价格。

### (一)买入宽跨式期权交易策略

买入宽跨式期权也被称为底部垂直价差组合,是指同时购买具有相同到期日但执行价格不同的一个看涨期权和一个看跌期权。

对于买入宽跨式期权,其盈亏状态如图 8-15 所示。设看跌期权、看涨期权执行价格分别为 $X_1$、$X_2$,权利金分别为 $P$ 和 $C$,其中 $X_1 < X_2$。当 $S \leq X_1$ 时,看跌期权会执行,而看涨期权会被弃权,组合的总盈亏为 $X_1 - S - P - C$;当 $X_1 < S < X_2$ 时,两个期权都会被弃权,盈利为 $-(C+P)$;当 $S \geq X_2$ 时,只有看涨期权会执行,总盈亏为 $S - X_2 - P - C$。由此可知,该策略最大盈利可无限大,而在标的资产价格处于一定范围之内,该策略都处于最大亏损。该策略也有两个盈亏平衡点。

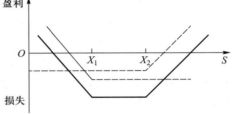

图 8-15　宽跨式期权盈亏状况

(1)最大亏损=总权利金=看涨期权权利金+看跌期权权利金。

(2)盈亏平衡点 1=看跌期权执行价格-总权利金。

(3)盈亏平衡点 2=看涨期权执行价格+总权利金。

由于该策略最大盈利可无限大,但亏损有限,所以当预测标的物价格将有较大变动,但变动方向无法确定时最适合采用买入宽跨式期权交易策略。

【例 8-10】假若某投资者于某日在芝加哥期货交易所买进了一份执行价格为 390 美分/蒲式耳的 12 月期的小麦期货看涨期权,权利金为 6.5 美分/蒲式耳,同时他又买进了一份执行价格为 380 美分/蒲式耳的 12 月小麦期货看跌期权,权利金为 4.5 美分/蒲式耳。

显然,该投资者构造了买入宽跨式期权策略。具体的盈亏状况,这里不再具体分析。

### (二)卖出宽跨式期权交易策略

卖出宽跨式期权也被称为顶部垂直价差组合,是指同时卖出具有相同到期日,但执行价格不同的一个看涨期权和一个看跌期权。

对于卖出宽跨式期权,其盈亏状态如图 8-16 所示。设看跌期权、看涨期权执行价格分别为 $X_1$、$X_2$,权利金分别为 $P$ 和 $C$,其中 $X_1 < X_2$。当 $S \leq X_1$ 时,看跌期权会执行,而看涨期权会被

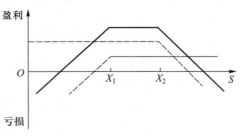

图 8-16　卖出宽跨式期权其盈亏状况

弃权,组合的总盈亏为 $S-X_1+P+C$;当 $X_1<S<X_2$ 时,两个期权都会被弃权,盈利为 $C+P$;当 $S\geqslant X_2$ 时,只有看涨期权会执行,总盈亏为 $X_2-S+P+C$。由此可知,该策略最大盈利有限,但亏损可能无限大。该策略最大盈利及两个盈亏平衡点如下:

(1)最大盈利=总权利金=看涨期权权利金+看跌期权权利金。

(2)盈亏平衡点 1=看跌期权执行价格-总权利金。

(3)盈亏平衡点 2=看涨期权执行价格+总权利金。

如果标的物的价格变化日趋盘整,投资者预期价位波幅收窄,适合采用卖出宽跨式期权交易策略。

# 第四节　合成期权交易策略

## 一、合成期权的盈亏结构

合成期权(Synthetic Options)的策略是利用期权与期货组合而产生的另一种期权,主要用作套利,包括合成看涨期权和合成看跌期权。

主要的合成方式有以下四种:卖出看涨期权+买入期货=卖出看跌期权;买入看涨期权+卖出期货=买入看跌期权;买入看跌期权+买入期货=买入看涨期权;卖出看跌期权+卖出期货=卖出看涨期权。

### (一)卖出看涨期权与买入期货合成的卖出看跌期权

分析一个卖出看涨期权与买入期货的合成的组合期权,我们可以先作出卖出看涨期权和买入期货的盈亏状态图,然后对这两条曲线进行合成,即得到合成期权的盈亏状态图。其形状如图 8-17 所示。

在图 8-17 及本节的其他图形中,$X'$ 表示期货建仓价格,$F_t$ 表示期货市场价格。

当期货价格 $F_t$ 低于 $X$ 时,看涨期权的买方将放弃履约,合成后盈亏为 $F_t-X'+P$;当期货价格高于 $X$ 时,看涨期权买方将履约,则卖出看涨期权的收益为 $P-(F_t-X)$,买入期货的收益为 $F_t-X'$,合成后收益为 $F_t-X'+P-(F_t-X)=P+X-X'$,而 $P+X-X'$ 是一个固定值。所以两者合成后的结果相当于卖出一个执行价格为 $X$,权利金为 $P+X-X'$ 的同一到期日的看跌期权。由于执行价格

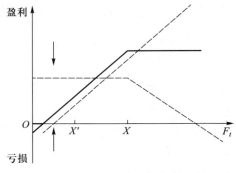

图 8-17　合成卖出看跌期权盈亏状况

相同,很显然,若原期权为实值期权,则合成期权必定是虚值期权,这样必须从原期权权利金中减去内涵价值,才能得到合成期权的价格;若原期权是平值期权,则合成期权也是平值期权,两者权利金就会相同;若原期权是虚值期权,则合成期权必定是实值期权,原期权虚值额属于合成期权的实值额,因此将原期权权利金加上虚值数额,才得到合成期权的权利金额。

**（二）买入看涨期权与卖出期货合成的买入看跌期权**

按照上面相同的分析方法，我们同样可以表示出买入看涨期权与卖出期货合成的买入看跌期权盈亏结构图，如图 8-18 所示。

根据图 8-18，同理分析，可知合成结果相当于买进执行价格 $X$ 的相同到期日的看跌期权，权利金为 $C+X-X'$。

**（三）买入看跌期权与买入期货合成的买入看涨期权**

在分析看跌期权与期货头寸进行组合时，我们还是采用上述方法，先表示出合成后的期权盈亏状况图，如图 8-19 所示。

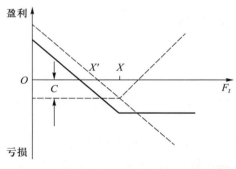

图 8-18　合成后为买入看跌期权盈亏状况　　　　图 8-19　合成后为买入看涨期权盈亏状况

由图 8-19 的分析可知，买入一份期货和一份看跌期权合成的结果是买入到期日相同的看涨期权，执行价格 $X$，权利金为 $P-(X-X')$。

**（四）卖出看跌期权与卖出期货合成的卖出看涨期权**

卖出看跌期权与卖出期货合成的卖出看涨期权盈亏结构如图 8-20 所示，合成结果相当于卖出一个与原期权具有相同执行价格和到期日的看涨期权，权利金为 $P-(X-X')$。

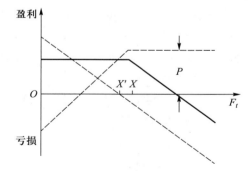

图 8-20　合成为卖出看涨期权盈亏状况

# 二、合成期权在实际中的运用

## （一）重新调整其交易策略

市场总是处于变化中，而交易者对市场的预测也会因市场变动而发生改变，运用合成期权与合成期货能使交易者迅速有效地重新调整其在市场中所处的地位。如某交易者开始时预测市场是强劲的熊市,因此卖出了期货,但后来某些因素的出现致使市场情况发生了变化,该交易者重新分析价格趋势,判断市场将变为温和的熊市。这时,他可以同时卖出看跌期权,其合成结果将会构成一个看涨期权空头,而这正是温和熊市的交易策略。

**（二）权利金具有虚拟性**

在直接期权交易中,权利金是真实的,若投资者进行的是有保护的期权交易,其权利金收入可以另行投资。而在合成期权中,合成期权的权利金是虚拟的,仅是相当于某个数量,而实际发生的权利金数额还是原来期权的权利金数额。

## 本章小结

1. 期权的基本交易策略包括了买进看涨期权、卖出看涨期权、买进看跌期权以及卖出看跌期权四种。买进看涨期权可以赚取权利金、为空头头寸套期保值、维持心理平衡。卖出看涨期权可以赚取权利金并且是各种策略的需要。买进看跌期权可以赚取权利金、为多头头寸套期保值、维持心理平衡。卖出看跌期权可以赚取权利金、获得标的物,并且是各种策略的需要。

2. 价差策略是利用期权价差的套利策略,是指期权的交易者同时买入和卖出同一种类型的期权,但期权的执行价格或到期期限不同。期权价差交易策略分为价格价差期权交易策略和时间价差期权交易策略。价格价差期权可分为牛市价格价差期权和熊市价格价差期权。时间价差期权可分为日历价差期权和逆日历价差期权。

3. 组合期权交易分为跨式期权交易和宽跨式期权交易。

4. 可以通过买入／卖出期货,同时买入／卖出期权,构造合成期权交易策略。

## 本章思考题

1. 基本期权策略包括哪几种? 分析每一种基本期权交易对买卖双方造成的盈亏状况。不同的期权交易策略能得到怎样的交易结果?

2. 价差期权交易包括哪几种交易情形? 试比较价格价差期权与时间价差期权异同点。

3. 什么是组合期权交易? 掌握组合期权交易策略。

4. 什么是合成期权交易? 熟悉合成期权交易策略。

扫一扫,测一测。

# 参考文献

［1］中国期货业协会. 期货及衍生品基础［M］. 3 版. 北京：中国财政经济出版社，2021.

［2］中国期货业协会. 期货法律法规汇编［M］. 11 版. 北京：中国财政经济出版社，2020.

［3］中国期货业协会. 期货及衍生品分析与应用［M］. 4 版. 北京：中国财政经济出版社，2021.

［4］中国期货业协会. 中国期货业发展报告（2014 年度）［M］. 北京：中国金融出版社，2015.

［5］中国期货业协会. 中国期货业发展创新与风险管理研究 11［M］. 北京：中国金融出版社，2021.

［6］罗孝玲，马世昌. 期货投资学［M］. 4 版. 北京：经济科学出版社，2020.

［7］罗孝玲. 期货上市交易品种大全［M］. 2 版. 北京：经济科学出版社，2010.

［8］罗孝玲，罗巧玲. 期货投资案例［M］. 2 版. 北京：经济科学出版社，2010.

［9］罗孝玲，杨艳军，李一智. 期货与期权教程［M］. 6 版. 北京：清华大学出版社，2017.

［10］约翰·赫尔. 期权与期货市场基本原理［M］. 8 版. 王勇，等译. 北京：机械工业出版社，2016.

［11］约翰·赫尔. 期权、期货及其他衍生品［M］. 10 版. 王勇，等译. 北京：机械工业出版社，2018.

［12］约翰·赫尔. 期货与期权市场导论［M］. 7 版. 郭宁，译. 北京：中国人民大学出版社，2014.

［13］克罗. 期货交易策略［M］. 陈瑞华，译. 太原：山西人民出版社，2013.

［14］约翰·墨菲. 金融市场技术分析［M］. 丁圣元，译. 北京：地震出版社，2010.

［15］威廉·D. 江恩. 如何从商品期货中获利［M］. 珍藏版. 李国平，译. 北京：机械工业出版社，2018.

［16］莫里斯. 蜡烛图精解［M］. 3 版. 王柯,译. 北京:机械工业出版社,2014.

［17］杰克·施威格. 期货交易技术分析［M］. 修订版. 马龙龙,译. 北京:清华大学出版社,2013.

［18］木原大辅. 期货入门与技巧［M］. 胡岳岷,译. 北京:科学出版社,2008.

［19］斯塔夫里. 金融数学［M］. 蔡明超,译. 北京:机械工业出版社,2004.

［20］安毅. 期货市场学［M］. 北京:清华大学出版社,2020.

［21］李强. 商品期货实务操作手册［M］. 北京:中国财政经济出版社,2013.

［22］李恒光,马春阳. 证券期货投资:理论与策略［M］. 北京:首都经济贸易大学出版社,2015.

［23］易铁林. 期货交易基础［M］. 北京:中国财政经济出版社,2014.

［24］邢莹莹. 期货市场价格功能的理论分析——兼论中国期货市场［M］. 北京:中国金融出版社,2012.

［25］齐安甜,马小莉. 国债期货理论与实务［M］. 北京:中国金融出版社,2014.

［26］奚晓明. 证券、期货纠纷［M］. 2 版. 北京:法律出版社,2015.

［27］丑洁明,佟文英. 金融期货理论与实务［M］. 北京:中央民族大学出版社,2013.

［28］宋军. 期货市场的定价、行为模式和制度设计［M］. 上海:复旦大学出版社,2012.

［29］谭显荣. 国债期货［M］. 北京:中国财政经济出版社,2013.

［30］John C. Hull. Options,Futures and Other Derivatives［M］. 10 版. 北京:机械工业出版社,2022.

［31］George Kleinman. Trading Commodities and Financial Futures:A Step-by-Step Guide to Mastering the Markets［M］. London:Pearson Education,2013.

［32］Sheldon Natenberg. Option Volatility and Pricing:Advanced Trading Strategies and Techniques［M］,2nd ed. New York:McGraw-Hill Education,2014.

［33］Gödel,Susan Abbott. Stock Index Futures & Options［M］. New Jersey:John Wiley & Sons,2000.

［34］Todd Loffton. Getting Started in Futures［M］. New Jersey:John Wiley & Sons,2003.

［35］Williams,Jeffery. The Economic Function of Futures Markets［M］. Cambridge:Cambridge University Press,2006.

［36］Galen Burghardt. The Eurodollar Futures and Options Handbook［M］. New York:McGraw-Hill Education,2003.

［37］Thomas A. Ho,Sang Bin Lee. Financial Modeling For Options,Futures,and Derivatives［M］. New York:Oxford University Press,2015.

［38］Slobodan Jovanovic. Hedging Commodities:A Practical Guide to Hedging Strategies with Futures and Options［M］. Great Britain:Harriman House Publishing,2014.

［39］James B. Bittman. Trading and Hedging with Agricultural Futures and Options［M］. New Jersey:John Wiley & Sons,2012.

参考文献

参考文献

〔40〕 Barry A. Goss. Rational Expectations and Efficiency in Futures Markets〔M〕. London：Routledge，1992.

〔41〕 John J. Murphy. Trading Strategies for The Global Stock，Bond，Commodity and Currency Markets〔M〕. New Jersey：John Wiley & Sons，2010.

读者意见反馈

为收集对教材的意见建议,进一步完善教材编写并做好服务工作,读者可将对本教材的意见建议通过如下渠道反馈至我社。

咨询电话　　400-810-0598

反馈邮箱　　fuyn@ hep. com. cn

通信地址　　北京市朝阳区惠新东街 4 号富盛大厦 1 座

　　　　　　高等教育出版社总编辑办公室

邮政编码　　100029